# O que as mulheres querem

# O que as mulheres querem

## Maxine Mei-Fung Chung

*Tradução*
Carolina Leocadio

1ª edição

Rio de Janeiro | 2023

**TÍTULO ORIGINAL**
*What Women Want: Conversations on*
*Desire, Power, Love and Growth*
**TRADUÇÃO**
Carolina Leocadio

**ADAPTAÇÃO DE CAPA**
Juliana Misumi

CIP-BRASIL. CATALOGAÇÃO NA PUBLICAÇÃO
SINDICATO NACIONAL DOS EDITORES DE LIVROS, RJ

C487q   Mei-Fung Chung, Maxine
O que as mulheres querem : conversas sobre desejo, poder, amor e cresci-
mento / Maxine Mei-Fung Chung ; tradução Carolina Leocadio. - 1. ed. - Rio de
Janeiro : BestSeller, 2023.

Tradução de: What women want: conversations on desire, power, love an growth
ISBN 978-65-5712-291-4

1. Mulheres - Psicologia. 2. Empoderamento. 3. Mulheres - Conduta.
I. Leocadio, Carolina. II. Título.

23-84816

CDD: 155.333
CDU: 159.922.6-055.2

Gabriela Faray Ferreira Lopes - Bibliotecária - CRB-7/6643

Texto revisado segundo o Acordo Ortográfico da Língua Portuguesa.

Copyright © 2023 by Maxine Mei-Fung Chung
Publicado mediante acordo com Rachel Mills Literary Ltd. & 42 MP.
Copyright de tradução © 2023 by Editora Best Seller Ltda.

Todos os direitos reservados. Proibida a reprodução, no todo ou em parte,
sem autorização prévia por escrito da editora.

Direitos exclusivos de publicação em língua portuguesa para o Brasil
adquiridos pela
Editora Best Seller Ltda.
Rua Argentina, 171, parte, São Cristóvão
Rio de Janeiro, RJ — 20921-380
que se reserva a propriedade literária desta tradução.

Impresso no Brasil

ISBN 978-65-5712-291-4

Seja um leitor preferencial Record.
Cadastre-se e receba informações sobre nossos lançamentos e nossas promoções.

Atendimento e venda direta ao leitor:
sac@record.com.br

Para as mulheres e todas as comunidades
marginalizadas que querem e desejam
do jeito *delas*.

*Fomos criadas para temer o "sim" dentro de nós mesmas, nossos desejos mais profundos. Pois as demandas das expectativas que abandonamos nos levam inevitavelmente a ações que ajudarão a deixar nossa vida em conformidade com nossas necessidades, nossos conhecimentos, nossos desejos. E o medo que sentimos de nossos desejos mais profundos faz com que eles pareçam suspeitos; nos mantém dóceis, leais e obedientes, e nos leva a aceitar ou nos contentar com muitos aspectos da opressão que sofremos por sermos mulheres.*

— Audre Lorde, em *Uses of the Erotic: The Erotic as Power* (1978)

# Introdução

### A busca pelo querer do meu jeito

*Maio de 1980*

*Eu vi o peixe antes de ouvir a tal palavra. Sensível.*

Ela já havia sido pronunciada várias vezes quando eu era pequena, uma reclamação de meu pai toda vez que eu chorava — algo bem frequente, imprevisível e, aparentemente, constrangedor. Eu era *sensível demais para viver*, dizia ele, o que às vezes vinha seguido de um tapa abrupto. Eu era a segunda filha, a primeira menina, e, ao contrário de meu irmão, comia com prazer as iguarias servidas nos restaurantes de Chinatown.

— Quero ir olhar o peixe — disse enquanto apontava, empolgada.

Meu pai me pegou pela mão e me levou até o imenso aquário que ficava no centro do restaurante, gesticulando para que um garçom nos acompanhasse. Enquanto eu encarava aquele peixe caleidoscópico, que tinha a cauda cor de tangerina agitada, logo esqueci que meu pai e eu tínhamos companhia. Segundos depois, fui arrancada de meu transe tecnicolor quando o garçom, que era alto e fedia a cigarro, me deu um tapinha no ombro. Para dar um efeito dramático, ele lambeu a ponta da caneta e virou a página de seu bloquinho fino com os dedos manchados de nicotina. Os dois homens se inclinaram, dando uma risadinha.

— Ela vai querer aquele escondido no fundo, com muito alho — comentou meu pai, sorrindo e apontando para um dos peixes. Então soltou uma gargalhada que se transformou em um rugido.

Fui tomada pelo medo. Ele estava falando sério? Eu seria castigada? Será que querer olhar e me maravilhar com o peixe era motivo para tanta crueldade? Meu corpo franzino começou a tremer.

Não duvidei da piada deles; estava apavorada demais. A mensagem de meu pai foi muito objetiva: meu desejo, a menos que controlado, "autorizado" e vigiado por ele, seria ridicularizado — morto.

Naquela época, o *querer* era um fantasma alojado no fundo de minha garganta que eu não ousava dizer em voz alta. Proferido agora, ele fala de libertação, amor e crescimento. Eu quero desejar do *meu* jeito, insiste ele.

Talvez a ênfase que meu pai dava à palavra *sensível* fosse uma dádiva. E, embora esse meu traço tenha se perdido entre o fim da adolescência e meados de meus vinte e poucos anos, finalmente, e felizmente, ele acabou reaparecendo. Depois de muito tempo, me apropriei dessa palavra e fiz dela uma companheira criteriosa. Tomei posse total dela e a carreguei comigo até seu significado inundar meu corpo. Agora compreendo que foram as restrições, a possessividade e a vergonha de meu desejo na infância que me fizeram aprender quanto ele é importante.

Esse é o motor e a inspiração das conversas apresentadas em *O que as mulheres querem*. Nos últimos 15 anos, atuei como psicanalista, escolhendo um método no qual minha paixão pela vida civil e pela justiça social ocupe seu devido lugar ao lado do trabalho e do amor no consultório. Durante esse período, tive uma tarefa importante: ouvir, aprender, ensinar e escrever sobre psicoterapia, e meu fascínio pelo que as mulheres querem é o cerne de minha pesquisa.

Sigmund Freud certa vez disse: "A grande pergunta que nunca foi respondida, e que eu mesmo ainda não consegui responder, apesar de meus trinta anos de estudos sobre a alma feminina, é: '*Afinal, o que quer uma mulher?*'"

Ainda uma psicanalista em formação na época, fiquei intrigada com a declaração de Freud. O motivo para o pai da psicanálise — um gênio, mas ainda assim igualmente desconcertante para mim — não encontrar uma resposta a essa pergunta essencial era um mistério. Afinal, talvez a psicanálise não fosse como eu imaginava, e estivesse mais preocupada, tal como Freud, com as querelas do trabalho de investigação: as histórias de vida dos pacientes forçadas para caber em teorias perfeitas. Será que Freud e seus discípulos vienenses mal-humorados sabiam de algo que eu não sabia? Será que a pergunta, embora fosse voltada sobretudo para as mulheres da era vitoriana, permanecia um enigma? Ainda estamos perplexos diante das janelas abertas ao estudarmos o desejo feminino?

Desde a época em que eu soube dessa frustração de Freud, escancarei outras janelas para novos mundos, novas teorias e novas concepções da psicoterapia psicanalítica, permitindo a cada paciente trazer forma, essência e energia únicas para o consultório. Talvez a abordagem freudiana, clássica e distante, de analisar através do olhar de seu privilégio masculino, heteronormativo e branco não lhe permitisse entrar nos mundos delas. Como seria possível? Será que ele sequer estava ouvindo? Essa alfinetada talvez tenha feito você sorrir, mas é fato que, quando nossos ouvidos estão atentos às questões de raça, etnia, orientação sexual, classe e idade, é possível ouvir as mulheres e o modo como elas reivindicam seus desejos.

As mulheres não são um mistério, assim como não o são nossos desejos e necessidades. No entanto, existe certa complexidade ligada ao nosso desejo. O que eu quero compreender mais a fundo é o que nos mantém em negação, sem amor, em constante estado de angústia por almejar algo que supomos inalcançável.

Como tenho observado em meu trabalho como psicanalista, os desejos que as mulheres reprimem alimentam sentimentos de vergonha, depressão, automutilação, baixa autoestima, privação emocional e medo de se apaixonar. Eles também são dolorosos e exasperantes de testemunhar durante os atendimentos terapêuticos.

Querer é se conectar consigo mesma e com os outros. O ato desperta a esperança, autoriza o desejo e permite a cura nos momentos sombrios e terríveis quando somos alertadas: *não queira, não é seguro.* Pergunte a si mesma o que acontecerá se você decidir viver com o desejo criativo fortalecido. Qual é a sensação? O que isso vai mudar? O que é possível? Depois se pergunte se vale a pena questionar esse tão temido anseio dentro de você.

*O que as mulheres querem: Conversas sobre desejo, poder, amor e crescimento* é uma coleção de histórias interseccionais e verdadeiras que investigam a vida das mulheres e suas relações com o desejo. Trata-se também de uma janela entreaberta para o bom relacionamento estabelecido entre psicanalista e paciente, que terá cumprido sua função se você se flagrar fazendo uma pausa e desenvolvendo uma nova consciência quando um desejo parecer um território desconhecido.

*O que as mulheres querem* é uma carta de amor para sete pacientes cujos nomes não posso revelar. São histórias reais com algumas alterações feitas com o intuito de proteger a identidade de suas respectivas donas. Os diálogos não são fiéis palavra por palavra, mas a essência de tudo que compartilhamos juntas segue com a mesma precisão. Cada paciente leu um rascunho de sua história e me deu o consentimento para publicá-la, além de aprovar as alterações de ocultação de identidade. Algumas ofereceram sugestões de cunho editorial, as quais escutei com atenção e, na maioria das vezes, decidi acatar. Em alguns casos, minhas pacientes consideraram as alterações que propus profundas e extensas demais e me encorajaram a descrever a história delas com mais exatidão. Uma delas, a quem chamei de Ruth, sugeriu o título do próprio capítulo. Outra revelou que passou a sentir que me conhecia melhor depois de ler a própria história com a minha narrativa e, desde então, conseguiu assumir mais riscos no trabalho que fazemos juntas. Uma paciente ficou abalada ao saber dos ataques racistas que sofri na infância.

Trabalhei ao longo de muitas horas com essas sete mulheres e baseei minha seleção de pacientes na força de seus desejos, na capacidade de suas histórias de gerar identificação e no modo como os motivos que as fizeram buscar a terapia continuavam profundamente enraizados no corpo de cada uma. "Amor à tarde", uma das histórias, analisa a relativamente tardia descoberta do amor de uma paciente, enquanto "Meu pai, o babaca" questiona se "problemas com o pai" ainda têm lugar na psicanálise moderna. Em "Ruído branco", abordamos a questão do racismo estrutural, que exige a tão necessária prática da psicoterapia social.

Por muitos anos, a psicanálise foi ofuscada por um sigilo cauteloso e bem-intencionado. E, apesar de apreciar e entender a preocupação para que nossa profissão não seja deturpada, distorcida ou mal interpretada, acredito que tabus ultrapassados já não servem mais ao grande e importantíssimo interesse em crescimento e transformação que a psicoterapia pode oferecer e que é nutrido pela maior parte da sociedade.

Tenho a esperança de que *O que as mulheres querem* vai despertar e encorajar o debate sobre as mulheres e o desejo. E acredito que aprendemos melhor com o coração aberto e por meio do respeito e da compreensão uns com os outros, e também estou ciente da realidade de que nem sempre chegamos à terapia tão abertos ou com tanta confiança. Esse é um processo que leva tempo, como você vai ler e, espero, sentir em "Meu corpo, minhas regras".

As histórias presentes neste livro são sobre mulheres modernas em tempos modernos. Qualquer leitora que acredite ter reconhecido uma das sete mulheres com certeza estará enganada, embora eu tenha esperança de que você se identifique e reconheça em si mesma algumas das lutas universais existentes nessas histórias. Explorar *O que as mulheres querem* é uma investigação permanente para todas nós. E uma das grandes dádivas ao iniciarmos essas conversas é que elas transcendem a pergunta "O que as mulheres querem?" para chegar à premissa de que "As mulheres querem". Ponto.

Portanto, com isso em mente, dê a si mesma tempo para experimentar o desejo do *seu* jeito, esteja ciente dos riscos envolvidos no seu querer, faça dele sua resposta, em vez de sua pergunta. E, quando se sentir livre o bastante para ser você mesma, lembre-se de pegar a mão de outra mulher, segurá-la, apertá-la e convidá-la para se juntar a você para uma conversa, uma amizade e uma vida com propósito. É conversando, ouvindo e nos conectando umas às outras que nos fortaleceremos e escaparemos juntas do alcance do patriarcado.

*O que uma mulher quer?*

— Ernest Jones, *A vida e a obra de Sigmund Freud* (1953).
Em uma nota de rodapé, Jones fornece o original em alemão:
*"Was will das Weib?"*

*I'll tell you what I want, what I really, really want. So
tell me what you want, what you really, really want. I
wanna, (hey!) I wanna, (hey!) I wanna, (hey!) I wanna, (hey!) I wanna really, really, really wanna
"zig-a-zig", ah.\**

— Spice Girls, "Wannabe" (1995)

---

\* "Vou te dizer o que eu quero, o que realmente, realmente quero. Então me diga
o que você quer, o que você realmente, realmente quer. Eu quero, (ei!) eu quero,
(ei!) eu quero, (ei!) eu quero, (ei!) eu realmente, realmente, realmente quero é
'zig-a-zig', ah."

# Mães e outros amores

*A intensidade de uma noite agitada de primavera vem com* tudo. Ela usa jeans de cintura baixa e regata colada. A boca, delineada e preenchida com batom cor de ameixa. A alça de seu sutiã preto está aparecendo — mas Terri já sabe disso, e a incentiva a cair como um pecado. Toda casual, toda tranquila, um indicador de sua personalidade despreocupada e confiante.

Ela conduz o próprio sentimento de desejo e caminha em direção ao bar mal iluminado. Espera pacientemente pelo barman para pedir sua bebida: *Jack Daniels puro gelado*, e bebe o líquido âmbar em um só gole.

Suas pernas, longas e escondidas, haviam sido raspadas e hidratadas, mas o local quente entre elas foi depilado com cera, pois ela respeita esse ponto sensível. *Ele* merece ter o pelo removido com mais dedicação, e não a raspagem veloz de uma lâmina durante um banho apressado.

Mais cedo, tinha ficado indecisa — *jeans ou saia?* — e acabou optando pela calça, pois esta noite ela se sente alta, ousada, com um quê de androginia e em busca de emoção. Em outra noite poderia ter escolhido um vestido de seda e botas de cano curto de camurça, talvez um batom claro. Só que já tinha usado algo parecido na semana anterior e, no momento, sentia o impulso, o desejo por um pouco mais de firmeza, determinação, por algo *mais sóbrio, menos patricinha.*

Também tirou a aliança de noivado: um diamante de três quilates em formato de gota. Ela o colocou no minúsculo prato de cristal no banheiro, ao lado da pasta de dentes e das lâminas de barbear. Houve certa dificuldade em sentir a culpa necessária ao descartar o anel — culpa essa que com certeza viria mais tarde —, e em vez disso sorriu para o próprio reflexo no espelho, observando-se sorrir de volta.

Ao se inclinar sobre o balcão do bar, Terri nota uma mulher de cabelos que pareciam uma extensa enguia preta: brilhantes e longos, indo até a cintura. Bronzeada, de postura recatada e olhos bonitos. Ela está conversando com duas amigas, e cada uma bebe uma cerveja clara direto da garrafa. Terri observa como a mulher ri abertamente, enfia uma mecha do cabelo preto azulado atrás da orelha cheia de argolas e a encara, apenas por tempo suficiente para que a mulher perceba que ela está olhando. Depois, vêm os sorrisos.

Na semana anterior, o desejo a havia levado a uma mulher diferente, com o corte *bob* bem marcado, que se aproximou para comentar que Terri parecia "uma jovem Demi Moore no filme *Questão de honra*, só que ruiva". Terri resplandeceu, dizendo achar "a Demi Moore linda", e voltou os olhos atentos para o chão. Uma hora depois, as duas estavam dançando numa boate, em meio a shots de tequila. Beijos com sabor de limão. Quando elas finalmente caíram na cama juntas, o ambiente se encheu de risos e vieram as lutas e brincadeiras. Terri adorou aquele emaranhado de membros e a forma como o próprio corpo parecia relaxado na manhã seguinte. Essa sensação, no entanto, foi interrompida, roubada. Porque Richard estava de volta depois de passar o fim de semana na despedida de solteiro de um amigo, e eles tinham combinado um brunch para discutir juntos os detalhes do casamento. O casamento dos dois.

Richard percebeu o olhar distante dela sobre os ovos, frito e *poché*, e o atribuiu ao nervosismo e a uma leve histeria. Terri pensou que ele oscilava de forma patética entre a condescendência e se sentir cheio de direitos. Ela experimentou certa satisfação quando enfiou a mão debaixo da mesa e acomodou a palma entre as pernas. A noite anterior ainda estava lá, pulsante e necessária — como uma injeção no braço.

— Então, o que você aprontou ontem à noite? — perguntou ele.

— Nada de mais — mentiu Terri. — Só bebi um pouco depois do trabalho, às dez já estava em casa. — E um sorriso, seguido de um gole do suco recém-preparado.

Terri nem sempre se sente à vontade por mentir com tanta facilidade. As mentiras surgem principalmente quando Richard — 18 anos mais velho, além de seu namorado há quatro e noivo há dois — viaja a trabalho. Richard é gentil e confiável. Bem-nascido e rico. Já foi incrivelmente bonito e tem pouquíssimas manias estranhas das quais ela tenha conhecimento. Ele também é fotógrafo: comercial, prosaico e insatisfeito.

Terri o ama.

✍

Às sete da manhã, Terri chega para sua sessão.

— Eu sou uma pessoa ruim, totalmente errada — diz ela, antes mesmo de encostar na poltrona. — Me diga o que preciso fazer.

Peço que ela pare, respire e se sente.

— O que aconteceu?

Ela me encara por baixo da franja ruiva perfeitamente reta, com sua pele clara e os olhos cansados, consequência da noite anterior. As bochechas encovadas pelo estresse. É cedo, e Terri ainda traz consigo a noite anterior como se fosse um corte recente, inevitável e em carne viva.

— Aconteceu de novo — confessa, a voz se agitando no fim. — Eu não consigo me segurar.

Como psicanalista há quase vinte anos, pude observar que as mentiras ditas em relacionamentos são arriscadas, até perigosas, mas não incomuns. Nós relevamos uma mentira inocente contada para tornar a vida mais fácil ou para evitar constrangimentos, mas a maioria das pessoas se incomoda com o mentiroso intencional. As mentiras ignoram os sentimentos alheios e afetam a vida dos outros. Elas dilaceram a psique e retalham a rede de segurança da confiança entre duas pessoas. O terapeuta caminha em um terreno ardiloso quando se vê diante das mentiras contadas pelos pacientes, mas são aquelas que eles contam a si mesmos, aliadas à negação, que tornam o terreno ainda mais difícil. Esse é o tipo de mentira que pode fazer o paciente tropeçar de uma altura muito maior. E eu acreditava que a rede de segurança de Terri estava se desfazendo, a corda bamba vinha se afrouxando. Sentia e temia que a queda estivesse muito próxima.

Terri fala sobre o desejo e como ele infundiu seu corpo na noite anterior no momento em que ela tirou o anel de noivado do dedo, sem sentir qualquer emoção ou simpatia por Richard, com quem ela está para se casar em menos de seis meses. Terri se pergunta em voz alta por que têm se entregado ao sexo com pessoas desconhecidas — mais de duas e menos de seis —, com quem esbarrou em diversos bares pela cidade, sendo todas elas mulheres.

— Estou apavorada — diz. — Me sinto muito sufocada com a ideia de me casar.

Eu me inclino para a frente na poltrona.

— Nós falamos disso na semana passada — relembro —, o seu medo daquilo que você acredita ser o triste destino do romance com o passar do tempo. Você mencionou como parece arriscado fundir amor e desejo...

Ela olha para os próprios pés.

— Nada mudou quanto a isso — sussurra.

Não é a primeira vez que a infidelidade de Terri invade e toma conta da sessão. Isso vem se tornando desconfortavelmente frequente, quase habitual. Sinto uma onda de compaixão, enterrada no peito, pelo medo que vem crescendo e se revelando nela.

Ela me conta sobre a viagem de última hora de Richard em razão de uma sessão de fotos para uma campanha publicitária — *cremes para o rosto*. Também me conta sobre a noite que passou em um bar com uma mulher e suas duas amigas que saíram por volta das onze, deixando Terri e a mulher sozinhas. Ela revela como se sentiu viva, e que a noite terminou na casa da desconhecida em Chelsea. Clare era suave e sedutora. Suas carícias eram delicadas e sua boca, ávida, viva e deliciosa. Clare perguntou se ela tinha namorada ou esposa. Ela respondeu que não, feliz de, pela primeira vez, estar falando a verdade.

Clare a beijou na boca e lhe deu um número de telefone escrito no verso de um saco de papel kraft, o qual Terri ficou inalando a caminho de meu consultório: o cheiro doce de marzipã do croissant que elas comeram mais cedo enquanto tomavam café ainda exalava do interior. Em seis meses, Terri considerará engolir comprimidos equivalentes a um frasco inteiro e felizmente sobreviverá ao doloroso pensamento suicida. E eu vou me perguntar se ela se lembra desse momento de alegria, sua ligação com Clare, o cheiro e o gosto enjoativo da pasta de amêndoas. A boca de Clare na dela.

— Acho que sim — Terri vai dar de ombros em resposta —, mas, para ser sincera, toda aquela época parece um borrão para mim. Eu gostaria de poder me agarrar à conexão que sentimos, mas de alguma forma ela se perdeu. Sumiu.

Agora Terri enxuga os enormes olhos cinzentos com as costas da mão. Eles expressam tristeza e assombro, estão úmidos e aparentam cansaço; uma súplica imediata por uma resposta.

— Você quer se ajudar? — pergunto.

— Sim. Não. — Ela desvia o olhar, as lágrimas escorrendo dos olhos. — Estou tão perdida.

A regra é nunca avançar mais que o paciente. Um terapeuta que se apressa não consegue ouvir. Ainda assim, me vejo cedendo.

— Perdida, talvez — sugiro. — Mas não impotente.

Ela se inclina para a frente, o corpo tomado por uma energia e determinação anormais.

— Eu amo o Richard — admite ela. — Mas não o quero. Eu não o desejo.

— Você já o quis, já o desejou?

— Acho que sim, no início. Quando estávamos começando. Seria de se esperar que ficaríamos loucos um pelo outro, com ele trabalhando longe o tempo todo. Mas mal temos uma fagulha. De repente, ele ficou muito velho.

Terri fixa o olhar com uma indagação silenciosa em mim, enquanto penso na escassa fagulha e faço as contas: velho mais falta de fagulha é igual a sexo sem limites com inúmeras mulheres — e uma provável noiva em fuga.

***

Eles se conheceram quatro anos atrás em uma galeria de arte no West End. Foi durante uma exposição fotográfica intrigante com imagens de pessoas sendo submetidas a cirurgias estéticas. Terri fitou as gigantescas impressões monocromáticas feitas com uma lente olho de peixe usada para capturar rostos desprezados: pele com marcas de caneta preta, hematomas e cicatrizes pequenas e finas. Ela sentiu vontade de acariciar os retratos com a ponta dos dedos, desejando que os modelos aceitassem mais as feições com as quais tinham nascido. E, quando chegou para a sessão na manhã seguinte, perguntou-se que mensagens, "ismos" e possíveis crueldades foram impostas a cada uma daquelas pessoas.

Os dois foram apresentados pelo curador da galeria, Joel.

— Ei, vocês dois devem se conhecer, né? Terri trabalha na produção da *Blaze*. Você não fez fotos para lá também, Richard?

Richard havia trabalhado para a *Blaze*, mas muito antes de Terri receber o convite para ser produtora de uma famosa série de documentários realistas. Terri e Richard apertaram as mãos. Duas horas depois, estavam trepando no banheiro. Ele sorriu e abriu a blusa dela, e então os dois ficaram em uma posição incomum: ele segurando o queixo dela com a mão para protegê-lo da fria cisterna de cerâmica. *Terminou rápido demais*, pensou Terri, ajustando seu corpo e abotoando a blusa. Depois, eles caminharam até Chinatown e comeram guiozas.

Terri entrou na relação com uma explosão de desejo e entusiasmo, mas logo notou que seu interesse diminuía. Ela chamava isso de "chamego de casal" e revirava os olhos. Não demorou muito para que as saídas aos fins de semana dessem lugar a ver televisão e pedir comida, tomar um vinho mediano e receber massagem nos pés. As conversas provocantes ao telefone se reduziram a telefonemas de rotina, com apenas um lampejo ocasional. Os apelidos foram definidos: *Tezzi* e *Covinha*. Terri sentia falta da emoção, do ardor, da imprevisibilidade. Ela queria tudo de volta, revelou. Contudo, também se perguntava se era mesmo com Richard que queria ter isso, considerando sua atração por mulheres. Suspeitei que Terri usava o sexo como um conforto, ou um antidepressivo, uma forma de substituir momentaneamente a sensação de vazio e de perda pela excitação de ser desejada por outras mulheres. Se tal "automedicação" era uma tentativa de negar sua homossexualidade, por quanto tempo e a qual preço ela poderia continuar sustentando essa negação? Comecei a sentir certa urgência em relação à vida arriscada e conflituosa que ela levava.

Recentemente, ela tinha começado a fantasiar com mulheres seminuas, agressivas e doces, esfregando-se uma na outra, enquanto fazia sexo com Richard. Para atingir o orgasmo, ela fechava os olhos e pensava na imagem de uma mulher segurando-a com força. Terri chorou com essa confissão. Ela também tinha começado a explorar quanto daquilo que desejava em uma amante vinha do que ela precisava de sua mãe, uma etilista funcional. Essas revelações dolorosas a desestabilizaram e a fizeram percorrer bares em busca de mulheres, respostas e amor. O tipo de amor que sua mãe era, e é, incapaz de lhe dar.

*ccr*

— De repente, Richard ficou muito velho — repete Terri, e eu me pergunto se ela acha que minha atenção se desviou. Se acha, acertou.

Momentos de desvio consciente e reflexão interna por parte do terapeuta costumam ser lembretes sensatos de que uma paciente nunca chega à terapia sozinha. Ela entra no consultório com um esboço de seus relacionamentos interpessoais — um mundo de família, amigos, conhecidos, inimigos e pessoas queridas, do passado e do presente.

— Velho? Fale mais sobre isso.

— Ele parece... — uma pausa — ...muito velho, distante. Nós dois queremos coisas diferentes. É como se estivéssemos vivendo em mundos, ou melhor, ilhas totalmente diferentes.

— E onde fica sua ilha?

— Ali, e ela é lésbica — diz, sorrindo, ao apontar na direção da janela.

Em seguida, o olhar de Terri parece à deriva, no mar.

Eu espero, sentindo que ela precisa de espaço para lembrar, esquecer ou, possivelmente, devanear. Um momento para sentir e refletir sobre as palavras que acabou de dizer.

— No que estava pensando? — pergunto finalmente.

— Na Rebecca. Becks — responde baixinho. — Você se lembra, né?

— Lembro. Você fala bastante dela. Você imaginou sua ilha e a imagem da Rebecca veio em seguida? Foi isso o que acabou de acontecer, Terri?

Terri assente.

— Por que não consegui aceitar na época, quando a conheci? Por que demorei tanto para admitir que prefiro a companhia e o toque de mulheres?

Silêncio.

Reflito sobre as vezes em que Terri falou do desejo de se sentir amada, notada e desejada pela mãe durante nossos dez meses de trabalho conjunto. Os subornos, as condições impostas e as ameaças que ela fez na tentativa de negar à filha o amor e o toque de outras mulheres. As vezes em que a palma sorrateira de suas mãos estapeou o rosto de Terri. O que acontece com uma mulher quando ela não é amada pela mãe, quando seus desejos são destruídos ou invisibilizados, quando dizem para ela que sua vida é errada?

— Bem... — digo, dando uma pausa para causar impacto. — Havia a questão complicada com sua mãe.

Juntas, Terri e eu revisitamos uma lembrança.

*ur*

Era uma noite sufocante de setembro. Uma tenda estava pregada no chão. A mãe de Terri estava dando uma festa em casa — havia um monte de *mulheres solteiras bonitas e, principalmente, homens casados*. Seu *amigo* mais recente era um cara chamado Rick, que trabalhava com vendas e, daquela vez, não era um homem casado. Rick viajava muito, percorria várias rodovias vendendo aparelhos de ar-condicionado e comia fast-food que esquentava no micro-ondas em copos de isopor. Terri observou a mãe tentar tocar o braço dele com a ponta dos dedos enquanto se servia de um terceiro copo de vinho, e percebeu que o andar dela já era vacilante. A mãe usava um vestido que poderia ser da filha.

— Esse é para casar — balbuciou a mãe —, então seja legal. E vá brincar com a Rebecca.

— Eu não sou criança — bufou Terri. — E você está bêbada, de novo.

Rebecca era filha de Rick. Cabelo rosado, argolas douradas, sardas. Cintura fina. Ela deitou na grama ao lado da tenda, arrancando pétalas e o miolo de dezenas de margaridas e vendo se as unhas de acrílico, quadradas e pintadas de francesinhas, iriam descolar.

— Vá falar com ela — disse a mãe, gesticulando como se estivesse enxotando um cachorro.

— Ela vai gostar, querida — acrescentou Rick, com o vinho se mexendo no copo.

Irritada, Terri caminhou até Rebecca e perguntou se ela queria uma bebida.

— Tem vodca? — perguntou Rebecca.

— Quantos anos você tem? — quis saber Terri.

— Dezesseis, por quê?

— Eu também. E seu pai deixa você beber?

À medida que a noite avançava, Terri e Rebecca — Becks — conseguiram se divertir. Elas provocavam os homens atentos com as alças frouxas de seus vestidos colados pendiam dos ombros de forma casual, com um rápido lampejo de sorrisos e pernas. Os homens ficaram observando, tentando disfarçar o quanto estavam animados, depois se aproximaram e perguntaram sobre a escola.

— A escola vai bem — as duas falaram juntas e riram. Em seguida, olharam para eles assombradas, um sinal explícito de aversão, antes de encherem seus copos de plástico novamente.

— Vocês duas são muito bonitas — disse um sujeito. Ele tinha dentes pequenos que mais pareciam de animais que de humanos e usava uma camisa havaiana grande, o cabelo grisalho como um tufo efervescente que lembrava uma nuvem cinza. Em certo momento, as meninas escaparam do jardim e subiram as escadas até o quarto de Terri. Jogaram uma ou duas horas no Xbox, experimentaram um gloss labial e dançaram bêbadas ao som de Justin Timberlake. Do lado de fora, um aparelho de som antiquado tocava Phil Collins e Chris Rea. Música de velho.

— Os grisalhos adoram essa porcaria — zombou Rebecca.

Terri se inclinou para fora da janela e estremeceu quando viu a mão de Rick desaparecer sob o vestido de sua mãe. Ela distraiu Rebecca pedindo que a menina lhe passasse o restante da vodca. Não tinha motivo para a menina sofrer também.

O restante é um borrão agradável e regado a álcool.

Terri sentiu a mão de Rebecca encostando no fecho do seu sutiã e o abrindo. Os dedos dela tocaram suas costas de leve, possessivamente, e um silêncio bem-vindo tomou conta de Terri, como acontecia na sala de aula ou na igreja. Elas observaram uma à outra se mexendo com prazer. Mãos, lábios, línguas. Suas partes macias encaixadas até que um tremor as atingiu. Então, por fim, caíram no sono.

A manhã começou rasgada por um grito e um puxão. Terri encarou a roupa íntima de renda preta retorcida no chão. Seu braço foi puxado com tanta violência que ela gritou.

— Rebecca, levante-se. Agora! O que você pensa que está fazendo com a minha filha?!

Rebecca tentou se cobrir com o lençol de algodão. Nuas, as garotas se encolheram sob o olhar de uma *banshee* furiosa. Terri observou a sua mãe abrir e fechar a mão antes de estapear o seu rosto.

— Você é nojenta! — gritou a mãe. — Saia daí!

Vergonha. Terri e eu conversamos sobre vergonha com frequência. Ela costuma me fazer a mesma pergunta, repetidamente.

— Qual é o oposto de envergonhada?

— Amada — respondo, todas as vezes.

Eu a recordo de que ela me perguntou isso muitas vezes. Hoje, no entanto, ela não se lembra da tal pergunta nem de ter pensado nela.

Terri enfia a mão na bolsa, pega o caderninho vermelho e a caneta-tinteiro que sempre usa nas sessões. Sua memória até agora tem sido vacilante, esporádica e muitas vezes falha. Refleti sobre isso na supervisão clínica, sobre sua dificuldade de digerir e lembrar nossas conversas. Do que mais você se esqueceu, Terri? Que outros acontecimentos são angustiantes demais para serem recordados?

É muito comum que pontos fixos da memória sejam negados, ignorados, desacreditados e dissociados para proteger o ego, a fim de esconder o que era doloroso demais para ser sentido. O papel do terapeuta é criar uma base segura a partir da qual lembranças difíceis possam voltar. Isso requer cuidados especiais e sintonia, pois nesse esforço se descobre que nenhum sentimento é definitivo, e que outros, também difíceis, provavelmente vão surgir. Verdades e realidades acabam retornando e são recebidas com compaixão e cuidado.

Terri lambe dois dedos para virar as páginas do caderninho vermelho, escrevendo outra vez a palavra: *amada.* Penso em pedir que ela faça uma pausa e veja se consegue encontrar a palavra escrita lá antes — uma agonia de palavras organizadas —, mas logo decido que talvez seja melhor esperar outro dia para uma exposição maior, com grandes chances de acarretar mais vergonha.

Na infância, Terri era chamada de "nojenta", "imprestável", "um grande desperdício de espaço". Quando o vinho fluía demais, as palavras costumavam ser ainda mais cruéis, se é que isso era possível, porque massacravam, desgastavam e sufocavam quem ela era. Quem ela *é*. Tentavam abalar seu verdadeiro eu. E a humilhavam por preferir o toque de garotas — uma lista que começou com Rebecca e que ficou numerosa demais. As mulheres viraram segredos porque, se soubesse, sua mãe a renegaria, a expulsaria e destruiria qualquer resquício de autoestima ao qual Terri tentava desesperadamente se agarrar. Já ouvi Terri sussurrar palavras como "sapatão", "sapata", "machona", "sapatona de merda". Todas proferidas pela mãe. E tentei controlar meu ímpeto, minha raiva pela violência e pela injustiça que ela sofreu. Ainda está viva e ardendo, *amada* Terri.

— Sinto muito pela perda do que deveria ter sido, no mínimo, uma infância boa. Deve ter sido doloroso demais, na adolescência, tentar dar sentido ao seu desejo.

Ela hesita e varre a sala com um olhar marejado de lágrimas, pousando-o finalmente em meus olhos.

— Eu também sinto muito.

Após a sessão, Terri liga para Richard.

— Precisamos conversar. — Ela mal consegue falar.

Richard sente que tem algo errado.

— Você acabou de sair da terapia? — pergunta ele, relutante e com voz em um tom mais alto.

Ela diz que sim, mas que não é por isso que precisa conversar.

— É outro assunto, algo muito importante.

Eles combinam de jantar em casa depois do trabalho, por volta das oito.

— Devo comprar alguma coisa no caminho para casa?

— Não, vou preparar o jantar — responde Terri, que acha que é o mínimo que pode fazer.

Ela passa o restante do dia entrando e saindo de sua consciência. Quase como se estivesse vivendo e existindo fora do próprio corpo. Ela pega o caderninho vermelho e folheia até a página com a palavra *dissociação* para se lembrar do que está acontecendo: *a dissociação é uma forma que a mente encontra de lidar com um grande estresse, como durante um acontecimento traumático. É um processo mental de desconexão dos próprios pensamentos, emoções, memórias ou do senso de identidade.*

Terri consegue se acalmar. Prepara uma caneca de chá adoçado. Tira as botas e prepara o corpo para chorar. O escritório está tranquilo, então ela chora, toma seu chá e pressiona com força a sola dos pés, cobertas por meias grossas, contra o áspero chão acarpetado. Em seguida, liga para a melhor amiga, Kirsty, que sabe de tudo: o que a mantém acordada à noite, por que ela parou de beber vinho e passou para os destilados nos últimos seis meses. "Eu te amo", diz Kirsty. "Você está fazendo a coisa certa." Terri desliga com um leve sorriso e se sente um pouco melhor depois da ligação.

Às oito e meia, Terri liga para Richard. Uma refeição simples, com frango e alho-poró, está pronta, descansando no forno. Sem vinho. Só água com gás, pois ela precisa manter a calma e criar coragem. "Chego em cinco minutos, Tezzi, desculpe", diz Richard, ofegante. "O metrô está um inferno."

Terri sente um aperto no estômago. O cheiro da comida quente não ajuda nem um pouco. Ela se segura para não dizer "Tudo bem, Covinha", pois seria uma mentira, além de crueldade. Em vez disso, ela responde: "Ok, até já. Vamos comer torta de frango e alho-poró." Também deixa de fora o "eu te amo", porque também seria cruel. Em vez disso, lembra-se da época em que, no terceiro encontro, disse a ele: "Eu amo suas covinhas, elas são lindas." Ele sorriu, as covinhas ainda mais deliciosas e pronunciadas. "Eu não sabia que você conseguia ver a minha bunda", brincou ele. Os dois riram. A lembrança a faz perder o equilíbrio por um momento. Talvez beber vinho ajude.

A porta da frente se abre. Ela ouve o tilintar das chaves.

— Cheguei — cantarola ele. — Desculpe o atraso, Tezzi. O cheiro está bom.

Terri está de pé quando Richard entra na cozinha, e a expressão assustada no rosto pálido dela deve tê-lo deixado preocupado, porque ele a beija no rosto, como sempre fazia ao chegar do trabalho, e logo se senta.

— Não existe uma maneira fácil de dizer isso — começa ela, reunindo coragem.

— O que foi, Terri? Qual o problema?

— Não posso me casar com você. Eu quero terminar. Por favor, me perdoe.

Sete da manhã outra vez. O som do canto matinal das cotovias. Terri ajusta uma luva de couro com dificuldade. As lentes de contato foram trocadas pelos óculos de armação grossa e grande na cor preta. Sei que ela faz essa troca quando andou chorando e suas pálpebras estão doloridas demais para serem tocadas. Dá para ver algo em seus olhos, em seu andar — uma ferocidade ardente —, que me inquieta.

— Como você está? — pergunto.

Seu olhar vagueia em direção à janela. Sem maquiagem, ela parece modesta e bem mais jovem do que seus 32 anos, e as roupas que escolheu — calça de moletom cinza mescla e um agasalho combinando — exalam o delicado perfume de sabão.

— Nada bem — responde Terri.

A sessão acontece quase sem palavras. Uma frase ocasional usada para descrever a dor e o atordoamento de Richard; a furiosa necessidade dele de se mudar dali; a torta queimada; os planos de casamento destruídos. Baixo os olhos, mas o foco deles deixa evidente para Terri que estou aqui. Que estou ouvindo.

Quando comecei a atender, no início dos anos 2000, o silêncio prolongado me deixava inquieta. Na necessidade de me envolver com as pacientes, típica de quem está começando, eu disfarçava com palavras meu medo de iniciante de não ser uma profissional boa o suficiente. Eficiência costumava ser sinônimo de ação, ao menos na minha cabeça, somada à interação sonora que se transformava em conversas, sugestões e, às vezes — estremeço ao escrever isso —, *interpretações*. Na época, o terapeuta que me orientava durante a formação e com quem fiz terapia por 11 anos perguntou o que tanto me incomodava no silêncio. Respondi que ele me remetia tanto a uma desconexão da vida quanto a sentimentos de solidão. Ele franziu a testa e inclinou a cabeça. "Pode falar mais sobre isso?", incentivou. Eu me lembrei de momentos em que desejei ter conexão por meio de diálogos respeitosos, em vez das tão temidas e exigentes ordens dadas à minha voz na infância, quando sugeriam que eu não deixasse "ficar um clima de enterro nas refeições à mesa"; "nos distraia"; "pelo amor de Deus, diz algo interessante ou vai embora". Com medo de ser aniquilada ou de passar fome, levei no corpo essas ordens e esses desejos, que ressurgiram quando comecei a estudar para me tornar psicanalista.

Com o passar dos anos, fui ficando mais à vontade com o silêncio, talvez porque agora acolho, de todo o coração, a solidão em minha vida. Pelo menos para a terapia, esses silêncios proporcionam um momento importante de reflexão tanto para o terapeuta quanto para o paciente e permitem que venham à tona sentimentos que poderiam ser rechaçados quando surgem palavras supérfluas ou inúteis. Passei a considerar os momentos de sons para ocupar espaço como um "muro de palavras" que bloqueia a intimidade e a conexão. O terapeuta atribulado perde muito.

Terri se mexe na poltrona. Ficamos em silêncio por cinco minutos.

— Estou com saudades dele — confessa por fim, mudando de posição na poltrona outra vez. — Me sinto uma criança. É como nos momentos em que eu precisava da minha mãe, mas ela não estava presente, pelo menos não do jeito que eu queria e precisava.

Ela enxuga o rosto molhado.

— Ilhas diferentes — diz.

Para os enlutados, somente o retorno da pessoa perdida — ou da tão desejada mãe, na história de Terri — pode trazer conforto de verdade. Se eu ignorar essa necessidade, é quase certo que a deixarei chateada. Em vez disso, escolho fazer com que ela saiba que a dor vai passar, que nenhum sentimento é definitivo, que a perda é um processo e que ela não precisa passar por isso sozinha.

Nós devemos entrar juntas nesse necessário, doloroso e complicado processo de luto.

— Acho que meu pavor de abrir mão do Richard está relacionado à vontade de fazer a coisa certa pela minha mãe — diz ela. — Meu desejo é tão diferente disso. Estou pronta e apavorada com o que está por vir.

Esse momento de autorreflexão e aceitação é importante por si só.

— E querer fazer isso é um presente que você está dando a si mesma — pontuo.

— Então o que acontece agora? — pergunta Terri.

— Agora, nós trabalhamos isso.

Terri se esquece de cancelar o bolo. *Entre tanta coisa para esquecer...* O bolo gigantesco vai parar na casa dela na noite da véspera de seu casamento arruinado. Richard queria pão de ló de baunilha com creme de limão, mas ela tinha conseguido convencê-lo a mudar para red velvet, seu favorito — e também de Kirsty. Terri sente um súbito choque no peito ao vê-lo: a mera beleza dele embaça seus olhos e deixa um gosto terrível em sua boca. Ela está sozinha, e o leve tique-taque de um relógio de repente fica altíssimo e muito assustador. Ávida por conexão e segurança, ela liga para Kirsty. "Vem pra cá", implora, "o bolo chegou. Você precisa me ajudar a comer".

Terri costuma ter um sonho significativo e recorrente em suas noites maníacas sozinha, sem Richard. As imagens perduram por dias em sua cabeça. Elas são explícitas e nítidas. Em um tipo de semiconsciência, o sonho está ligado à mãe dela e à coelha de estimação de Terri, Barbara.

Barbara foi um presente branquinho e de orelhas caídas que Terri ganhou do pai no dia em que ele decidiu desistir da família. Com a coelha, ela também ganhou um viveiro de cedro que foi colocado no fundo do jardim entre os capins-dos-pampas e as trepadeiras de lanterna-chilenas, em frente a uma macieira ainda nos estágios iniciais.

No sonho, Terri se lembra de sentir pavor ao ver o pai ir embora. A mão dele segurava uma mala de plástico bege que ela suspeitava não conter nada além de alívio. Ela tinha 10 anos quando isso aconteceu, e não voltaria a vê-lo até a véspera de seu aniversário de 18 anos. Muita coisa pode acontecer com uma filha nesse tempo, o mesmo que uma árvore leva para crescer até se encher de maçãs: um cotovelo quebrado, cortes diferentes de cabelo, descobrimento da sexualidade, a vitória em uma partida de hóquei, sua bicicleta ser roubada, problemas com a polícia, tapas da mãe — muitas, muitas vezes.

No sonho, o pai contava a Terri que estava saindo de Londres para começar uma nova vida com uma nova amiga.

— A coelhinha vai te fazer companhia — comentou ele.

— O nome dela vai ser Barbara — disse Terri, tentando conter as lágrimas. Ela apertou Barbara com força, segurando uma cenoura cortada ao meio diante da boca e do focinho contraídos da coelha.

O pai beijou o topo de sua cabeça.

— Você vai ficar bem.

— Por favor, não me deixe — implorou ela.

— Eu preciso, Terri — respondeu ele gentilmente. — Um dia você vai entender.

— Leve a gente com você. Não vamos incomodar, né, Barbara? Eu prometo.

Terri sabia, no sonho, que, quando se virou, ele chorou. Como não choraria? Entretanto, as lágrimas do pai já tinham secado quando ele fechou o porta-malas e deu partida no carro, e Terri percebeu naquele momento que Barbara e ela já haviam sido esquecidas. Como a imagem se apagando ao se desligar uma televisão.

Ainda no sonho, Terri puxou e arrancou folhas de dentes-de-leão da grama que crescia selvagem e abundante ao longo da margem do rio perto de sua casa. Ela gostava de ver Barbara acariciar os caules verdes e espessos com o focinho e ficava relaxada quando alisava toda a extensão das orelhas inocentes e aveludadas da coelha. Barbara tinha engordado bem e Terri sentia certa alegria quando a erguia e a colocava no cercadinho construído com engradados antigos e tela de galinheiro. Às vezes, levava Barbara para o quarto quando ninguém estava olhando e a envolvia em um suéter velho ou uma fronha desbotada. Terri tinha o cuidado de recolher as bolinhas duras de fezes do carpete do quarto, para não dar à mãe mais motivos para sentir e destilar ódio.

A mãe de Terri não gostava de Barbara. "Ela fede e caga em tudo quanto é lugar. É a cara do seu pai me deixar com mais uma coisa para cuidar."

*Coisa.* Lá estava. Terri assimilou essa palavra e se deixou dominar por ela. Uma vida inteira se sentindo odiada e indesejada é difícil de desaprender.

No sonho, o etilismo de sua mãe estava a todo vapor. Vinha saindo de controle. Terri ouvia que seus lábios nunca poderiam tocar a vodca da casa e, em vez disso, deveria despejar a bebida no suco matinal da mãe, antes de ir para a escola. Ela se lembra de sentir fome e sede, roubar sanduíches murchos e bolo de gengibre de um supermercado, embora tivesse dinheiro — com uma invenção genial que consistia em costurar uma fronha em sua jaqueta *puffer* para esconder a comida afanada.

— Roubar era uma forma de ter algum controle, de reaver o que era meu por direito. Minha vida. Era a minha vida.

Desejando uma forma de fugir, no sonho, Terri ficou na rua até tarde da noite com uma amiga da escola. Quando finalmente voltou para casa, ela notou a porta da gaiola entreaberta. Barbara tinha sumido. Terri procurou por todos os lugares: nos jardins das casas ao lado, no meio de cercas vivas, no parque do outro lado da rua. Parecendo uma louca sorridente, ela bateu na porta dos vizinhos pedindo ajuda. Formou-se uma equipe de busca por Barbara. Contudo, ela foi vencida e acabou voltando para casa exausta e sozinha.

A mãe estava parada na varanda, com os braços em volta da cintura de um desconhecido, rindo. A garrafa de vodca da casa drenada até a última gota. Ela limpou a boca com as costas da mão. "A Barbara disse que te vê por aí", falou, com uma risadinha. "Ao que parece, ela foi encontrar o inútil do seu pai."

Terri desejou desesperadamente machucar a mãe no sonho. Arrancar os olhos dela. Puxar aqueles cabelos oxigenados e ressecados. Em vez disso, guardou toda a dor dentro de si mesma. Um caco de vidro gigante e irregular se estilhaçando e preenchendo seu corpo pequeno e abalado.

— Um sonho? — pergunto. — Tem certeza de que tudo isso é um sonho?

Terri suspira voltada ao seu caderninho vermelho, com uma expressão de tristeza e derrota.

— Não — admite ela —, não é um sonho, agora eu sei. Isso aconteceu de verdade. Ela deixou Barbara escapar, mas não permitiu que eu fugisse também.

A primeira fase do luto: choque e negação.

Ela passa pelos sentimentos de dor, culpa, depois raiva e negociação com relativa facilidade. O sintoma do luto que eu temo é outro: a depressão. Tenho medo da possibilidade de Terri ter um colapso. E, por um momento, perco minha confiança.

Eu proponho uma ideia — "A depressão é uma perda não resolvida" —, e ela me diz que decidiu parar de uma vez por todas, dar um tempo e ignorar sua dose semanal de sexo com mulheres que encontra em bares. Sugiro uma pausa, não um tempo.

— Um tempo é algo contra o qual você pode querer se rebelar e acabar agindo de forma impensada ou retomar velhos hábitos — explico.

Ela se inclina para a frente e passa os dedos pela franja ruiva, que está cada vez mais comprida. Seu corpo parece pequeno e ferido, como o de um minúsculo pardal. Seus olhos estão arregalados e assustados, com olheiras; as bochechas, encovadas.

— Uma pausa — continuo — vai permitir que você tenha um tempo para descobrir o que quer sem saciar seus desejos e sua solidão.

— Como assim?

— Talvez evitar distrações permita que você tenha espaço para lamentar.

— Entendi. — Ela dá um meio sorriso.

Por alguns dias, Terri desaba por completo. Tem um colapso. Ela corta o cabelo supercurto. "Quero vestir minha dor", diz. Não conta para ninguém, nem mesmo para Kirsty, que parou de comer, trabalhar e tomar banho. Em vez de fazer essas coisas, ela passa as horas sem rumo, com o príncipe Valium. Sonhos a levam em carruagens descontroladas rumo ao luto. Para ela, seu bem-estar está nas mãos dos deuses. Terri começa a sofrer de suor noturno. Delírio. Alucinações.

Os sonhos, tantos...

Sua mãe se recusa a morrer.

Irritada e bela, a mãe assume as rédeas, com vinho escorrendo dos olhos, e guia a carruagem em meio a incêndios ferozes, cidades e vilas cobertas de gelo. Com mãos fortes, ela açoita a carne viva do cavalo. Ali, ela impera e reina, aperta o pulso da filha com tanta força até sangrar. Richard e as mulheres com quem Terri se relacionou se inclinam sobre balcões de bares mal iluminados. O amor espera que ela escape de uma jornada dolorosa de anos.

Rebecca, Becks, está deitada na grama úmida contando as nuvens que se movem e lembram marshmallow. Dálias cor de tangerina à beira do rio, um vento fresco e perfumado. Terri e Rebecca se entreolham. Uma carícia, um beijo. "Por favor, nunca me deixe", implora Terri. Nenhuma escuridão vai destruir o momento mais radiante delas.

Richard está vestido com suas roupas comuns. "Covinha", diz ela, "o cheiro está delicioso". Ele serve torta de frango com alho-poró e acrescenta um pouco de molho. A toalha de mesa xadrez está enfiada na gola de sua camisa. Ele oferece mais vinho e Terri aceita, mas, ao se virar para encará-la, a garrafa de vinho se transforma em um facão de trinchar e é cravada no coração dela. "Coma essa merda de torta, sua vadia", grita ele.

A mulher, Clare, com belos olhos e cabelos longos e brilhantes que pareciam uma extensa enguia preta e iam até a altura da cintura, dirige um carro baixo e veloz, com o teto abaixado. Ela e Terri chegam a um cruzamento. "Para onde vamos agora?", pergunta Terri. "Para a Lua", diz Clare, "quer vir?".

A mãe dela, novamente. Dessa vez sem carruagem. Ela está no quintal onde moravam quando Terri era criança, ao lado dos capins--dos-pampas, da macieira repleta de frutos. Seu rosto é uma mistura de confusão e mania. Terri estende a palma da mão como a Virgem Maria, uma necessidade pelo amor perdido de sua mãe. Ela observa o olhar frenético da mulher se transformar em derrota. A mãe sorri, coloca Barbara nas mãos da filha e vai embora. "Eu só quero que você me ame", grita Terri para a mãe já de costas, sabendo durante todo o tempo que suas palavras, a solidão e a saudade sufocantes encontraram não apenas ouvidos selados para o que quer que viesse dela como também um coração.

A primeira coisa que noto é a rapidez com a qual ela estava perdendo peso. Em seguida, percebo que seu cabelo está ficando opaco — um tom acobreado no que antes era bem ruivo. Ela considera recorrer a mais medicamentos, tirar uma licença do trabalho, comparecer a mais sessões. Suicidar-se.

Em algumas sessões, só preciso ouvir e compreender. Em outras, é necessário intervir, como quando Terri ligou para meu celular depois de uma enxurrada de e-mails sem resposta. Eram quatro da manhã. Ela e o príncipe Valium, no entanto, estavam privados da noção do tempo na época — trocavam os dias pelas noites, e vice-versa. Foi combinado que Kirsty se mudaria para a casa de Terri por um tempo. O apoio físico e o cuidado de Kirsty, nossas sessões extras e a aceitação de Terri sobre sua sexualidade que eventualmente a fizeram continuar seguindo — até aquele momento. Agora, a depressão toma conta.

Ela sente os membros pesados, "como se arrastasse a carcaça de uma vaca no melaço", diz. E a mente também parece lamacenta e pouco cooperativa. Nós discutimos o que pode significar fazer uma pausa no caso dela, ficar em suspenso por um período até descobrir como reconhecer e aceitar as próprias emoções, respeitar seu corpo e refletir sobre o passado.

— Eu quero isso, preciso disso — diz ela.

Contudo, Terri teme que o tempo necessário até ela aceitar a negligência dos pais e seu desejo por um relacionamento romântico com uma mulher vá levantar suspeitas, que seja tarde demais.

— As pessoas não vão acreditar nem confiar em mim — afirma.

— Eu acredito em você, eu confio em você — respondo.

Ela chora durante pelo menos metade do tempo em todas as sessões. Isso é bom, na verdade. Ela está se curando. É uma vida inteira de lágrimas para lamentar e sentir. Depois de dois anos de trabalho com Terri, monitoro a capacidade dela de permitir seu desejo de ser curada. Ela escreve uma carta de desculpas para Richard, explicando em detalhes que atualmente está lidando com algumas memórias dolorosas, que tem esperança de que um dia eles possam se falar, talvez até voltar a ser amigos. Ele não responde, mas está tudo bem.

— O que eu esperava? — pergunta. — Um amigo por correspondência? Eu parti o coração do coitado.

— É verdade — respondo —, e ações têm consequências. Mas não vamos ser punitivas. É importante seguir em frente.

Relutante, Terri aceita minha sugestão e começa a se exercitar: cardio, caminhada rápida e esportes coletivos. Entretanto, o caos de pessoas, vozes e corpos demais faz com que ela busque refúgio na yoga — ela compra um tapete amarelo "porque amarelo é estimulante e alegre. Você sabia que os carros amarelos são os que menos estão envolvidos em acidentes?"

— Eu não sabia disso — respondo.

Aquela estranha distração era um indício de sua mente cheia e desorganizada.

Talvez ela veja a vida hoje em dia como um acidente de carro, reflito. Quem, porém, está dirigindo? Imagino uma faixa sinalizando que se trata de alguém aprendendo a dirigir.

Terri também paga pessoas para tocá-la: um osteopata que realinha sua coluna e, com movimentos rápidos e precisos, estala e alivia partes de seu corpo que estão estressadas e doloridas; uma massagista que oferece uma dor gratificante para o vão que se formou em suas costas, em seus glúteos. Ela voltou a gostar de ser tocada e não se importa em ter que pagar por isso, pois não confia em si mesma para ser tocada a menos que seja por algum profissional. Logo ela vai voltar a sentir excitação, mas ainda não é o momento para isso. Por enquanto, ela deve fazer uma pausa e explorar seu desejo como alguém que está aprendendo a dirigir.

Kirsty volta para a própria casa e Terri se vê caminhando como se em piso de vidro fino. Um andar na ponta dos pés crônico dentro da própria casa, que mal reconhece. Terri tira caixas com fotos antigas dos cantos do guarda-roupa e observa as fotografias como se esperasse ouvir palavras saindo da boca dos seus eus do passado imortalizados em cada uma delas. O que diriam se vissem seu estado atual? Sem tomar banho e amedrontada. Não mais a mulher despreocupada que adorava trabalhar, ir a festas, dançar e viajar — que amava a vida. As aparências já foram muito importante para Terri, a mantiveram sob controle e a distraíram de quem ela realmente é.

— A falsa eu — digo.

— Uma falsa eu muito ocupada — concorda ela.

A dor complexa e ainda assim grata de Terri, muito parecida com a sensação de que se tem sobre lágrimas catárticas ou um músculo que acabou de ser estimulado, talvez esteja em parte relacionada à visita surpresa de sua mãe, que, ao saber do cancelamento do casamento, aparece, a raiva disfarçada. Ela está segurando e balançando uma garrafa de vinho em cada mão. Terri fica triste e vulnerável demais para impedir a mãe de entrar e, em vez disso, posiciona dois copos limpos na mesa da cozinha. Terri está de pijama — macio, acolhedor e cheirando mal. Uma mancha de sopa de tomate de três dias atrás absorvida em um dos punhos da roupa. Sua mãe usa um elegante vestido azul-marinho com infinitas pregas. Lembra um abajur, que Terri gostaria de poder apagar, deixando-a no escuro quanto ao que *realmente* se passa na cabeça da mãe: raiva e decepção sem fim.

A maior parte do que a mãe diz são só ruídos, e a visão de Terri parece estar indo e vindo, como um sonho que se dissipa. Ela nota as mãos da progenitora — mapeadas por finas veias azul-turquesa e salpicadas de manchas características da idade. Durante todos aqueles anos, as mãos da mãe vinham sendo rápidas e sorrateiras, só esperando o momento de pegar a filha desprevenida. No jargão terapêutico, temos um conceito para um corpo pequeno, muitas vezes ferido, que primeiro entra em choque, em seguida passa pelo medo e pela negação, depois enfrenta a luta ou fuga e, por fim, experimenta a dissociação. São as chamadas barreiras amnésicas. Com terapia, receptividade e determinação, porém, aos poucos o corpo começa a se lembrar — até que enfim consegue progredir. Recorda a dor que suportou, o sofrimento ao qual sobrevi-veu. A memória do corpo se apega ao que a mente rejeitou. Terri sorve o conteúdo de sua taça de vinho de uma vez e logo se serve de outra, mantendo a de sua mãe seca.

— Você precisa se recompor e pedir desculpas — vocifera a mãe. — Não faço ideia do que aconteceu. Richard foi muito reservado quando o visitei, mas você precisa consertar isso.

— Consertar? — pergunta Terri, o sangue começando a subir à cabeça.

— Sim, e quanto antes!

— Eu não posso consertar quem eu sou. Me recuso a consertar algo que não está quebrado nem errado. Você é uma mãe horrível. Conserte isso.

A visão de sua mãe — os lábios cor-de-rosa cerrados, o peito se mo-vendo com grande esforço — faz Terri perder o equilíbrio. Ela segura a borda da mesa, agarrando-a com força, e fica feliz de suas mãos estarem ocupadas, caso contrário, sabe-se lá o que elas poderiam acabar fazendo.

— Você vai morrer sozinha — bufa a mãe, a voz seca.

Seu tiro de despedida. Um golpe baixo. Um tiro no estômago.

— Uma mãe cruel que só sabe castigar não é mãe de verdade — responde Terri em voz alta antes de sua progenitora finalmente se levantar e ir embora.

Terri de repente sente um aperto no peito, os olhos transbordando.

— Uma mãe cruel que só sabe castigar não é mãe de verdade — repete para ninguém além dela mesma.

Ela desmorona na mesa da cozinha e fica um bom tempo estudando as próprias unhas, as quais ela deseja pressionar com força na própria pele até atravessá-la. Logo consegue se conter e abaixa a manga do pijama. A mancha de sopa de tomate continua lá, como uma amiga que vem visitar e nunca vai embora.

A noite longa que se aproxima — sua mãe lhe negando a paz — de repente lhe parece insuportável. Terri coloca as duas taças de vinho dentro da pia cheia de água quente com sabão, mas rapidamente resgata a que estava marcada com o batom da mãe. Com a ponta dos dedos, Terri traça o desenho da marca, rosa e pequena, e se oferece para o Universo como poeira, como o menor grão de areia do mundo. "Me ajude a passar por isso", implora.

Mais sonhos. Terri enterrada viva. A mão de sua mãe saindo do escuro como a Mãozinha de *A Família Addams* e estrangulando sua garganta, um estalo violento na mandíbula tensa da mãe, a boca enrugada e cor-de-rosa como a bunda de um gato repetindo "conserte, conserte, conserte"...

Suor noturno, delírio noturno, terrores noturnos — até que finalmente, *finalmente*, chega a manhã.

Terri acorda, surpreendentemente calma, a visita de sua mãe no dia anterior indo parar no seu inconsciente. Ela verifica o relógio na mesinha de cabeceira — 9h17 — e sente que seu apetite voltou de leve. Imagina ovos mexidos, bacon crocante, um cheiroso bule de café. Livre da fase de mania, ela toma banho e se veste. Procura as botas de camurça e calça jeans iimpa. Também gasta um pouco mais de tempo no banheiro, decidindo que vai cortar e pintar o cabelo na semana seguinte, e também fazer as unhas. Um longo gole de enxaguante bucal de hortelã toma a sua boca e a ardência a faz se sentir bem, limpa. Ela decide engolir em vez de cuspir pensando que o líquido vai limpar a garganta das palavras que ela, irritada, proferiu à mãe. Depois confere a agenda de trabalho e liga para Kirsty para marcar de se verem. Terri sente alívio; suas mãos e seu peito estão um pouco trêmulos, mas depois de tudo ela enfim conseguiu ter força e ousadia para dizer a verdade para a mãe e sentiu orgulho, coragem e autonomia, libertando-a da crença de que ela "era toda errada". A casa, inundada de luz, já não parece tão desconhecida e insegura sob suas pisadas cada vez mais firmes. Ela está triste, mas não deprimida.

— Nenhum sentimento é definitivo — diz em voz alta.

A curva ascendente.

*ur*

— Sabe aquela cena de *Dirty Dancing*? Aquela em que Baby e Penny estão dançando juntas, cara a cara, de collant e sapatos de dança prateados? — pergunta Terri.

— Aquela em que está tocando "Hungry Eyes"?

— Essa mesma — responde ela, maravilhada por eu saber de qual cena ela estava falando. — *Huuungry eeeyes* — canta ela.

Nós rimos juntas. A curva ascendente.

— Foi aí que eu soube que gostava de garotas. A maneira como elas se olhavam, como se mexiam. Eu simplesmente soube — diz ela.

— Uma lembrança bem-vinda? — brinco.

— Com certeza — responde ela, com um sorriso.

*Dirty Dancing* continua sendo um dos filmes favoritos da vida de Terri.

Freud acreditava que havia dois impulsos básicos que serviriam para motivar pensamentos, emoções e comportamentos — toda a experiência humana, na verdade —, e, em termos simples, seriam o sexo e a agressividade.

Enquanto os pacientes se reclinavam no famoso divã de veludo laranja, Freud ficava sentado atrás deles, sem ser visto, permitindo que fizessem associações livres, o que implica a expressão da consciência da pessoa sem censura. Volta e meia me pergunto como Freud e seus pacientes conseguiam compartilhar momentos íntimos. Como uma possível conexão e uma interação criativa como a de *"Huuungry eeeyes"* poderiam ter início com ele fora de vista e fora do olhar do paciente. A psicanálise moderna não é tão binária nem tão simples quanto a vida e a morte. E talvez a dramaticidade das interpretações incríveis e os momentos profundos de Freud não tenham mais lugar no consultório dos dias de hoje. As terapias atuais tendem a se afastar de reflexões ou revelações impressionantes. Meu objetivo como psicanalista é construir um relacionamento seguro e significativo para que as pacientes se sintam compreendidas e desenvolver intimidade a fim de explorar algumas das questões mais profundas sobre o que significa ser humano. A psicanálise é uma oportunidade de pensar com discernimento sobre o que queremos. Com isso, surge o compromisso de compreender mulheres de origens diversas, idades variadas e diferentes experiências socioeconômicas que articulam suas necessidades da maneira que for necessária: com pesar, violência, ressentimento, liberdade, racionalidade e, às vezes, arrependimento. Toda mulher compartilha seus desejos e suas experiências de feminilidade, por mais dolorosas ou libertadoras que sejam. Nós sabemos o que as mulheres querem.

Terri sabe o que quer.

Eu sei o que Terri quer.

Ela se pergunta quando será seguro voltar a frequentar bares. Tem saudades. Sente falta da diversão, da conexão com as mulheres, da liberdade e das sensações que seu corpo experimenta quando está solta e dançando.

— Por que você não leva a Kirsty? — pergunto.

— Talvez — diz ela, suavizando ainda mais a voz.

Terri retornou ao trabalho e precisa ter algo para ansiar fazer à noite. Ela explora seu desejo — é diferente agora que ela não faz mais isso em segredo. A temperatura da emoção caiu, mas ainda assim os desejos continuam. Voltou a ler, nadar, pintar, rir e respirar. Trabalhar na *Blaze* se tornou agradável — havia no horizonte uma possível viagem para participar de filmagens, o que seria impensável para ela um ano antes. Também mencionam uma nova série de documentários realistas que investigam o ódio aos corpos femininos pelo mundo, e observo Terri falar sobre isso com uma animação e um entusiasmo que não via nela havia meses.

Ela também se pergunta se deve escrever para a mãe em algum momento; essa é outra etapa do processo de luto, quando surge a ideia de reconstruir e resolver as coisas. Contudo, ela teme que isso possa atrapalhar sua recuperação.

— Nada mudou entre nós — reconhece. — Se quisermos ter qualquer tipo de relacionamento no futuro, preciso ser eu mesma, não vou mais esconder nada.

Sinto uma aura de orgulho. Terri, a Estrela do Norte, brilhando. Vista em sua totalidade.

Pouco antes do Natal, ela decide dar uma nova chance à atividade física. Terri diz que tem a ver com a brusca mudança de estação — o frio e a necessidade de pôr o corpo em movimento novamente.

— A yoga é ótima — explica —, mas me entrelaçar toda não está funcionando mais. Quero voltar a sentir a força do meu corpo, empurrá-lo e puxá-lo. Sentir a queimação.

Ela se volta para o ciclismo. Quer uma nova bicicleta — *Pashley, Bobbin, Roubaix Sport, Hybrid, Cannondale?* Passamos um tempo considerável examinando todas as opções. A certa altura, Terri nota o tédio nos meus olhos.

— Ok, já entendi, é pra eu escolher uma logo — ela se repreende, como se eu tivesse capotado e caído em um sono catatônico.

Ela opta pela velocidade: uma *Roubaix Sport.* E confesso que fico um pouco preocupada com a segurança dela, levando em consideração os riscos que já enfrentou antes. Penso em presenteá-la com uma jaqueta de alta visibilidade, um capacete, muitas luzes de bicicleta... Com isso, constato como quero protegê-la e cuidar dela.

— Você tem um capacete? — pergunto.

— Ah, sim, tenho tudo. Não adianta eu ter todo esse trabalho para morrer e te largar agora, né?

Constato seu discurso superficial e peço que ela faça uma *pausa.*

— Me pergunto se é doloroso para você reconhecer todo o trabalho que fez e continua fazendo. E que eu me importo com você. As piadas são uma forma fácil de evitar as transformações mais que merecidas e a intimidade — digo.

Terri prefere pedalar à noite. As nuvens no inverno, o ar fresco e transparente. Ela gosta das luzes, do frio e do vento refrescante enquanto voa pelas pontes de Waterloo, Westminster e Southwark. Em uma noite boa, consegue ir até Battersea, a camiseta encharcada de suor e abraçando seu corpo em recuperação. Ela pedala pelo menos duas vezes durante a semana e todo fim de semana. E usa roupa de alta visibilidade e capacete. Isso me deixa tranquila.

A depressão começa a se dissipar à medida que ela pedala, e a curva ascendente faz com que Terri deslize como uma ave de rapina por ruas onde é raro alguém se aventurar, quarteirões proeminentes que passam despercebidos. Ela começa a ver a bela Londres de forma diferente, olhando para cima — para varandas, cornijas, cúpulas e beirais nunca vistos. Fica empolgada por se sentir no controle de novo, a velocidade, a emoção de encontrar a própria identidade e batizar totalmente seu corpo nela, ter um orgasmo com ela. Uma identidade que ela deseja e quer.

Terri pedala e pedala e pedala e pedala até a parte interna das coxas começar a queimar com uma sensação que ela decide e promete nunca mais ignorar.

～

O nome dela é Beth. Não Elizabeth, nem Bethany, apenas... Beth.

Beth é o tipo de mulher que faz Terri se responsabilizar por seus sentimentos, e por sua palavra. Ela não a conheceu em um dos bares que frequenta, às vezes com Kirsty, às vezes sozinha. Em vez disso, Beth desliza até ela como uma ave majestosa, a princípio sem chamar atenção, contratada para trabalhar como editora freelancer na nova série de documentários sobre corpos femininos.

A primeira coisa que Terri nota são as botas de Beth, o som que produzem. É diferente dos passos abafados pelo carpete dos outros colegas de trabalho. Ela chega e para de costas para Terri, que escreve um e-mail para criticar o designer de produção por "uma merda enorme que vai atrasar a edição por pelo menos uma semana". Mas seu olhar também está fixo na silhueta dela, que parece escultural, confiante e atraente. Terri descobre com o colega do lado que a mulher se chama Beth e é sua nova editora. *Beth chegou na hora certa*, pensa.

Quando Beth se vira, Terri se depara com um ser humano alto e belo. Olhos ágeis, maçãs do rosto proeminentes e um maxilar bonito.

O cabelo é longo e castanho-avermelhado, preso no alto. Um lápis espetado no meio para manter seu caimento elegante. Ela lhe estende a mão com um sorriso largo.

— Eu sou a Beth.

— Eu sou a Terri.

— Então vamos trabalhar juntas. Maravilha.

Beth sorri outra vez.

Nos meses seguintes, ela e Beth se tornam amigas. E, nas ocasionais saídas depois do trabalho, Terri vai montando a identidade de Beth: 43 anos, mãe irlandesa, uma menina sem pai. Gosta mais de cães que de gatos e prefere controlar a servir. *Anotado*, pensa Terri. Ela ouve a Rádio 4 da BBC e gosta de jazz; tem medo de voar de avião e lê todos os livros que figuram na lista de finalistas do Booker Prize todos os anos, sem exceção, até mesmo a longa lista do último ano; assina a *The New Yorker*, jornais de esquerda e a revista de jardinagem *Gardeners' World*; morou em Los Angeles por três anos, onde atuou como jornalista investigativa freelancer, e em Budapeste por dois anos, enquanto trabalhava em uma série de documentários pouco convencionais sobre cultura. Beth é filha única e tem muitos amigos, a maioria mulheres. Além disso, ela tem uma predileção por artigos de papelaria sofisticados, arte figurativa, Hitchcock e Obama. Em uma noite de bebedeira, depois de várias rodadas de karaokê, ela diz a Terri que homens e garotos raramente desejam mulheres e garotas sem pai, mas ela não se importa e confessa: "Eu prefiro mulheres." Terri registra essa novidade eletrizante e a guarda para mais tarde, com as orelhas atentas como as de um destemido lince. Ela tenta se acalmar, parecer tranquila e aproximar a identidade de Beth à dela mesma, que é ávida e esperançosa. "Eu também", responde, enquanto percorre o índice do karaokê em busca de Amy Winehouse.

No dia seguinte, ela aparece para a sessão com um brilho nos olhos. Seus membros relutam em relaxar e sentar.

— Posso ficar em pé aqui um pouco? — pergunta, sacudindo as mãos e os tornozelos como se estivesse prestes a correr.

— Com certeza — respondo.

Conversamos sobre a vontade de Terri de contar a Beth como se sente. "Feliz, ávida, um desejo de algo mais que amizade" e "Quando te vejo quero te abraçar forte e te beijar na boca".

— Tem algo impedindo você de dizer essas coisas? — pergunto.

— Estou apavorada — admite, agora com as mãos apoiadas nos quadris.

— Fale um pouco mais sobre isso.

— Tenho medo de ser rejeitada por razões óbvias, mas, na verdade, acho que é porque ela é a primeira pessoa que já conheci que consigo me imaginar amando e desejando.

Paro por um momento para reconhecer e aceitar o crescimento e a transformação de Terri. Uma conexão com as partes dela — receosas, furtivas e carentes — que no passado tinham dificuldade para fundir amor e desejo. Lembro-me de como ela compartimentalizou o amor por Richard, mas preservou o desejo pelas mulheres que iam e vinham. Mulheres que ela desejava, mas que não se permitia amar nem ser amada por elas. Agora, com Beth, ela consegue fundir amor e desejo, talvez pela primeira vez desde a adolescência, quando conheceu Rebecca. Anos por conta própria, negociando desejos que foram divididos, negados e forçados a desaparecer para que ela continuasse segura. Nós nos encaramos. Em seguida, vejo um sorriso. Terri relaxa os membros e se senta na poltrona.

— Se permita seguir seu desejo — aconselho. — Vale a pena o risco. Você não só deseja Beth como também está experimentando, pela primeira vez, a possibilidade de amá-la. Isso é uma grande mudança, poder ter e sentir as duas coisas.

Falta apenas um mês para a festa de despedida de Beth, que é quando seu contrato de freelance expira. Terri sabia que esse dia chegaria, mas preferiu ignorar. Está usando a negação para se proteger de um sofrimento iminente.

— Algo para poucos e divertido — diz Beth, animada, enquanto entrega a todos no escritório cópias do convite para a festa. — Vamos beber e depois dançar! Reservem a data!

Ela faz aquele pedido com um sorriso no rosto.

Terri diz que vai, lógico, e passa a semana seguinte inteira planejando como, quando e onde vai contar a Beth, com cuidado e apreensão, como ela se sente: que, quando a olha no trabalho, consegue ver com nitidez as duas juntas. Vai revelar como se sente forte e tranquila circulando na órbita da colega, e que o ambiente, qualquer que seja, é agradável quando ela está presente, como se ela dominasse o espaço, sem nenhum drama, apenas apoio e tranquilidade. Terri deseja ficar em um lugar assim, com Beth, simplesmente *com* Beth. Ela a deseja.

— Você tem razão — anima-se Terri —, vale a pena o risco. E pode ser que ela também se sinta da mesma forma. Não acha?

— É provável que ela já tenha uma boa ideia de como se sente — digo —, especialmente considerando como vocês se tornaram íntimas.

No início da semana, Terri me contou como, durante o almoço, elas conversaram sobre a infância de cada uma. Escola, igreja, hobbies, amizades. Terri mencionou a vez em que a escola a mandou para casa com piolhos e sua mãe empurrou uma nota de 10 libras em seu peito e mandou que ela fosse "dar um jeito naquilo". Kirsty ajudou a amiga e teve a paciência de passar o pequeno pente branco, com dentes minúsculos, pelos cabelos infestados. Terri estremecia, gritando que não se importava com os minúsculos insetos aninhados em seus longos cabelos ruivos, porque eles lhe faziam companhia e nunca iriam embora, a menos que ela os matasse lavando, desinfetando e penteando. "Acho que fiquei com piolhos durante algumas semanas", disse, "mas não me incomodava porque isso queria dizer que alguém, alguma coisa, se importava o suficiente para ficar comigo, por mais que me desse coceira".

Enquanto Terri contava essa história, Beth pegou sua mão, a acariciou e sorriu. Terri se imaginou dizendo "Acho que é impossível eu te amar mais do que amo agora".

— Vamos pedir um café? — propôs depois de sorrir de volta.

Eis outra memória da infância de Terri: a primeira paixão. Não Penny ou Baby de *Dirty Dancing*, mas a Sra. Appleby, sua professora de inglês do ensino médio. Terri não sabia se a ela era casada, divorciada, solteira ou só usava "Sra." Antes do nome porque isso eliminava qualquer preconceito, e gostava disso.

No mundo secreto de Terri, a Sra. Appleby se chamava *Sra. Apple Pie*, pois essa era a sensação que a menina tinha sempre que a via — a mesma de quando comia torta de maçã, que preferia com creme inglês a chantilly ou sorvete. Às vezes, porém, a combinação dos três casava, especialmente quando ela queria se entupir de açúcar e prazer.

A Sra. Appleby pediu a Terri que monitorasse a biblioteca da escola, e a menina viu no gesto um convite para que se considerasse a favorita da professora. Naqueles dias — terças e quintas-feiras depois da aula —, Terri mudava o penteado, geralmente um coque alto com nó, preso em um lenço delicado, que ela tinha aos montes. Terri não tinha certeza se a Sra. Appleby notava seu cabelo penteado, fixado e perfumado, mas esperava que sim.

— Para mim era muito importante ser a escolhida dela.

Aceitação e esperança: Terri se atreve a se divertir e se mobilizar ao longo dos estágios finais do luto.

A noite da festa de despedida chega, por fim. Suave e timidamente, Terri depila as pernas com gilete, cuida do cabelo e da pele e aproveita para observar seu novo corpo. Novo no sentido de que ela mal reconhece as diferentes emoções que a habitam. As curvas que sempre estiveram lá continuam as mesmas. A saliência de sua pequena barriga é aceita. Pés grandes e finos são bons o bastante. As pernas, porém, parecem mais fortes e atléticas, o que certamente tem algo a ver com a rotina de pedalar dos últimos 18 meses. Ela olha para o minúsculo prato de cristal ao lado da pasta de dentes e das lâminas de barbear — que não é mais usado para guardar o pesado anel de noivado, e sim para as bolas de algodão macias, aninhadas como pintinhos.

Terri veste um jeans preto e uma blusa de seda cor de creme. A escolha por sapatos ou botas vai depender do clima — época de chuvas de primavera — que estiver fazendo pouco antes de sair. Sua cama está desarrumada, uma indicação de que está gerindo suas expectativas. Em vez disso, suas esperanças são apenas isso — esperanças.

Ela chega ao bar sentindo um leve formigamento no corpo. As urgências por sexo que sentia no passado parecem distantes, se comparadas com a ida à festa. Terri está mais para uma leoa que para uma gata de rua feroz. Ela vê o pessoal do trabalho e caminha em direção a eles. Beth está no centro do grupo, brincando com os designers de produção, que lhe deram um presente de despedida, uma placa de escritório que diz: *Acontece que eu sou a original!* Terri concorda em pensamento, sorrindo por dentro.

Durante a noite, os dedos mindinhos das duas se encontram e se tocam, ficando assim por um tempo.

— O que você vai fazer agora? — perguntam os colegas.

— Tenho alguns projetos e estou bem empolgada, por isso vou fazer uma pequena pausa e depois voltar ao trabalho — responde Beth, antes de lançar um olhar para Terri.

— Parece uma ótima ideia — comenta Terri.

No fim da noite, Beth caminha com Terri, acompanhando-a até a casa dela. Seus dedos estão entrelaçados. De vez em quando as duas se olham de soslaio, virando a cabeça como corujas, dois rostos brilhantes. Terri diminui o ritmo para prolongar uma noite que ela deseja nunca ter fim. Acima, folhas verdes escurecidas pela noite, um poste de luz alaranjada brilhando, a terra fria sob seus pés, o calor inundando o corpo de cada uma. Um percurso que poderia levar uma hora acaba levando duas. Enfim, elas param na porta amarela de Terri. Algo as segura enquanto se seguram: um abraço suave.

E finalmente: o beijo.

Terri beija Beth por todas as garotas e todas as mulheres que nunca beijou na boca, no pescoço, na pele macia atrás da orelha.

— Minha cama não está arrumada — diz Terri.

— Então vou te dar boa-noite e esperar um convite — responde Beth —, mas não demore muito.

O relacionamento não é de maneira alguma perfeito. E Terri gosta assim. Ela gosta de sentir saudades quando Beth sai da cidade a trabalho — por uma semana, às vezes até um mês —, e se acha capaz de passar por isso sem se comportar mal. Gosta do cheiro de Beth pela manhã, do jeito que ela sorri com a boca encostada na sua e pergunta: "Como está o seu dia?" E quando se junta a ela no chuveiro, rouba o sabonete e divide uma toalha para se secar. Prazeres simples. Ela gosta das amigas de Beth, algumas mais que outras, e as ex-namoradas que continuam

O QUE AS MULHERES QUEREM

por perto são um saco. Contudo, Terri sabe que é amada e querida, e aproveita todas as oportunidades para se lembrar disso sempre que a voz de sua mãe decide dizer o contrário. Ela gosta "das coisas pequenas, normais e cotidianas. O destino do romance com o passar do tempo", diz, "não é fatalista, mas permanente, e por mim tudo bem".

Terri não gosta do fato de ter demorado tanto para encontrar o amor, de ter desperdiçado tantos anos sendo codependente e agradando os outros, pedindo desculpas por quem era e se escondendo do mundo. Não gosta de ter transformado a mãe em um poder superior; que a ideia de desagradá-la fosse um perigo muito maior que respeitar o próprio desejo.

"Antes tarde do que nunca" seria uma declaração superficial e desdenhosa demais, então, em vez disso, busco outras palavras.

— Seja bem-vinda, é bom conhecer você, te ver e testemunhar seu desejo.

Por um momento, Terri fica absorta no que parece ser tranquilidade.

— Fico feliz de estar aqui — diz, sorrindo.

⸎

Terri havia negado seu desejo porque sentia medo. Quando demos início ao processo terapêutico, ela acreditava que compartimentalizar os sentimentos a protegeria da inevitável tarefa de enfrentar e aceitar o que queria e quem era. Assumir-se, respeitar seu verdadeiro eu e se livrar de comportamentos opressivos e nocivos que tentavam desmantelar sua identidade não precisava significar rejeição quando alguém se importava com ela de verdade. Terri precisava de uma terapia que fosse contida e compassiva — uma conexão que oferecesse uma base segura — para se sentir compreendida e aceita enquanto explorava o que queria e aquilo de que precisava. Durante nossos cinco anos trabalhando juntas, ela me ensinou que precisava da dissociação e da negação para sobreviver ao abuso e à rejeição da mãe, mas lhe custaram sofrimento e uma identidade fragmentada. Anos de dissimulações, de automedicação, de segredos e mentiras lhe custaram muito.

O que sempre me surpreendeu e admirei foi o seu compromisso em se compreender mais profundamente, e como ela foi amável nesse processo. Terri acreditava que era "toda errada", que não era "digna de amor" e que precisava se "consertar" se quisesse ser amada e valorizada. Ela me mostrou o peso e a complexidade de sua dor, resultado direto da negligência dos pais e das dificuldades em tentar respeitar o próprio desejo. De muitas formas, admitir seu desejo a inseria em um grande conflito e a colocava em perigo, pois significava perder a mãe em um primeiro momento e depois Richard — daí o motivo de ela ter separado sentimentos e sexualidade.

Negação, dissociação e perda de memória são mecanismos de defesa poderosos. Todos nós fazemos isso. Capturá-los, entendê-los e compreender suas origens é apenas metade da batalha. Saber o que podemos fazer com essas defesas é o que vai determinar de que modo viveremos nossa vida.

Por fim, Terri foi capaz de sentir, expressar e colocar em movimento o desejo e o amor que nutria por si mesma e por Beth. Era dolorosamente nítido que o que ela queria mais que tudo era o amor da mãe, de forma incondicional. Infelizmente, essa não foi a experiência de Terri — sua história de luto pela perda da mãe desejada significou que o crescimento e a transformação só foram possíveis quando ela foi capaz de reconhecer a negligência à qual sobreviveu na infância.

Desejar é uma ação. Quando respeitamos e nos comprometemos com nossas experiências emocionais, o desejo é satisfeito e confrontamos nosso medo e nossos esforços autodestrutivos para nos proteger dos perigos provenientes. E então? O que vamos fazer com ele? O que vai acontecer quando cruzarmos o limiar invisível do desejo que nos faz ter medo de querer? O que e como nos sentiremos quando estivermos fortalecidas e incorporarmos o amor-próprio antes de reivindicar e experimentar o que queremos? Com isso em mente, talvez nosso desejo não ofereça perigo, e sim a possibilidade de que nosso querer *pode* e *será* realizado. As possibilidades são impressionantes e infinitas. Quando mudamos o foco e imaginamos as possibilidades do nosso desejo, avançamos na direção do amor-próprio radical e chegamos um pouquinho mais perto de reivindicar nosso poder. Radicalizamos nossa política, abrimos caminho para nossos filhos e nos conectamos, crescemos e mudamos umas com as outras e umas para as outras. Meu coração dói pela garotinha que foi ridicularizada, esbofeteada e rejeitada quando mostrou sua identidade ao mundo como uma menina que amava outras meninas; uma mulher que amava outras mulheres. Os espaços sem amor onde Terri um dia esteve estão se desfazendo pouco a pouco, e em relação a isso eu tento manter uma luz acesa na direção de onde ela está indo e onde se encontra hoje. *Amada* Terri.

*Que impulso é esse em mim de adorar e crucificar
qualquer um que me abandone*

— Emily Skaja, em *Brute: Poems* (2018)

# Meu pai, o babaca

*A decepção vai parar na boca do estômago.* Qualquer esperança de que o sono possa ter anulado os sentimentos do dia anterior morre assim que ela abre os olhos, verifica o relógio na mesa de cabeceira — seis da manhã — e gira as pernas lisas para o lado antes de se levantar.

Ela prepara um banho de água fria, adiciona cubos de gelo e encolhe os ombros para despir seu roupão de algodão. Quatro semanas antes, tinha pesquisado o preço de uma máquina de gelo, mas descobriu que não fazia sentido ter uma a menos que fosse abrir um negócio. E, assim, o inconveniente de carregar sacolas plásticas cheias de cubos toda semana permanecia, ao menos até ela "resolver essa coisa da ansiedade". E é a partir daí que eu entro na história — *a terapeuta.* "Afinal, é isso que fazemos, certo? Pagamos os outros para revelarem nossas merdas", zombou Kitty em nossa primeira sessão.

Ela entra na banheira vitoriana, os dedos segurando as curvas de aço, e espera que o frio anestesiante se apodere dela. Uma ansiedade incapacitante ainda está viva e reverberando em seu corpo após o telefonema do pai no dia anterior e uma exaustiva sessão de fotos para uma revista de luxo. A ansiedade a impede de pensar direito, o medo flutuando como um balão gigante e fazendo-a suar frio. Ela espera até a água gelada entorpecer sua dor, sentindo-se ao mesmo tempo aliviada e ressentida por começar a terapia em poucas horas.

Kitty prefere os desfiles. Ela se sente mais à vontade pisando na linha estreita da passarela com a plateia extasiada com as roupas estilosas e óculos escuros enormes. Entretanto, com a semana de moda acontecendo apenas duas vezes ao ano nas quatro capitais, Kitty ocupa o resto do tempo com campanhas publicitárias, editoriais e, vez ou outra, trabalhando como DJ em festas particulares. O ensaio do dia anterior para a revista de moda exigira de seu rosto e de seu corpo um dia inteiro de obediência. "Mais força no olhar", "relaxe o ombro na minha direção", "estique o pescoço", "se entregue para a foto", "estique as pernas", "enrijeça as pernas"; "cabeça para trás", ordenava o fotógrafo. O corpo de Kitty conseguiu fazer tudo aquilo, mas a mente estava em outro lugar, vagando de forma lenta. Um veleiro minúsculo e distante. A percepção de quanto ela se sentia desesperadamente sozinha e desconectada abria caminho em seu horizonte. Enquanto oferecia seus olhos esfumados e sua boca carnuda, Kitty desejou ter aceitado a oferta de Vincent, "meu irmão irritante", de um retiro de yoga na Califórnia, "umas poucas semanas para descansar e relaxar, mana", nas palavras dele. Contudo, lá estava ela de novo, "a idiota ocupada, alimentando minha insegurança, convencida de que trabalhar e ficar bonita vai resolver tudo".

Kitty preenche seus dias e noites fazendo compras, jogando em seu PlayStation 5 por horas, frequentando festas e fazendo sexo, atividades que a permitem colocar em prática suas loucuras com o objetivo de esquecer como se sente triste. Ela acredita que uma pausa pode causar um colapso total em sua vida e tem medo dos sentimentos que vão surgir se respirar, relaxar e ficar quieta.

A verdade é que leva cerca de quatro minutos para o corpo de Kitty ficar dormente na água gelada da banheira. Ela fecha os olhos e espera que a sensação de nó no estômago desapareça, o aperto na garganta diminua e a palpitação no peito cesse. *Pare de bater. Por favor, pare de bater.* E seu cérebro frenético... Ele também desacelera quando ela revisita imagens de bichinhos fofos dormindo e tutoriais de tricô salvos em um álbum intitulado "Feliz" em seu celular.

"Sentimentos de solidão não vão destruir você, Kitty", direi para ela em breve. "Nenhum sentimento é definitivo", e ela vai responder: "Tem certeza? Está segura disso? Eu tenho medo."

Oito da manhã. Durante dias eu me deparo com um arroubo de batom vermelho e pernas. Um sorriso tão contagiante que me pego imitando a expressão sem pensar duas vezes. Do corpo esguio, com mais de 1,80m, pendem uma camisa de algodão branca *oversized*, um amontoado de correntes punk e uma minúscula saia de couro. Suas botas de cano curto, de couro preto com três fivelas e pequeninas tachas douradas, estão desgastadas apenas o suficiente para dar um ar displicente, no estilo rock 'n' roll. *Marca Chloé*, penso comigo mesma, depois de tê-las visto nas páginas de várias revistas de moda.

— Oi, sou a Katherine — diz, sorrindo e estendendo a mão bronzeada com firmeza e determinação —, mas prefiro que me chamem de Kitty.

Aquela franqueza me tranquiliza na mesma hora: *prefiro*, uma capacidade de revelar seu desejo a uma pessoa quase desconhecida. Kitty, penso, é bem mais adequado que Katherine. Combina com sua elasticidade felina e chegada confiante. É algo que se poderia esperar de uma modelo de passarela, que frequentou escolas caras e tem anos e anos de viagens internacionais.

— Por favor, entre — digo. — Pode se sentar.

Ela examina a sala, larga a mochila no chão e aperta o braço de couro do assento antes de se empoleirar na beirada da poltrona. Kitty é uma jovem deslumbrante. Consigo me imaginar mantendo os olhos nela por muito tempo sem perder o interesse. Ela respira fundo e mais uma vez percorre a sala com olhos atentos. Em seguida, passa os dedos pelos cabelos: loiros, lisos e na altura da cintura.

Lá fora, as nuvens de inverno irromperam, e o ar está fresco e luminoso. *Foi dada a largada*, penso, e então me pergunto de onde veio essa ideia involuntária de corrida. A pistola de partida em uma competição. A atmosfera carregada com toda a expectativa de uma primeira consulta, e espero para ver como Kitty vai começar. Quais palavras vai escolher para iniciar sua terapia?

— Meu pai, o babaca. Ele é o motivo de eu estar aqui — diz. — E, pra ser sincera, eu fico ressentida com tudo isso. O preço. O tempo. Então, foda-se ele.

Sinto um aperto na lombar, que costuma aparecer quando fico frente a frente com uma raiva não processada.

— Às vezes eu odeio os homens, odeio pra caralho — comenta. — Posso fumar?

Antes que eu tenha tempo de responder, ela enfia a mão na mochila de couro, pega um maço de Marlboro Lights e o bate no braço da poltrona. Eu a encaro. Kitty parece ter brasas acesas saindo de sua boca. Um desejo de incendiar o patriarcado e a casa do pai enquanto põe a própria em ordem.

— Receio que não — respondo.

Kitty revira os olhos e joga o maço de volta na mochila, posicionada entre seus pés. Ela olha para mim com ressentimento, pensa no que eu disse e, por fim, se conforma e dá de ombros.

— Você que manda, eu acho.

Ela se recosta na poltrona e passa o cabelo claro sobre o ombro. Sua figura tem toda a desenvoltura e confiança de uma rainha: majestosa, focada e bem-nascida. Kitty cruza as pernas e ri enquanto finge fumar um cigarro, revelando dentes gritantemente brancos. *Bem, vou fumar mesmo assim*, imagino-a pensando.

— Bela atuação — digo, me perguntando se devo oferecer a ela um cinzeiro imaginário.

Ela me lança um meio sorriso e se inclina para a frente.

— Então como é que isso funciona? Você, eu, a terapia?

Uma pergunta pertinente, acho, e muitas pacientes já me perguntaram isso ao longo de minha vida profissional. "Como se faz isso?", indagaram elas. "Quanto tempo vai durar? Você pode me ajudar? Como faço para saber se está adiantando? Vou sofrer?"

Alguém vir ao meu singelo consultório para falar sobre os próprios pensamentos e emoções mais íntimos e perturbadores é uma atitude confrontadora e ousada, para dizer o mínimo. O primeiro passo fundamental na psicanálise é o paciente assumir a responsabilidade pelas dificuldades em sua vida e ter a noção de que, durante o processo terapêutico, ele vai se tornar o arquiteto consciente de suas escolhas e ações. Às vezes, minhas pacientes resistem a assumir responsabilidades, e um dos meus desafios é incentivá-las a pensar e analisar. As sessões são um momento para que possam tomar providências e reagir às dificuldades que vivem. Isso leva tempo, principalmente porque a confiança precisa ser construída aos poucos, assim como o reconhecimento dos motivos que levam alguém à terapia. Porém, a incerteza é um pré-requisito para a psicoterapia, sobretudo no início do tratamento. Juntos, terapeuta e paciente embarcam em uma jornada sem saber qual será a forma ou o resultado que vão elaborar. E é tarefa do profissional não se deixar dissuadir ou abalar, mas manter a calma e encontrar conforto no desconforto de nem sempre saber.

Ao responder à pergunta de Kitty, ofereço a única coisa que sei sobre o processo desconhecido.

— Ele exige que você se comprometa com sessões de cinquenta minutos por semana para discutir o que se passa na sua mente. Tenho um sofá, mas sugiro que você se sente aqui, na minha frente. E, conforme nossas conversas avançam, poderei avaliar como posso ajudar você.

Ela se recosta na poltrona e assente. Repousa no colo a mão com o cigarro de mentira.

— Eu fico ansiosa o tempo todo — começa. — Então faço tudo que posso para não sentir ansiedade. Depois me sinto culpada, com vergonha ou às vezes morta por dentro, dependendo do que tiver feito para não me sentir assim. Normalmente, algum tipo de comportamento ruim ou algo relacionado a sexo. Eu uso um truque que é enganar meu corpo para fazê-lo sentir certas coisas. Muitas vezes, o mergulho em água gelada para deixá-lo entorpecido.

— E isso ajuda? — pergunto.

Ela assente.

— Há quanto tempo você faz isso?

— Desde o colégio interno.

Ela tinha 11 anos quando foi enviada para o internato enquanto os pais viajavam pela Ásia. Seu pai, que trabalhava como engenheiro de reservatórios de petróleo e gás, insistiu que Katherine "continuasse no Reino Unido", enquanto a mãe "chorou horrores". Vincent, irmão de

Kitty, um ano mais velho, também viajou com os pais. Kitty de repente se viu sem a família e cheia de saudades de casa.

— Ainda fico muito ressentida e furiosa por terem levado meu irmão e me deixado para trás.

Viver longe da família foi um choque terrível. Kitty ficou angustiada e, como psicanalista que trabalha com terapia baseada no apego, confesso ter encontrado uma série de sentimentos semelhantes em outras pacientes que estudaram em colégios internos em tempo integral.

Kitty escrevia para a mãe quase todos os fins de semana, implorando: *Por favor, venha me buscar, estou tão triste e sozinha... Eu não consigo me enturmar, as outras garotas me odeiam.* As respostas vinham na forma de presentes: cestas luxuosas cheias de bolos e doces deliciosos que raramente eram consumidos; vestidos novos, cachecóis, bonecas e bichinhos de pelúcia. Às vezes, vinham com um bilhete escrito à mão: *Aguente firme, querida, nós amamos você. Beijos, mamãe.*

— Eu não queria doces e bonecas — diz Kitty.

Assinto e arregalo os olhos, como um sinal de incentivo para que ela elabore mais.

— Eu queria voltar para casa. Ela sempre faz o que o meu pai manda.

— Sua mãe não teve voz sobre você não ir para a Ásia com o restante da família?

Kitty olha pela janela.

— Minha mãe não teve voz sobre eu não ir para a Ásia com o restante da família — repete ela, a mente divagando.

Percebo a inquietação dela e sua resposta robotizada. Havia uma aceitação de que a mãe era impotente diante da vontade do pai, por mais que a filha sentisse saudades de casa.

— Já conversou com seus pais sobre como foi doloroso para você?

— Não é como fazemos as coisas na nossa família — diz ela. — Nós não falamos sobre sentimentos.

— Entendi. Isso por si só já soa bastante doloroso.

— É sério. Os sentimentos são tratados com reprovação, como fraqueza. O colégio interno me ensinou que o melhor era manter a cabeça erguida.

O QUE AS MULHERES QUEREM

— Internatos não são um mundo que eu tenha familiaridade — comento. — Só posso imaginar como deve ter sido solitário. Você disse que sua mãe chorou. Ela foi mais relutante em deixar você sozinha?

— Talvez sim. Eu achava que ela fosse me proteger. Me buscar. Mas não. Talvez o que mais me chateie seja pensar que uma mãe, a minha mãe, conseguiu levar um filho e deixar o outro.

— Foi como...

— ...como uma traição.

— Uma traição — repito.

— Isso mesmo. Sinto que a traição maior foi a da minha mãe. É fácil ficar com raiva do meu pai. De alguma forma, eu já esperava isso dele, mas dela? Nunca vou mandar meus filhos para um colégio interno.

Todas as manhãs, Kitty rezava para que a mãe mudasse de ideia e fosse correndo para resgatá-la do *colégio inferno*. Kitty ficava caminhando atordoada pelo terreno da escola e, até onde se lembra, só viu a família uma vez, na época do Natal, durante o primeiro ano longe de casa. Contudo, ela se perguntava o que era sua casa naquele momento.

— O que vai acontecer com a Alface? — Kitty perguntou à mãe, com os lábios trêmulos, uma semana antes de ir para o internato.

Alface, a mãe lhe assegurou, viajaria de avião para a Ásia, onde aguardaria a visita de Kitty. No entanto, quando finalmente chegou o Natal, Kitty descobriu que sua amada Alface tinha ido para o "paraíso dos coelhos". "Agradeça por ela não ter sofrido, Katherine", disse o pai. Kitty não ficou agradecida. Somente arrasada. Ela suspeitava que os pais tivessem mentido para ela o tempo todo. Vincent desviou o olhar, dolorosamente calado.

— Não fiquei grata, fiquei furiosa e desolada — conta Kitty.

Era preferível não falar sobre assuntos dolorosos para o coração, disse a supervisora responsável por ela no internato, incentivando-a a "se animar". "Vamos, é melhor não falar dessas coisas. Isso só vai deixá-la triste."

Kitty tinha dificuldade para dormir, como muitas das meninas em seu dormitório, e ouvia o coro das lágrimas delas à noite. Ela tem pesadelos com isso ainda hoje — imagens indesejadas de seu pequeno corpo no escuro, com frio e com medo das sombras à noite e dos estranhos murmúrios do edifício arcaico quando arriscava uma ida ao banheiro. Comer também era difícil. O ambiente artificial da cantina da escola era muito parecido com um coliseu, as meninas assistindo e competindo para ver quanto comiam, ou quanto não comiam. Certa vez, depois de uma perda de peso significativa, Kitty se lembra de ser forçada a comer torrada seca com mel por sua supervisora — uma mulher rechonchuda e severa de mandíbula tensa. "Vamos, Katherine, coma", ordenou ela. Kitty obedeceu. Só suportou comer aquela torrada de pão escuro porque sabia que a vomitaria mais tarde.

Após um curto período em casa com os pais devido às preocupações com seu baixo peso, Kitty entreouviu o pai falar: "Ela precisa voltar depois que ganhar peso. O colégio interno molda o caráter." A mãe permaneceu em silêncio.

Kitty limpa a garganta.

— E funcionou, o colégio interno moldou meu caráter — comenta ela.

— De que forma?

— Eu aprendi a sobreviver e reprimir meus sentimentos. Mas também decidi que nunca mais voltaria a me apegar a ninguém.

Ficamos em silêncio. Um sentimento de tristeza profunda se forma no meu estômago. É devastador para mim que uma menina de 12 anos decida rejeitar qualquer tipo de afeição no momento em que mais precisa.

Dou um sorriso para Kitty.

— A sobrevivência tenta nos fortalecer contra o mundo — digo. — Às vezes isso inclui nossa afeição em relação às outras pessoas, ou talvez até o modo como nos sentimos. Parece que reprimir seus sentimentos era uma forma de protegê-la da dor e da decepção. Você aprendeu a dominar a separação em vez de ficar magoada por causa dela. E evitou se apegar evitando as pessoas, ou talvez dissociando?

— Fiz o necessário para sobreviver — responde ela.

— Eu concordo e entendo, mas isso pode ter um grande custo emocional.

Ela alisa a saia de couro.

— Então, neste momento, estou dura, sem um tostão.

Ela sorri com timidez. Devolvo o sorriso, feliz por estar em uma dança terapêutica. Um momento no qual a conexão, a compreensão, a empatia e o humor descontraído estão todos alinhados quando Kitty e eu vamos para a pista de dança. É uma dança descontraída. Percebo que ela é criativa e rápida em se engajar no bom humor — não como forma de defesa, e sim como um meio de se conectar. Metáforas e jogos de palavras são úteis para construir uma relação de confiança, e por um momento me sinto esperançosa. A terapia com outras pacientes já se provou mais difícil em termos de sintonia e descontração. Lembro-me da vez que uma paciente veio para a avaliação e compartilhou comigo o desejo de encontrar um namorado. "Estão todos escondidos", disse ela. Quando respondi que não conseguiria tirar um namorado de um dos armários do meu consultório, mas que poderíamos analisar seu desejo de conseguir um, ela se virou para mim com toda a seriedade e disse: "Não seja ridícula. Como meu namorado novo poderia caber nesse armário?"

Nós duas decidimos que não seríamos a combinação mais adequada para aquela investigação psicanalítica.

Uma coisa pela qual Kitty acabou ficando grata, no entanto, foi sua altura. Os 13 anos dela marcaram um despertar da tão necessária sobrevivência para se enturmar no colégio interno, e Kitty atribuiu isso à sua altura.

— Algo mudou. As pessoas começaram a olhar para mim de outro jeito. Automaticamente, começaram a me tratar de uma forma diferente. Os dois primeiros anos foram um inferno absoluto. Eu era muito solitária, mas depois descobri que tinha algum controle, sobre o que eu comia, sobre meu aprendizado, que aliás se tornou uma obsessão, e sobre a prática de esportes. Eu era ótima no hóquei e minhas notas eram boas. Descobri que ser competitiva me fazia ganhar o respeito das outras garotas e também descobri que sentia prazer em golpear um disco de hóquei. Nas manhãs em que me sentia ansiosa, eu esperava até que todas as garotas tivessem terminado de tomar banho, e a essa altura quase toda a água já havia esfriado. Assim que entrava nos chuveiros frios, eu me acalmava.

— Você descobriu uma maneira de congelar seus sentimentos — digo, achando minha resposta bastante óbvia, desajeitada, interpretativa demais e prosaica, então tento outra vez. — O banho frio talvez tenha sido um mecanismo para enfrentar a decepção e a solidão?

— Exatamente, mas com os anos ficou mais extremo. Porque, à medida que envelhecemos, os sentimentos ficam mais fortes, certo?

— Talvez os sentimentos evoluam, daí os sacos de gelo na banheira... — arrisco.

Ela assente. Uma pausa.

— Mais cedo você mencionou seu pai, o babaca.

Kitty dá uma risadinha, cobrindo a boca com a mão.

— É engraçado ouvir você dizer isso — diz e sorri. Sua reação, eu percebo, a faz parecer muito mais jovem que seus 23 anos.

— Por que ele é um babaca?

— Ele ameaçou cortar minha mesada agora que estou trabalhando. Mas dinheiro é o mínimo que ele pode me dar depois do que me fez passar.

Faço um gesto para Kitty explicar.

— Ontem, por exemplo... — começa ela.

O dia começou com um banho gelado. Depois, um telefonema do pai dela — ele tem insônia — avisando que estava planejando uma festa de aniversário especial para a mãe de Kitty. "Então você vai pegar um voo para Sarasota no sábado", disse ele. "Reservei sua passagem. Traga alguma coisa adequada para usar na festa, nada apertado nem curto demais."

Ela olhou para um vestido curto e justo em seu guarda-roupa feito sob medida e teve um lampejo, uma euforia do tipo "vai se foder, seu maníaco por controle". "Pode deixar, papai", respondeu ela ao telefone, sorrindo.

Os pais dela, então aposentados, passavam a maior parte do ano em Sarasota, na Flórida, "o estado ensolarado cheio de pessoas suspeitas, só que eles são as pessoas mais caretas que existem", segundo Kitty.

O controle sobre o que ela vestiria na festa de aniversário da mãe era de se esperar, mas a notícia de que sua mesada seria cortada "porque você e Vincent estão ganhando bem e agora são capazes de se sustentar" não era. Kitty ficou furiosa.

"Preciso desligar agora", disse ela, uma onda de calor fazendo seu peito subir e descer em um ritmo assustador. "Tenho um ensaio em uma hora." Ao colocar o fone no gancho, Kitty pensou em tomar um banho gelado, mas, quando se deu conta de que só teria uma hora antes de precisarem dela no sudoeste de Londres, serviu-se de dois dedos de vodca. A caminho do ensaio, ligou para Vincent, que estava menos impactado com a notícia. "Ele tem razão", disse o irmão. Kitty ficou furiosa de novo e desligou o telefone.

— Ele é um frouxo — diz ela, com desdém.

Durante a sessão de fotos, Kitty ficou absorta e tomada pela indignação. Quem seu pai pensava que era para cortar sua mesada sem avisar? *Que babaca.* Como ela odiava o controle que ele ainda tinha sobre ela... A rapidez com que ele poderia negar a ela e a Vincent a mesada que era necessária e com a qual contavam. Kitty espumava de raiva em silêncio enquanto esperava as instruções para o ensaio fotográfico do dia, sem se impressionar com o iogurte e os pedacinhos de frutas oferecidos pelo estúdio, que haviam sido dispostos de forma decorativa. Ela queria algo grande, massudo e gorduroso em vez daquilo. "Vocês têm doces, croissants, carboidratos?", perguntou com bastante firmeza, e recebeu uma resposta com disfarçada irritação da assistente do fotógrafo. Mais tarde, ficou incomodada com o tempo que estavam levando para fazer o cabelo e a maquiagem, e empurrava as mãos dos profissionais. "Você pode manter a cabeça parada?" e "Vire-se e feche os olhos". Kitty engoliu um *pain au chocolat*, deixando as camadas claras de massa viverem em sua boca. De repente, ela se deu conta de como se sentia pequena e impotente, "como se eu tivesse 11 anos de novo", conta. "Sozinha e indefesa."

Irritada com as exigências da equipe, Kitty pediu para ir ao banheiro, a conversa de mais cedo com seu pai ainda ocupando seus pensamentos.

— Por que as pessoas estão sempre me dizendo o que fazer? — pergunta.

— Você é modelo, certo?

— Sou.

— Achei que fizesse parte do trabalho.

— *Touché.*

Tomo um gole de água.

No banheiro, Kitty ficou rolando na tela do celular fotos de filhotes da raça *bichon frisé* e gatinhos brancos peludos; o álbum "Feliz" continha pelo menos duas mil imagens de bichinhos fofos e minúsculos. Kitty olhou para o relógio e decidiu que a equipe de cabelo e maquiagem não se importaria se ela ficasse mais tempo lá sentada assistindo a um breve tutorial sobre como tricotar um tipo específico de cachecol e gorro de inverno com pompons enormes. "Estou com dor de barriga", mentiu, o que a equipe de beleza presumiria ser um código para "Comi um doce e agora preciso vomitar". No entanto, não era o caso. Kitty só queria um tempo sozinha para ver e ouvir o som das agulhas de tricô, o ronronar dos gatinhos. Os dois sons ajudam a apaziguar seu coração triste e solitário.

Percebo meu desejo de aliviar a dor de Kitty, sua solidão incapacitante. A bravata que ela exibiu antes, fingindo fumar e usando palavras de baixo calão, de repente faz todo o sentido do ponto de vista clínico; é como ela se protege contra a ansiedade. Imagino-a empoleirada no cubículo do banheiro, escondida, tentando manter o autocontrole vendo coisas no celular. Eu me pergunto quais outros mecanismos de sobrevivência ela cultivou e aperfeiçoou para abrandar sua intensa angústia.

Durante o ensaio, Kitty se sentiu como se tivesse deixado o próprio corpo.

— Era como se eu estivesse flutuando, no piloto automático. Eu só fazia o que o fotógrafo me pedia.

Momentos antes, ela havia se imaginado em uma praia tranquila e de repente sentiu uma onda avassaladora de solidão e arrependimento por não ter aceitado o convite de Vincent para descansar.

— Seu corpo fazia o que ele pedia? — pergunto.

— Exatamente. Eu não conseguia sentir nada.

Todos nós já vivenciamos a dissociação, de alguma forma. Pense, por exemplo, naqueles momentos em que marcamos dois compromissos inconciliáveis sem querer e saímos para almoçar com um amigo tendo agendado uma consulta no dentista para o mesmo horário. Outro exemplo de dissociação leve é quando entramos em um cômodo e não conseguimos lembrar o que fomos fazer ali. No outro extremo estão os transtornos complexos associados a traumas e caracterizados por uma divisão da personalidade em diferentes "alter", cada um deles reagindo ao trauma ao qual o paciente sobreviveu à sua maneira. Isso é o que hoje conhecemos como transtorno dissociativo de identidade, antigamente chamado transtorno de personalidade múltipla. Muitas vezes, quando uma pessoa vivencia a dissociação, ela se sente separada ou desconectada de seu corpo e/ou de suas emoções. Às vezes, esse sentimento é descrito como uma sensação de entorpecimento, de estar fora da realidade, ou como se essa pessoa fosse um observador externo da própria vida, o que pode se manifestar em experiências extracorpóreas. Também existem as experiências de "irrealidade", que os pacientes já descreveram durante a sessão como "viver numa névoa" ou "numa neblina". Fiquei interessada em explorar ainda mais a possível dissociação de Kitty e descobrir se isso era uma ocorrência comum em sua vida.

— Acho que você pode estar descrevendo o que chamamos de dissociação — digo.

— Eu faço bastante isso — responde ela.

Com o "corpo no piloto automático, uma marionete presa a uma corda", a mente de Kitty ficou vaga, quase em branco. O fotógrafo, de boca triste e olhos comuns, ordenava: "relaxe o ombro na minha direção"; "estique o pescoço"; "se entregue para a foto"; "estique as pernas"; "enrijeça as pernas"; "cabeça para trás". O corpo dela fazia o que era pedido para a foto desejada, os pensamentos perdidos e convencendo-a de que ela tinha o trabalho mais fácil e glamouroso do mundo. *Quem não gostaria de ter a minha vida?*, pensou, enquanto imaginava *bichon frisés*, gatinhos brancos peludos e pompons de tricô.

— A submissão é uma coisa corriqueira na minha vida — diz ela, e eu escuto.

Na primeira vez que Kitty dormiu com um homem que sugeriu que usassem algemas sem chaves, foi como se uma pequena claraboia tivesse se aberto dentro dela. Kitty não tinha certeza se fora o jeito como ela o forçou a se deitar no sofá ou a visão de seus saltos que o deixou tão excitado, mas o convite e a possibilidade a provocaram.

Ele pôs as mãos acima da cabeça e pressionou os pulsos nas almofadas de veludo para dar a ela uma ideia do que queria. "Ali, na gaveta de cima", indicou com a cabeça. Kitty olhou por cima do ombro na direção de um elegante armário laqueado e ordenou a ele: "Fique onde está."

Ela não levou mais que alguns segundos procurando a minúscula chave que depois abriria as algemas de couro, mas logo decidiu que isso não era problema dela. Algemou-o e foi preparar uma xícara de chá. Kitty percebeu que os armários da cozinha estavam vazios, mas a seleção de chás sofisticados era abundante, até mesmo imponente. Ela gostou das vastas opções de caixas que ele havia empilhado como em um jogo de *Tetris* e escolheu uma de alcaçuz e erva-doce. "Pare de se mexer", ordenou ela,, sorvendo aos poucos seu chá de uma xícara de porcelana. Foi a primeira vez na qual ela se viu como uma *"Domme* em potencial"*, uma dominatrix, mas parecia ser um dom natural, pensou. A pequena claraboia interior oferecia uma infinidade de possibilidades, descobertas e, mais importante, *liberdade.*

Mais tarde, os dois foram para o quarto dele. Era um cômodo sem alma que mais parecia aquelas lojas varejistas japonesas e de design minimalista, com uma cama baixa de madeira, falsas-seringueiras e muito branco nas almofadas, roupas de cama e cortinas. Kitty notou como o quarto estava limpo e cheiroso e na mesma hora sentiu o impulso de estragar e destruir a organização daquelas coisas. "Um desejo de rasgar tudo e provocar o caos."

O homem estava deitado na cama. Braços outra vez esticados acima da cabeça, rígidos de prazer. Kitty reconheceu a excitação dele e sentiu ela mesma uma leve urgência entre as pernas. Era uma vibração viva que residia em seu peito enquanto prendia a respiração para amplificar o êxtase. Ela queria que ele a desejasse. Queria que o homem se submetesse tão inteiramente que ela possuísse seus desejos e pudesse conhecê-lo de forma tão completa que ele nunca tivesse que pedir nada. Kitty montou no homem, empurrou seus pulsos mais fundo no colchão e nos lençóis de algodão imaculados e, com a mão livre, segurou o pescoço dele.

— Diga-me o que você quer — pediu.

Ele suspirou.

— Eu quero...

Ela rapidamente moveu a mão do pescoço para a boca dele, sussurrando:

— Shhhh, eu não me importo com o que você quer.

O homem revirou os olhos de prazer.

— O que você quer? — Ele tentou falar sob a palma da mão firme de Kitty.

Ela olhou para ele e fechou os olhos.

— Eu quero... — começou a dizer, então se conteve.

Ela sabia o que o homem queria que ela dissesse e se recusou. Palavrões, palavras sussurrando coisas chocantes e obscenidades para que ele se sentisse desejado. O que Kitty queria mesmo, porém, era fazê-lo se submeter a ela por completo, corpo e mente, ver e sentir o que estava no âmago dele, como um pêssego maduro.

— Você é uma coisa estranha e linda — disse o homem, com os dentes cerrados.

Kitty não gostou da referência a uma *coisa*, a *algo*. *Como um objeto*. Seu próximo gesto foi surpreendente.

— Vou embora — falou, pegando seu fino cinto de couro ao sair.

A pele do homem estava magenta devido às inúmeras açoitadas.

No caminho para casa, ela parou para comer uma fatia de pizza e não conseguia parar de sorrir.

Kitty olha para mim.

— Sei que isso pode soar estranho para alguém como você — diz —, mas desde então venho tendo dificuldade para sentir esse nível de intimidade com qualquer outra pessoa.

— Alguém como eu?

— É, alguém normal.

Depois que a sessão de fotos terminou, Kitty agradeceu ao fotógrafo e à equipe de estilistas e pediu desculpas pelo humor de antes. Também agradeceu à assistente do fotógrafo pelo doce e à equipe de cabelo e maquiagem pela paciência. "Vamos tomar uma bebida um dia desses", sugeriu, já sabendo que o convite nunca daria em nada.

— Estou curiosa para saber por que você se ofereceu para encontrá-los sabendo que não daria em nada — pergunto.

Ela dá de ombros.

— É força do hábito. Por educação.

Kitty chamou um táxi e atravessou a cidade até a casa de sua amiga Lavinnia, o rosto perfeitamente maquiado e o cabelo em um penteado desfiado e volumoso que terminava em uma trança embutida bem presa.

Ethan, seu namorado "intenso e irritante", já estava lá esperando por ela e ligou várias vezes para saber onde Kitty estava. "Estou trabalhando, Ethan", gritou ela ao telefone. "Vou pra lá quando terminar."

O taxista olhou para o retrovisor.

— Indo para algum lugar legal?

— Para a casa de uma amiga.

— Dia cheio?

— É, trabalhando — respondeu ela e sorriu.

— O que você faz?

— Sou passeadora de cães.

— Minha filhá gosta de animais. Ela quer ser veterinária. Já pensou em ser veterinária?

— Não.

— Você nunca está sozinho quando se tem animais de estimação.

Kitty pôs os fones de ouvido. Havia várias mensagens de voz no celular. Uma delas era de Ethan, verificando se ela já tinha saído do estúdio, e a outra de seu pai, com sugestões de presentes de aniversário para sua mãe: "um relógio, malas novas, algo da Hermès, talvez". Kitty ouviu, apagou a mensagem dele e respondeu por texto: *Já comprei o presente, mas obrigada pelas sugestões. Depois nos falamos. Bjs.* Uma resposta chegou segundos depois: *Que presente?*

Na verdade, ainda não havia presente, mas não gostou das sugestões, e escreveu: *É surpresa! Bjs.*

*Sua mãe não gosta de surpresas*, respondeu ele.

Foda-se, ela escreveu e apagou. Em vez disso, enviou: *Te ligo mais tarde Bjs.*

— O que impede você de falar a sua verdade? — pergunto, de olho na natureza competitiva dessa troca entre pai e filha, agressões cruzando o oceano dos dois lados.

— É mais fácil assim.

— Mais fácil?

Kitty desvia o olhar.

— A possibilidade de um conflito faz você se sentir desconfortável? — pergunto.

— Talvez. Mas não é isso. Talvez seja apenas com meu pai.

— Por que você acha que isso acontece?

Uma pausa.

— Pra ser sincera — ela fala com calma, e percebo que o que está prestes a dizer é doloroso para ela —, só quero que ele me ame. Que me note. Ele enxerga meu irmão, mas não a mim. Ele me mandou embora, mas ficou com Vincent.

Ela chora e seus ombros tremem. Eu a encaro, fixando-me em seus olhos. De repente, o trabalho de Kitty como modelo faz todo o sentido. *"Ficou com Vincent"*, penso, *é um detalhe curioso, e poderia ser usado para descrever um animal de estimação*. Lembro-me da decepção dela antes e de como sua querida coelhinha Alface provavelmente foi deixada para trás, abandonada. A dor de Kitty se instala em meu estômago e desmorona dentro de mim. Meu corpo dói com a perda e a separação que ela sofreu. Reconheço a raiva de mais cedo contra o pai, "o babaca", como uma defesa contra a dor psíquica e me pergunto quanto do sofrimento da infância foi internalizado no corpo dela.

Sinto que Kitty quer evitar certos sentimentos, que talvez sejam dolorosos demais até mesmo para evocá-los em pensamento. Parece que estou sentindo-os por ela. Minha contratransferência é indicativa do que ela não se permite sentir. Estou aguentando esses sentimentos que Kitty, compreensivelmente, escolhe rejeitar a fim de se proteger.

Minha contratransferência é forte e insistente. Enquanto a transferência lida com emoções as quais o paciente transfere para o psicólogo e muitas vezes se baseia em relacionamentos anteriores, a contratransferência é o inverso: ou seja, sentimentos semelhantes, por vezes irracionais, que eu, como profissional, tenho em relação às minhas pacientes. Às vezes, a contratransferência pode fazer com que o trabalho seja bastante desconfortável, às vezes até impossível. Imagine, por exemplo, um psicanalista negro tratando um paciente acusado de cometer ataques racistas, ou uma vítima de violência doméstica tratando um abusador maníaco, situações nas quais o profissional é forçado a uma reencenação do racismo e da violência a que foi submetido e a que provavelmente passou um tempo considerável tentando curar na terapia. O que é revivido, ainda que em circunstâncias diferentes, é sentido como retraumatização secundária. Portanto, o profissional pode sentir que a injustiça e a dor são grandes demais. A raiva é ultrajante demais — sobretudo se o paciente não consegue sentir remorso ou se responsabilizar pelos crimes cometidos. Eu me recordo da consulta com uma mulher de quarenta e poucos anos durante meu primeiro ano de prática clínica. Ela me procurou porque tinha "problemas com a polícia, você tem algum horário para me atender?". O que acabou vindo à tona na consulta foi que esses "problemas" envolviam ataques racistas que ela direcionava a vários homens e mulheres em bares e boates. Uma de suas vítimas precisou ser hospitalizada. Outra informação que a paciente em potencial decidiu revelar foi que sua namorada lhe dera um ultimato: "Procure ajuda ou vamos terminar." Sempre encaro como um sinal de alerta quando alguém começa a fazer terapia por causa de um ultimato do parceiro, em vez de por decisão própria. Recusei o atendimento. O maior sinal de alerta, contudo, foi quando ela me disse: "Nada contra os chineses, eles ficam na deles. Na verdade, já tive até namoradas chinesas." Na época, ainda novata, tive dificuldade de controlar minha revolta e indignação. Acho que posso até ter gaguejado durante o que me pareceu uma consulta muito, muito longa. Meu bom senso e minha contratransferência serviram para me proteger, me alertando para encaminhá-la para um profissional mais experiente. Vinte anos depois, será que eu agiria de maneira diferente? Talvez. No entanto, uma coisa é certa — a gagueira desapareceu.

Em nível mais brando, a contratransferência também pode ser uma das ferramentas mais confiáveis do profissional e, sem dúvida, uma das mais eficazes. Quando uma paciente é incapaz de acessar as próprias emoções — talvez por estar em dissociação, em negação ou se protegendo de certos acontecimentos —, muitas vezes percebo esses sentimentos e os retenho, enquanto processo o momento em que eles podem ser trazidos à tona novamente por meio de ponderações como "Tenho consciência de que me sinto [irritada, triste, confusa, decepcionada e muitos outros adjetivos] quando ouço você dizer isso. Quero saber em que estado mental você está e como se sente".

Os ombros de Kitty adotam um ritmo mais calmo. Sua respiração está mais regular. Ela arrisca um sorriso e enxuga os olhos com as costas da mão. As correntes pesadas em seu pulso chacoalham e soam como chaves.

— Sinto muito por seus pais terem mandado você para longe — digo.

— Obrigada — responde ela, baixinho. — Eu me senti muito abandonada.

As primeiras consultas são importantes para entender o que está no cerne do desejo de um paciente pela cura terapêutica. No fim de qualquer primeira sessão, a paciente e eu avaliamos se podemos e queremos trabalhar juntas — se houve um encontro de mentes, corações e intenções. Na maioria das vezes, vou tateando nosso diálogo, me questionando se gosto da pessoa e se consigo nos imaginar trabalhando juntas. Pergunto a mim mesma se acho que posso ser eficaz e ter interesse suficiente nas questões que ela trouxe e deseja abordar. Normalmente, tenho uma boa noção de se nos damos bem o suficiente. Além disso e do conhecimento e das experiências de como se estrutura a psicanálise, também avalio se será possível trabalharmos de forma colaborativa e estabelecermos o crescimento, a intenção e a investigação. Se houver conexão suficiente durante essa primeira sessão e se as circunstâncias e a logística relativa a horários e valores forem viáveis, então poderemos dar início à nossa colaboração. "Afinal, é isso que fazemos, certo? Pagamos os outros para revelarem nossas merdas", nas palavras de Kitty.

— Tenha um excelente voo — diz a aeromoça, sorrindo.

Ela acompanha Kitty até a classe executiva, com assentos confortáveis e espaçosos, a forma longilínea das duas combinando. Kitty não gosta que a aeromoça bonita pareça alegre, saudável e imaculada, e sente um impulso de competitividade correr por seu corpo.

— Nenhum voo é excelente — comenta ela. — Eu gostaria de um cobertor, por favor.

A aeromoça percebe a frieza de Kitty.

— Deseja algo mais? — pergunta, pegando uma coberta no armário superior.

— Um gim-tônica grande. Obrigada.

Kitty odeia aviões. "Excelente voo...", zomba ela novamente. No momento, se contentaria se tivesse um voo tolerável menos intolerável com a ajuda do álcool, de filmes e de alguns comprimidos para dormir.

Ela calça os pés bem cuidados em seus chinelos de caxemira e volta a atenção para os montes de bichinhos fofos em seu celular, sabendo que logo será instruída a desligar "todos os dispositivos eletrônicos portáteis durante a decolagem". Ultimamente, seu interesse tem sido cachorros-salsicha de gravata-borboleta e roupinhas fofas. *Cães fashionistas.* Ela gosta dos olhos cor de chocolate e da bondade imbuída no rostinho delicado deles. Pergunta-se se ficaria mais feliz caso tivesse uma companhia, um salsicha. A aeromoça retorna com o gim-tônica.

— Obrigada. — Kitty sorri, mais calma graças às imagens de cachorros-salsicha. — Estou pensando em comprar um cachorro — comenta, virando a tela do celular para a aeromoça.

— Que fofo. — A aeromoça sorri, os dentes perfeitos.

Kitty engole a bebida.

— Pode continuar trazendo mais — diz.

De repente, ela se lembra da Alface e da forma suspeita como a família ocultou tudo. Controla a vontade de chorar enquanto toma dois calmantes, sem ingerir nenhum líquido, e os comprimidos descem à força pela passagem estreita da garganta. De olhos fechados, ela reflete sobre sua primeira sessão de terapia e depois altera a agenda no celular para encaixar nosso próximo encontro, que será via Skype. Ter uma única sessão antes da viagem não era o ideal, nós duas reconhecemos isso, mas era necessário. Kitty se pergunta quantos anos eu tenho. Onde moro. Se sou casada e feliz, solteira, se talvez eu seja mãe. Ela se pergunta se eu gosto dela.

Por volta de um ano depois de iniciar a terapia, Kitty me fará essas perguntas, e responderei com cautela a algumas de suas curiosidades — mas não a todas.

Kitty aperta o cinto e se imagina na cabine, com as mãos na direção. Destino: Sarasota, rumo à festa de aniversário de sua mãe. Ela procura qual é o nome dado ao volante do avião e descobre que se chama manche, também conhecido como alavanca de comando ou coluna de comando. Kitty sabe que está se distraindo para evitar os próprios sentimentos. Apenas alguns segundos antes, estava mais uma vez ruminando quanto sua família é "cruel e indiferente" e como "ao ser abandonada por eles, me senti tão rejeitada que era como se eu não existisse mais. Como se tivesse desaparecido de vez".

Ela sente um aperto no peito e se pergunta se está prestes a ter um ataque de pânico, então pega o habitual saco de papel para respirar. A aeromoça retorna com o segundo gim-tônica.

— Eu fico nervosa em aviões — admite Kitty.

A aeromoça se agacha ao lado dela e apoia a mão no braço do assento.

— Quer que eu me sente aqui com você um pouco?

— Não, eu vou ficar bem — responde Kitty, incapaz de aceitar a gentileza profissional da mulher.

A aeromoça se levanta e sai.

"Por favor, desliguem todos os aparelhos eletrônicos portáteis" é anunciado no avião. Kitty fecha os olhos novamente, sentindo-se ao mesmo tempo infeliz e confortada pelas ordens dadas pela aeromoça. Ela queria não sentir tanta satisfação e alívio ao receber comandos dos outros.

Parte de nosso processo terapêutico tem relação com a resistência de Kitty em aceitar ser cuidada e receber gentilezas. Quando alguém lhe oferece amor e apoio, ela tem dificuldades para acreditar e confiar. Kitty suspeita que a pessoa esteja agindo por pena ou para controlá-la, e não por amizade ou por se importar. Vamos explorar o modo como isso a faz se lembrar das privações que enfrentou precocemente na época do colégio interno, quando reprimia os próprios sentimentos por medo de desmoronar por completo. Lá, ela descobriu como sobreviver por meio da competição, e isso foi eficaz até certo ponto. Esse comportamento serviu para protegê-la, mas também fez com que Kitty tivesse medo de estabelecer laços de amor e se sentisse diminuída e frustrada diante de uma possível intimidade.

Ela bebe vários drinques até pegar no sono, e sonha que está balançando em uma rede de jardim, o ar cálido tocando suas bochechas. Porém, o sonho se transforma e passa a ser ameaçador: de repente ela está presa em um compartimento de bagagem de mão de um avião. Kitty sente umidade debaixo de si mesma. Percebe que o compartimento claustrofóbico está se enchendo de água gelada. Ela bate na porta com os punhos, o peito carregado de ansiedade. Não consegue respirar. Grita. Quando acorda, está sem fôlego, desorientada e assustada. Ela tenta evocar imagens da rede do jardim, mas sua mente recusa esse alívio.

A aeromoça oferece um sorriso quando Kitty desembarca.

— Obrigada — responde Kitty educadamente.

O pai está esperando por ela no saguão de desembarque do aeroporto, vestido com uma camisa berrante e calça clara. Quando ele acena, Kitty fica dividida entre sentimentos de amor e ódio. Bronzeado e sorridente, ele descansa as mãos nos bolsos. Sua energia relaxada deixa Kitty ansiosa. Ela está cansada e grogue depois do voo, e gostaria de ter chupado uma bala de hortelã.

— Olá, pai — diz ela, inclinando-se até a camisa dele, macia e de estampa florida chamativa.

— Você está muito magra — responde o pai. — E pálida.

Ele a envolve com os braços grossos, e, no momento que o corpo de Kitty aceita o abraço, ela desata em um choro soluçante incontrolável. Por um instante, volta a ser a garotinha que retornou para a família, com saudades de casa e exausta após um ano no colégio interno. Kitty permite que seu corpo seja embalado pelo calor do pai.

Kitty não comparece à consulta por Skype, conforme havíamos combinado. Em vez disso, deixa um pedido de desculpas na minha caixa postal dizendo que não conseguiu encontrar um lugar tranquilo para conversarmos. A mensagem é confusa e truncada. Sua voz soa muito mais jovem do que eu me lembrava da nossa primeira sessão. Fico na dúvida se ela vai voltar.

Aproveito a hora da sessão para refletir sobre nosso primeiro encontro. Estou curiosa para saber se ela mudou de ideia sobre a conexão que surgiu entre nós duas. Talvez tenha achado arriscado demais confiar em uma terapeuta, uma nova pessoa com quem compartilhar pensamentos e emoções, ou talvez ela tenha decidido que a terapia não poderia ajudá-la. Sua mensagem ao telefone e minha experiência de conhecê-la me parecem incompatíveis e me confundem. *Possível regressão*, escrevo no meu bloco de papel. Também registro: *Ansiedade por medo de*

# O QUE AS MULHERES QUEREM

*abandono; Rivalidade entre irmãos; Dissociação; Submissão; Raiva do pai (o babaca?); Mãe? Intimidade?*

Eu me pergunto se estou pensando demais nisso e sinto um desconforto. Talvez meu incômodo seja um reflexo de como Kitty se sentiu quando os pais foram morar no exterior e a deixaram para trás. Passo mais um tempo refletindo sobre isso e leio um e-mail que Kitty me enviou após nossa primeira sessão dizendo: *Por favor, não vá embora sem me avisar com uma antecedência razoável.*

Preparo uma xícara de chá, com pensamentos de separação vivos em minha mente enquanto observo as minúsculas folhas de hortelã-pimenta afundar. Após o segundo ou terceiro gole, uma imagem de Kitty se materializa em minha cabeça: a criança perdida que volta para casa para a festa de aniversário da mãe.

~~~

Vejo pela janela atrás de Kitty a chuva furiosa que caía.

— Sinto muito por não ter conseguido fazer a sessão na semana passada — começa ela. — Estava difícil encontrar um lugar tranquilo. Havia muitas pessoas na casa e não me pareceu seguro.

— Como foi o aniversário? — pergunto, me dando conta de que estou satisfeita, até levemente aliviada, por Kitty ter retornado.

As comemorações começaram com um brunch no terraço. "Champanhe e frutas", descreve Kitty. Ela beijou a bochecha da mãe, disse "Feliz aniversário, mãe" e lhe estendeu um buquê de rosas rosa-claro. Aquela foi uma lição que ela havia aprendido no ano anterior, depois que um enorme buquê de hortênsias azuis foi recebido com um "Ah, querida, elas não combinam com nada!".

Vincent, já na segunda taça de espumante, apresentou a nova namorada, que conheceu na Califórnia durante um retiro de yoga uma semana antes. Kitty gostou dela na mesma hora, "ela é bem mais divertida do que a última namorada dele".

Mais tarde naquele dia, todos entregaram os presentes, que foram abertos em seguida. Kitty havia escolhido uma nova bolsa e um álbum com fotos cuidadosamente selecionadas, no qual ela não aparecia nas primeiras páginas. Sua mãe ficou emocionada.

"Olha como vocês dois eram fofos", disse a mãe, rindo, e apontou para o espaço quadrado que abrigava uma recordação desbotada de Kitty e Vincent tomando sorvete em um verão na Inglaterra, embora ela não lembrasse bem onde. Cornualha? St. Ives? *Perda de memória: a cura para tudo que é horrível*, penso comigo mesma.

Seu pai presenteou a esposa com quem já estava casado há trinta anos com um relógio, e Vincent coincidentemente escolheu para ela um cachecol da Hermès. A mãe de Kitty não poderia ter ficado mais feliz.

Mais tarde, na festa, Kitty vagou de cômodo em cômodo, mergulhando ovos de codorna em sal de aipo enquanto conversava com os amigos de seus pais. Olhou para a mãe, glamourosa, animada e radiante com a alegria característica de quem faz aniversário. Seu pai, o observador, estava adorando tudo. O vestido de Kitty era preto e seu comprimento chegava à altura do joelho, não era muito justo, e o pai a parabenizou. "Você está bonita", observou ele, "muito elegante". Ela agradeceu e sentiu uma onda de reconhecimento, embora o vestido fosse do gosto dele e não do dela. "Podemos falar sobre a minha mesada?", perguntou ela. "Esta noite não, Katherine, isso é uma festa. Vá ajudar sua mãe com o camarão."

— Ele me enxotou como se eu fosse um animal abandonado — diz Kitty.

Mais tarde, Kitty fez sexo na praia. O ato, como a bebida, foi um deleite, saboroso, picante e prazeroso. Ela gostou de como se sentiu conectada ao homem e seu corpo. Os braços dele eram fortes, as mãos não tão ávidas quanto ela esperava, mas firmes mesmo assim, o peito carregava um aroma de limão. Havia uma pequena festa acontecendo na praia e, enquanto Kitty caminhava descalça pela areia clara, ele se aproximou casualmente e a convidou para se juntar ao grupo e à fogueira. Depois, beberam vodca pura e conversaram sobre a vida dela — inventada — e as últimas séries da Netflix. Ela disse ao homem que se chamava Deborah e que estava visitando uns amigos por alguns dias. Ele pediu o telefone dela. "Claro", respondeu, anotando o número na mão dele e esquecendo de propósito um dígito no fim. Ela queria ver se ele tentaria descobrir qual era. Se estava empenhado em ir atrás dela e encontrá-la. Ela gostou daquele homem.

O QUE AS MULHERES QUEREM

— Não consigo abrir meu coração para ninguém que não seja um desconhecido — diz, cabisbaixa.

Quando Kitty voltou para a casa dos pais, um Vincent muito bêbado deixou escapar um segredo doloroso: "A Alface nunca chegou a ir para a Ásia." Ele puxou o ar e cobriu a boca com a mão. "Por favor, não deixe que eles descubram que você sabe, eu jurei que nunca contaria", pediu, com um sorrisinho. Sua nova namorada o encarou com um olhar inquisitivo, talvez suspeitando da intenção por trás daquela revelação. Kitty esperou, com cuidado para não parecer vingativa, mas, quando chegou a hora, sua fragilidade se transformou em uma bomba e ela deixou escapar: "Eles te levaram para a Ásia porque sabiam que você não sobreviveria sem eles." Ela copiou o gesto de puxar o ar e cobrir a boca com a mão. "Por favor, não deixe que eles descubram que eu te contei. Jurei que nunca contaria." Kitty sorriu. "Qual era mesmo seu apelido?" Ela fez uma pausa. "Fracote."

Na noite seguinte, os cinco saíram pela costa oeste — Kitty dirigindo — em busca de um bom restaurante de frutos do mar. "Aquele", apontou a mãe.

Já no interior do lugar, Vincent solicitou uma mesa com vista para a praia.

— Sinto muito, mas estamos lotados, senhor — disse o maître.

— Não tem mesas livres. — Vincent deu de ombros, virando-se para encarar a família.

— Ah, tinha que ser o fracote — bufou Kitty, passando pelo irmão enquanto olhava para o pai em busca de aprovação. — Deixa que eu resolvo.

Cinco minutos depois, eles foram conduzidos até uma mesa com vista para o mar.

— Você é muito gentil — agradeceu Kitty, sorrindo para o maître. Seus pais estavam impressionados. — Vale a pena insistir, Vincent.

Durante a visita, nem a mãe nem o pai demonstrou algum interesse real na vida dela. Cada um se ocupava com as próprias coisas, que eram basicamente jogar golfe e ir às compras. A mãe insistia para que Kitty relaxasse e tomasse sol. "Você está tão pálida, querida. Descanse um pouco."

No último dia de viagem, Kitty decidiu baixar algumas fotos de si mesma de seus ensaios fotográficos mais recentes. Sua favorita era um close para um editorial de beleza. Ela gostava de como seus cílios estavam curvados, o azul dos olhos realçado para ter a aparência de enormes lagos abertos.

— Por que não há fotos minhas aqui? — perguntou Kitty à mãe, examinando a sala.

Ela não mencionou que tinha contado nada menos que cinco retratos emoldurados de Vincent em diferentes cômodos da casa.

— Do que você está falando, querida? Não seja boba. — A mãe a levou até o corredor e ao banheiro do térreo. — Veja! — E apontou para uma capa de revista pendurada ao lado de várias jaquetas e casacos. — E aqui — falou, indicando uma fotografia de Kitty na adolescência, usando um vestido turquesa, o sorriso largo, pendurada ao lado da pia do banheiro e do sabonete perfumado. — Eu adoro essa foto sua. O seu pai também.

Kitty se inclina na minha direção em sua poltrona.

— É muito legal ter uma foto sua pendurada onde as pessoas mijam e penduram seus casacos. — Ela se recosta na poltrona, em silêncio.

Pensando, suponho.

— Posso ver que isso te chateou muito — digo.

— Na verdade, não. — Ela dá de ombros. — Já estou acostumada.

Percebo que ela é rápida em rejeitar minha empatia e atenção.

— Não tenho tanta certeza disso — provoco. — Eu não incentivaria ninguém a se acostumar a se sentir magoado.

— Mas as coisas são como são.

— Soa um pouco derrotista.

Ela tenta encontrar um contra-argumento e não consegue.

— Você não precisa suprimir, negar ou sentir vergonha aqui — digo. — Podemos examinar suas emoções. Podemos compreendê-las à medida que formos avançando.

Ela assente discretamente.

— Obrigada — responde.

Kitty explica como se sentiu deslocada durante a viagem. Como se fosse muito mais nova do que realmente é, uma garotinha, uma adolescente. Sua versão adulta ficou para trás, em Londres.

— Saí daqui uma mulher e cheguei lá uma menininha — diz, rindo. Um sorriso insano.

— Essas suas brincadeiras geram um problema — comento. — Embora tenhamos falado de questões que incomodaram você, como sua foto pendurada no banheiro, os cinco porta-retratos de Vincent e sair mulher e chegar menina, não abordamos sua dor. Você usa o humor como defesa para evitar falar dela.

Kitty olha para os próprios pés.

— Se eu não fizer piada sobre essas coisas, vou ficar triste o tempo todo. Ou completamente enfurecida.

— Mas você vê que, ao suprimir o sentimento de tristeza ou raiva, você não se dá a chance de compreender a si mesma e sua situação de forma mais plena? O humor pode funcionar por pouco tempo, mas ele não ajuda a curar a menina ferida dentro de você, ou a forma como seus pais se comportam com você agora que é uma mulher.

— Eu entendo.

Silêncio.

O homem que ela conheceu na praia não ligou. Se ele tentou descobrir o número que faltava, nunca saberemos.

— Quem perde é ele, de verdade — diz Kitty, com um tom de decepção na voz. — Também não consegui conversar sobre minha mesada — a voz mais desanimada. — Quando meu pai enfia algo na cabeça, é impossível fazê-lo mudar de ideia.

— Imagino que isso seja bem frustrante.

— Sim, é frustrante, como se eu fosse uma criança.

— Quer dizer, como se isso infantilizasse você?

— Sim. O dinheiro não pode substituir o que não tive na infância. Eu sei disso.

— Fico aliviada em ouvir isso.

— É mesmo? Eu não. Isso dói pra cacete.

Eu respiro fundo e limpo a garganta.

— Muitas vezes a dor precisa vir antes da cura.

A sessão terapêutica é, em essência, um acontecimento humano. Um momento de encontro íntimo entre duas pessoas, que explora algumas das questões mais profundas sobre o que significa ser humano. "Quem sou eu?", o paciente pode perguntar. "O que eu realmente quero?" "Quem vai me amar?" "Eu sou digno de ser amado?" "E posso amar de volta?" "Estou me apegando a algo de que preciso abrir mão?" "Quando posso escolher?" "Como responder a alguém que está em posição de poder?" "Existe um Deus?" "O que é um lar?" "Qual é o sentido?" "Como posso contribuir melhor para minha comunidade e satisfazer meus desejos e interesses?" "Como faço isso?" "Vou sofrer?" "Será que algum dia vou me libertar?"

Já o terapeuta pode questionar: "O que você quer?"; "Do que precisa?"; "Você está seguro?"; "Quando faz uma pausa, o que acontece?"; "O que faria diferente se não houvesse ninguém por perto para julgá-lo?"; "Você está fazendo o suficiente para se amar como pessoa?"; "Como faz para criar vínculos, mas manter sua individualidade?"; "Quando você caía na infância, quem te levantava?"; "Você confia em si mesmo?"; "De que pequeno gesto de bondade você se lembra?"; "Como são o gosto, a aparência e a sensação do desejo?"; "O que faria você se sentir mais forte neste momento?"; "Como você pode se libertar?"; e "Se não agora, quando?".

Nas 12 semanas seguintes, Kitty chega para as sessões com boas perguntas. Ela traz um bloco de papel e uma caneta, pede recomendações para complementar nosso trabalho — livros, textos e podcasts — e manifesta o desejo de aumentar o número de sessões de uma para duas vezes por semana. Fala sobre Ethan, seu mais ou menos namorado, um marceneiro que trabalha com grandes pedaços de madeira e cria belas cadeiras — obras de arte —, com assentos esculpidos após horas de cuidado e dedicação. "Experimente. É confortável?", pergunta ele. As cadeiras de Ethan são sempre confortáveis.

Kitty me conta que se sente segura com o jeito simples e previsível dele. O que antes ela via como "irritantemente intenso" se transformou em um relacionamento agradável e carinhoso, no qual Kitty se deleita com as intimidades à noite — o companheirismo, a dedicação e a gentileza. Essa mudança de atitude dela me tranquiliza muito. O fato de ele não ser muito possessivo é o que a atrai e dá a ela a oportunidade de formar vínculos intensos, ainda que breves, com novos homens.

— Nós concordamos há algum tempo em ter um relacionamento aberto — conta ela, enrolando o cabelo no alto da cabeça antes de usar um lápis para prendê-lo.

— Isso funciona para vocês dois?

— Com certeza. Bem... — Ela faz uma pausa e olha para o teto. — Acho que Ethan ia preferir que fôssemos um casal, exclusivos, mas eu não consigo.

— Não consegue?

— Não quero — conserta Kitty rapidamente.

— Fale um pouco mais sobre isso.

— Tenho medo de ele me abandonar. Essa ideia me deixa apavorada.

Palavras não são acontecimentos. Elas representam acontecimentos. Se uma pessoa continua deixando uma palavra aterrorizar e ditar suas escolhas de vida, ela vai se sentir como se estivesse presa em um loop temporal, repetindo o passado, olhando mais uma vez para a ferida original. No caso de Kitty, foi o abandono na infância.

— Eu compreendo — digo —, mas, se deixar o abandono assustar você, sempre vai se sentir como se ainda estivesse no passado, sendo a menina de 11 anos que foi largada enquanto a família se mudava para um país diferente. Entende?

— Eu entendo.

— O esforço para se distrair ou evitar essa lembrança, seja com trabalho, seja com sexo ou banhos gelados, é exaustivo. Juntas, precisamos reformular o que a separação e o abandono significam para você, caso contrário é possível que continue se sentindo presa e confinada pela sua resistência em se curar.

— Como eu faço isso?

— O modo de neutralizar a dor associada a um determinado sentimento é se esforçar ao máximo para aceitá-lo, acolhê-lo sabendo que ele só terá poder enquanto você se proteger contra ele. Acredito que nenhum sentimento, como o seu medo do abandono, ou a ideia de que ele vai acontecer, pode te machucar mais que o ato de evitá-lo.

Uma pausa.

— Entendi — sussurra ela.

Kitty também explora, de forma descontraída, outras profissões: proprietária de loja, escritora, designer, florista, fotógrafa, nutricionista, passeadora/adestradora de cães, cozinheira.

— Como você se tornou modelo?

— Eu caí de paraquedas nessa carreira — conta, avaliando as unhas. — Me descobriram em um fim de semana quando eu estava na Top Shop experimentando um jeans. Eu só tinha 17 anos. Também ajudou o fato de eu saber esquiar, andar a cavalo e praticar snowboard. As agências gostam de modelos atléticas que sabem fazer algo de verdade além de ser bonita.

Ela decide explorar mais seu amor por nutrição e culinária e fala sobre kombucha com tanta paixão que na semana seguinte me flagro comprando várias garrafas da bebida no meu intervalo do almoço.

— O que é *scoby*? — pergunto, querendo imitar o entusiasmo dela.

— Significa cultura simbiótica de bactérias e leveduras.

Ainda sem entender, peço para Kitty me explicar, o que ela faz com afinco e empolgação.

Na semana seguinte, ela me traz uma garrafa de kombucha caseiro de morango acompanhada de uma etiqueta adorável com pequenos adesivos de morango que ela se deu o trabalho de criar.

— Não tenho certeza se posso te dar isso — diz, baixando os olhos com timidez —, mas achei que você ia gostar de experimentar. Eu mesma fiz.

Existe muito debate entre os psicoterapeutas quando o assunto é receber presentes dos pacientes. Alguns profissionais afirmam que a erotização do ato de presentear é significativa, devido à sua conexão com a libido; que muitas vezes o presente torna-se símbolo de amor e do carinho quase nunca verbalizados no consultório. Ao longo dos anos, ganhei presentes de meus pacientes. Alguns recusei educadamente e outros aceitei com gratidão. Quando aceito, me baseio em minha intuição, em minha percepção clínica e na conexão que nós temos, e prefiro que os pacientes consigam encontrar palavras para reconhecer e expressar seus sentimentos, em vez de dar presentes.

— Obrigada — digo, aceitando o presente. — Eu adoro morango. E olha esta etiqueta fofa que você se deu o trabalho de criar.

— Espero que goste. — Kitty sorri, e por um momento me deparo com seu eu mais jovem. Ela está ávida por intimidade, ousada em sua tentativa de se conectar.

Também discutimos estratégias para lidar com sua ansiedade, e eu a incentivo a refletir sobre sua dificuldade em estar presente na vida cotidiana, *no aqui e agora*. Explico de que modo se preocupar com o futuro, planejando tudo sempre, mantendo-se extremamente ocupada e evitando sentimentos aumentam as chances de ansiedade constante. Também falamos sobre o outro extremo, quando a pessoa fica absorta com o passado, e é aí que surge a depressão.

— É uma explicação bem simplista — comento, mas minha esperança é que, ao encorajar Kitty a estar mais presente, ela consiga lidar com o medo de sentir.

Kitty saca o telefone como quem tira uma arma do coldre e baixa um dos muitos aplicativos de meditação e atenção plena que existem. Percebo a urgência de seu desejo, seu arbítrio vivo e potente, e isso me agrada.

Quando termina o download do aplicativo, ela vira o telefone para mim.

— Pronto — afirma.

— Muito bom — respondo, porque sinto que a validação e o reconhecimento são importantes.

Embora Kitty seja uma paciente responsiva e receptiva, me pergunto se, ao apreciar sua determinação e seu progresso terapêutico, não estou dando forma a algum tipo de conluio. Será que estou reencenando o que outras pessoas antes de mim fizeram ao afirmar sua condição de "boa aluna"? Terei que esperar para saber.

Durante o período em que trabalhamos juntas, Kitty falou de seu desejo e avidez por validação externa, e o que ela chama de "olhar acolhedor". Ele a faz se sentir querida, aceita e notada. Tudo começou em casa com os pais; depois, com a supervisora responsável por ela e as outras meninas do colégio interno quando apoiaram seu talento para o hóquei. Mais tarde, professores na escola e na faculdade, namorados, amantes, agentes de modelos e fotógrafos. Kitty se deleitava com a atenção e o olhar deles, a criança em seu interior desejando pertencer e ser notada. E, embora eu fique ansiosa para vê-la despertar essa validação dentro de si, em vez de se deixar dominar pelas opiniões externas, estou ciente de que desenvolver o amor-próprio e a aceitação requer tempo e disciplina.

Kitty passa o dedo no telefone outra vez e fica encarando a tela. Ela fica em silêncio. O olhar fixo.

— Você se lembra de que falei do meu álbum "Feliz"? — pergunta ela, baixinho.

— Lembro.

— Tenho outros álbuns também.

— Ah, é?

— Imagens que me impactam, me entristecem, me chocam e me animam. Às vezes, quando me distraio, o que agora entendo como dissociação, digamos, quando tenho um trabalho como modelo em que preciso sentir e atuar, pego meu celular e vejo as imagens. Às vezes esqueço o que é ser engraçada, animada, sexy ou calma, mas, quando vejo um gato com roupa de super-herói ou um peixe nadando no oceano, isso me ajuda a entrar em contato com minhas emoções.

— Entendo. Então, ter uma referência ajuda? A imagem acessa sentimentos que talvez não surgissem por conta própria?

— Isso mesmo.

Uma pausa.

Meus olhos encaram os dela, que estão úmidos.

— Tem outro álbum — acrescenta com timidez, um véu de lágrimas silenciosas. — São basicamente fotos minhas.

— Suas? — pergunto, curiosa.

Ela assente.

— Eu chamo esse álbum de "Solitária".

Conhecimento é libertação. Autoconhecimento é libertação emocional. Ao admitir esse registro visual e essa percepção de si mesma, Kitty permitiu que eu testemunhasse sua vulnerabilidade.

Questões envolvendo como um paciente pode confiar, como a traição pode nos fazer temer a intimidade, o que o desejo e a sexualidade significam para o indivíduo, como o abandono e a decepção podem afetar a autoestima e como arriscamos nos abrir novamente por meio da cura são partes do processo psicoterapêutico. A relação íntima no consultório se torna testemunha, defensora e participante de um momento único de libertação emocional.

— Obrigada por compartilhar isso comigo — digo.

— Estou num conflito. Parte de mim se sente vista e quer confiar em você, mas outra parte também está pensando em quando poderei parar com a terapia. Porque, se eu me apegar, você pode me abandonar.

— Imagino que confiar em alguém seja um risco grande, mas que talvez valha a pena arriscar...

— Estou dividida. Quero que minha família, especialmente meu pai, me enxergue. Mas a que preço?

— Boa pergunta. Talvez ser vista por quem você é, e não por todas as suas conquistas, seja um bom ponto de partida. Eu gosto de chamar isso de "de dentro para fora".

— De dentro para fora?

— Se abordarmos sentimentos difíceis aqui, na terapia, é possível que você se sinta mais confiante e segura para lidar com eles lá fora. Me parece que você não teve como explorar suas emoções com segurança quando estava no colégio interno. Em vez disso, acabou recorrendo a banhos frios, à competitividade e ao hábito de controlar sua alimentação. Eu gostaria que tentássemos algo diferente aqui: criar uma base segura.

— Eu ia gostar disso — arrisca ela.

Ficamos em silêncio.

— Seria possível adicionar outro álbum à galeria do seu celular? Ela se inclina para a frente em sua poltrona.

— Qual?

— "Conectada" — respondo, com um sorriso.

Depois de seis meses de tratamento, Kitty e eu temos nosso primeiro rompimento. Em uma tentativa de respeitar seu pedido de avisar com uma antecedência razoável antes de ir embora, eu a comunico sobre minhas férias três semanas antes, mas recebo uma atitude hostil e defensiva como resposta.

Kitty se atrasa para as sessões e cancela duas delas, recorrendo às antigas estratégias de sobrevivência que envolvem afastamento, negação e competitividade.

Dentre as frases que eu ouvi, estão: "Acho que uma pausa na terapia vai ser boa para mim", disse, bufando em seguida; "O que os olhos não veem, o coração não sente"; "Vou me ausentar por duas semanas quando você voltar"; e "Esqueci que você vai estar de férias na próxima semana".

— Talvez seja difícil reconhecer que vou sair de férias — digo.

— Não me lembro de nenhuma época em que eu tenha precisado de férias — zomba ela. — Mas imagino que fazer o que você faz deve ser cansativo.

Eu percebo o tom amargo por trás de seu comentário.

— Você não se interessa em tirar férias?

— Até pouco tempo atrás, tirar férias era apenas uma oportunidade de estar onde eu sempre deveria ter estado: com minha família. E, assim que eu começava a me sentir estabelecida, era hora de ir embora. Então as férias não eram uma coisa agradável. Eram um lembrete da minha solidão.

Aproveito a oportunidade para mostrar a ela como os acontecimentos do passado moldam as emoções atuais.

— Será que minhas férias causam o mesmo sentimento? De que, quando eu for, você vai estar sozinha de novo?

Ela desvia o olhar, as lágrimas se acumulando em seus olhos.

— Você ir embora é como uma pequena morte — diz ela.

Kitty se lembra da vez em que ela e a família foram passar férias na Cornualha.

— Eu devia ter 9 anos, não, talvez 10 — conta ela, surpreendendo-se com a lembrança que até o momento tinha ficado esquecida, dissociada, por motivos compreensíveis.

— Lembro que, quando você foi comemorar o aniversário da sua mãe, você mencionou uma fotografia, uma com você e Vincent tomando sorvete. Acho que sua mãe falou que vocês dois eram fofos.

— Eu mencionei isso? — pergunta Kitty, confusa. Uma pausa. — Ahhh... sim, mencionei sim — continua, lentamente, estreitando os olhos e balançando a cabeça. — Tinha me esquecido.

O QUE AS MULHERES QUEREM

— Perda de memória: a cura para tudo o que é horrível.

— Foram as últimas férias que tiramos juntos em família antes de eu ir para o colégio interno — recorda ela. — Lembro que todos nós estávamos andando até a praia depois de tomar sorvete. Vincent e eu decidimos nadar no mar. Mas ele entrou em pânico. Eu pensei que ele estava brincando, então ignorei suas tentativas de me avisar que estava fundo demais para ele. Quando nadei de volta para a praia, me virei e ele havia sumido. Chamaram os salva-vidas. Meus pais ficaram furiosos comigo. Ele tinha ido parar em outra altura da praia e, quando voltou, cambaleante, estava histérico. Ao que parecia, foi minha culpa. Como nadadora mais experiente, esperavam que eu garantisse a segurança dele. No dia seguinte, me disseram que eu iria para o colégio interno. Não pude deixar de pensar que foi uma punição pelo que aconteceu.

— Isso pode soar como uma pergunta óbvia, mas é possível que você associe a separação e o abandono a algo que você fez de "errado", por exemplo, a expectativa de que você deveria ter garantido a segurança de Vincent?

— É, por isso que tento consertar as coisas sendo educada ou me desculpando. Tenho pavor de ser rejeitada.

— Como daquela vez no ensaio fotográfico?

Ela assente.

— Sempre esperam que eu seja a pessoa forte — acrescenta ela. — É bem cansativo.

— Imagino, deve ser mesmo. É uma postura muito binária. Você é forte e Vincent é vulnerável, ou ao menos é isso o que dizem. Você mencionou que seus pais acreditavam que Vincent não sobreviveria sem eles. Depois veio a provocação ao descrevê-lo como fracote.

— De qual lado você está? — rosna ela.

— Eu não acredito em lados — respondo, com calma. Sua agressividade aumenta rápido e, por um momento, percebo quanto ela está assustada e na defensiva. — Mas acredito em explorar a forma como o passado molda nosso comportamento e nossas crenças no futuro. Embora nosso passado não nos defina, ele tem o hábito de se repetir até ser compreendido. Acho que parte de você gosta de acreditar que

Vincent é um fracote porque isso te ajuda a se proteger da dor causada pelo fato de seus pais terem levado seu irmão e deixado você para trás.

— É. Eu não quero ser cruel. Ele era vulnerável, e não um fracote.

*⸿⸿*

Kitty continua a descrever nossas separações como pequenas mortes.

— Mas agora eu sei que você vai voltar — diz ela, com um sorriso.

*⸿⸿*

Cerca de um ano após o início de nosso trabalho, vem um período de depressão profunda, quando Kitty vive e se entrega aos seus sentimentos de solidão. Ela me diz: "As drogas não funcionam mais", o que significa que as antigas estratégias de sobrevivência, como sexo, compras, trabalho em excesso e dias jogando em seu PS5 não a ajudam mais a fugir da solidão incapacitante. No entanto, os banhos deixaram de ser frios e com todo aquele gelo. Em vez disso, eles acontecem à noite, antes da hora de dormir, e Kitty os desfruta, em vez de suportá-los — em uma banheira perfumada e quentinha. No último ano, até adicionou diferentes produtos ao banho: espuma, óleo de lavanda, sais... Ela gosta do conforto acolhedor que proporcionam. Com frequência, Kitty passa horas seguidas sentada na banheira, completando a água fria misturada à água quente, o que para ela é como um "abraço caloroso". Ali ela lê, ouve podcasts, joga xadrez com Ethan e até pensa em colocar uma televisão antes de se dar conta de que não seria uma decisão muito segura.

— Às vezes acho que sempre vou me sentir sozinha — revela.

— Há uma diferença entre a sensação de se estar sozinho e a realidade da solidão.

— Ethan quer morar junto.

— Mesmo?

— Acha que eu deveria aceitar?

— É algo que você queira?

— Parte de mim, sim. Mas outra parte tem medo. Se ele se mudar para minha casa e depois for embora, vou ficar ainda mais solitária.

— Os sentimentos de solidão não vão destruir você, Kitty. E nenhum sentimento é definitivo. Mas, se vivermos a vida toda com medo dos "e se", nunca vamos conseguir mudar nada. Entende?

Kitty me encara bem nos olhos.

— Tem certeza? Você está certa disso? Estou com medo.

— A intimidade e o apego podem parecer assustadores, mas, se evitar esses sentimentos, é possível que você faça suas escolhas na vida com base no medo, e não na libertação.

— Palavras não são acontecimentos.

— Exatamente.

Três meses depois, Ethan se muda para o apartamento dela. Eles decidem pintar as paredes de uma cor diferente — *tinta elefante*, um tom cinza médio com toques de magenta — e adicionar móveis aconchegantes em tons pastel. Os quadros são escolhidos, comprados e depois pendurados. Ethan também faz duas poltronas, e Kitty gosta quando eles se acomodam à noite, um ao lado do outro, antes de ela subir no colo dele, onde se enrosca, em posição fetal, satisfeita, "um gatinho adormecido".

— Finalmente sinto que eu tenho um lar.

— O que faz o lar não é a casa, mas as pessoas que vivem nela.

— Isso é muito verdade.

Ao trabalhar com Kitty por pouco mais de três anos, investigamos juntas e pudemos ter um maior discernimento em relação à força e à dor da ansiedade dela. "Tudo começa em casa", disse certa vez o pediatra e psicanalista Donald Winnicott. Tendo isso em mente, fiquei curiosa e determinada a explorar com Kitty sua raiva e impotência diante do pai, não mais "o babaca", e com quem ela desenvolveu, ao lado da mãe, um tipo diferente de relacionamento — menos como a filha submissa, obediente e bem-sucedida, e mais como a mulher adulta forte, sensível e também vulnerável que não é definida por seu passado, mas que está se curando dele.

Entremeadas à complexa e arcaica tapeçaria que é a cultura da classe média e da classe média alta britânicas estão a experiência e a aceitação de separar as crianças dos pais logo cedo para frequentarem um colégio interno. Um projeto de separação doloroso. Kitty vivenciou essa separação como *abandono*, o que foi intensificado por seu sentimento de rejeição depois que os pais decidiram levar seu irmão para a Ásia com eles. Grande parte do início da vida de Kitty foi voltada à tentativa de controlar a própria dor, em vez de chorar por ela. As crianças tiradas de casa em idade tão precoce são incentivadas a "ser corajosas" e, em alguns casos, até gratas. Também são estimuladas a transformar essa perda nas crenças de que é algo que vai ser bom para elas no futuro e de que o internato molda o caráter. Para Kitty, a separação da família foi traumática em muitos níveis. Ela internalizou e experimentou sentimentos de inferioridade. Em sua mente, criou-se uma história de que ela não era digna de ser amada, que era indesejada e deveria, a todo custo, alcançar um desempenho brilhante e ser bem-sucedida para ser notada. Kitty, porém, não se sentia notada, sobretudo quando trabalhava como modelo.

Estar em um ambiente desconhecido acompanhada apenas de uma foto e um ursinho de pelúcia para confortá-la era muito assustador e confuso. Além disso, sabia que seu irmão estava em casa enquanto ela só poderia visitar sua família uma vez, talvez duas vezes por ano, e que sua amada coelhinha de estimação havia morrido. Ouvir os pais dizerem que ser mandada para um colégio interno era para o bem dela não fazia o menor sentido. É dilacerante.

Os pais de Kitty só pensavam em sua formação acadêmica e independência, e quase nada foi feito para atenuar, curar ou falar sobre a solidão, a perda, o trauma e o terror que ela enfrentou. Então, Kitty foi aprimorando suas técnicas de sobrevivência. Ela se tornou uma competidora feroz nas partidas de hóquei, uma aluna nota dez que raramente ficava doente, uma jovem corajosa que seus pais consideravam motivada e determinada, uma destemida viajante e companheira de viagem, uma amante insaciável que "fazia acrobacias dignas de medalha de ouro na cama", uma modelo requisitadíssima e, posteriormente, uma paciente muito comprometida e esforçada.

Quando mais velha, Kitty sentia que sua raiva foi o que a manteve viva. Embora isso a ajudasse a sobreviver, também limitava sua cura, porque ela seguia repetindo comportamentos antigos. Seu desejo no momento está focado em fortalecer seu eu mais íntimo, no qual as emoções não são entorpecidas com água fria com gelo, e sim reconhecidas, aceitas e sentidas. Ela aceita que seus sentimentos não vão destrui-la.

Após um período de depressão que durou 18 meses, Kitty conseguiu chorar a perda de sua tão desejada infância e de seu lar. O fato de seus pais a terem enviado para um colégio interno continua sendo uma dolorosa realidade. Não há como escapar dessa verdade e, apesar de ela reconhecer o sofrimento que isso causou e a rivalidade entre irmãos que se originou desse processo, opta por não deixar que isso defina quem ela é nem as escolhas que faz para sua vida.

Um ano depois de o pai reduzir sua mesada, Kitty escreveu para ele dizendo que não queria mais receber qualquer quantia — um desejo de conseguir enfrentar aquilo que ela mais temia: *o controle e a rejeição*. Isso teve um impacto imediato em Kitty, e a decisão foi sentida como uma ampla liberdade — uma libertação radical —, em que ela não mais se sentia em dívida ou com medo de que algo pudesse ser negado ou tirado dela mais uma vez. E, ao fim de sua terapia, o relacionamento com Ethan persistiu. À medida que se aproximavam da monogamia, Kitty continuava ora querendo, ora relutando, dividida em relação à ideia de "só nós dois", mas ela tinha parado de enxergar o afeto e o compromisso dele como algo "intenso e irritante".

— Pelo contrário, ele me ama, e eu o amo, de verdade.

*A raiva, assim que é alimentada, morre...*
*É passar fome que a engorda.*

— Emily Dickinson (1890)

# Meu corpo, minhas regras

*Ela já foi uma menina que brincava com aqueles Ursinhos* Carinhosos de pelúcia de cores primárias. Usava saia de babados e amava colecionar borrachas diferentes, bonecas Repolhinho e pôsteres da banda Duran Duran. Sonhava um dia se tornar cabeleireira. Entretanto, logo após seu aniversário de 9 anos, esse arco-íris foi destruído, sua infância afundou na areia movediça: um padrasto chegou em sua vida e se instalou. Em suas próprias palavras, ele "me magoava e sentia prazer em me ver chorar".

Ela passou a recorrer à comida. Um fio de vergonha a conduzia até o conforto encontrado na geladeira, nos armários da cozinha e na despensa. Seus favoritos eram os doces, que podiam ser enfiados na boca de uma vez e mastigados bem rápido, fazendo a dor desaparecer. O ato de se concentrar na mordida, de mastigar e engolir a distraía de seus sentimentos e do ódio que o padrasto nutria por ela, dava a seu cérebro uma chance de pensar em outra coisa, de dissipar a tristeza renegando a dor. No entanto, parte dela também desconfiava dessa amiga inseparável, a comida. "Os dedos eram amigos ainda melhores", dizia ela a si mesma. Os dedos — indicador e médio — forçados garganta adentro a livravam do sofrimento que, caso tivesse alguma chance, seria digerido e atestaria sua terrível realidade.

Vamos chamar o padrasto de Nick, porque ela me pediu que usasse a inicial "N", a mesma do nome dele.

— Mas nem sei por que eu me importo... — comenta. — Ele já está morto.

Um infarto, quando ela tinha 17 anos e ele, 52.

— A morte dele foi rápida demais — dispara Ruth.

E conta como havia desejado algo mais lento, que o atormentasse e o abalasse psicologicamente. Algo que o fizesse sofrer como ela havia sofrido. Revisitaremos esse desejo de vingança mais tarde. Por enquanto, vou apresentá-la como Ruth.

Ruth pareceu reservada e constrangida quando ligou para marcar uma primeira consulta. Eu tinha uma lista de espera, sem horários disponíveis, mas algo em seu jeito de falar, em seu tom de voz calmo e lento, e em sua hesitação aos poucos chamou minha atenção. Deixei uma mensagem no celular dela sugerindo que nos encontrássemos na semana seguinte. *Me diga se esse horário está bom para você...*

Ruth recebe minha mensagem para marcar a sessão enquanto escaneia as compras de um cliente. O supermercado onde trabalha não permite que os funcionários usem o celular durante o expediente, mas ela sente o aparelho vibrar e fazer cócegas em sua coxa e imagina que possa ser uma mensagem de Eve, sua irmã mais nova, ou de Aaron, o cara com quem namora há pouco menos de um ano. Ela avisa ao cliente que ele já pode digitar a senha do cartão na maquininha de plástico e se pergunta se seria a psicanalista com quem tinha entrado em contato no dia anterior. Não está acostumada com as pessoas a procurarem de volta, nem mesmo com que notem sua existência. Às vezes, acredita que, se desaparecesse de vez, ninguém perceberia.

Ela sente tranquilidade ao olhar para a fileira de funcionários do supermercado, todos vestindo macacões de algodão folgados. Gosta do modo como todo mundo parece igual, só com cabelos diferentes. Ficar sentada atrás do caixa lhe proporciona o anonimato e a chance de esconder seu corpo, um corpo que diante do espelho se transforma, se expande e fica inchado. "Os espelhos são traidores", dirá ela em nosso primeiro encontro. "Eles mentem o tempo todo. Não confio neles nem um pouco."

O ritual de escanear produtos de supermercado é algo no qual Ruth confia e aprecia. Há uma certeza nele — um esmero repetitivo, de começo, meio e fim. Às vezes, ela conversa com os consumidores sobre o clima, ou sobre um determinado produto que nunca viu antes, ou mesmo sobre as diferentes datas comemorativas que levam as pessoas a fazer compras específicas, especiais. Os clientes não costumam olhar para ela, não de verdade. Afinal, é "uma mulher de meia-idade que não foi abençoada com beleza ou charme estonteantes", afirmará, acanhada, em uma de nossas sessões. Eles estão ocupados demais passando os produtos das cestas à esteira para que sejam escaneados, um olhar desamparado sobre ela. "Eu gosto assim", dirá ela, dando de ombros.

Às vezes, e logo vou descobrir isso, Ruth sente inveja dos clientes que lotam cestas e carrinhos com produtos caros: alimentos, itens de higiene pessoal e vinho — o preço exposto na frente deles luxuosamente ignorado. Ela os observa adicionando dois, três e por vezes até mais do mesmo item, que ela só "conseguiria pagar uma vez por mês, no máximo". Gostaria de ter a liberdade deles e não precisar visitar a geladeira de produtos com desconto no fim do dia, a vergonha pingando da ponta dos dedos enquanto vasculha alimentos que ninguém quis.

Muitas vezes, quando ainda não comeu, ela tem a fome atiçada pelos deliciosos doces sobre a esteira rolante de borracha do caixa. Ruth escaneia esses produtos rapidamente e tenta ignorá-los enquanto eles deslizam delicados em direção à área de empacotamento. Fazer isso com o estômago vazio, afirma, é um sinal de respeito e recordação de suas dificuldades. "Se eu encher a barriga, vou engordar e esquecer como estou com raiva", explicará. Fico bastante triste e comovida com essa percepção que ela tem.

Durante o intervalo do almoço, Ruth checa o celular e lê minha mensagem. Depois de algum tempo, conecta-se com uma série de emoções: alívio, medo e descrença de que alguém que ela não conhece realmente se preocupou em responder à sua mensagem. Ela enfia a mão no bolso do macacão de algodão e tira uma barrinha de chocolate, grossa e escura, rasga a embalagem barulhenta e enfia o doce na boca com violência. Menos de um minuto se passa até aquele monte marrom cheio de açúcar ser regurgitado no vaso sanitário. Depois de "tirar esse peso" do estômago, ela pega o telefone, enquanto uma voz em sua cabeça insiste em apontar como ela é fraca, ao passo que outra aceita que precisa de ajuda. *Oi, Maxine*, escreve, *obrigada pela sua mensagem, vejo você na próxima sexta-feira às 7h30. Bjs, Ruth.* E então outra mensagem chega logo em seguida: *Obs.: Desculpe, escrevi beijos em minha última mensagem. Provavelmente não deveria fazer isso. Ruth.*

*cⷮⷬ*

Sete e meia da manhã.

Ela chega — uma mulher pequena e mirrada de quarenta e poucos anos, com uma mochila volumosa nas costas, os grandes olhos castanhos voltados para o chão. Sugiro que se livre daquele trambolho que está carregando, por imaginar que deve estar bem pesado, e peço que se sente. É quase como se eu visse a mochila antes de vê-la, mas talvez seja essa a intenção. Ela não tira a mochila como imaginei que faria, e percebo meu desconforto e minha irritação. *Por que ela agiria assim?*, penso comigo mesma. *Andar por aí e ficar sentada com tanto peso desnecessário?* Essa pergunta, logo vou descobrir, é essencial para o trabalho que temos pela frente, mas nessa hora fico impressionada com a postura constrangida de Ruth enquanto ela posiciona o corpo na beira da poltrona.

— Obrigada por encontrar tempo para me atender — diz.

Noto os pés dela, virados para dentro. As roupas, grandes e sem graça, como se fossem usadas com o intuito de disfarçá-la ou talvez escondê-la do mundo. Ela logo pega de dentro da mochila sua bolsa — bege e pequena, com fecho dourado —, segurando-a firme com as duas mãos.

— Eu pago agora? — pergunta. — Só fiz terapia antes no serviço público de saúde e foi de graça. Durou dez semanas.

— Pode ser como for mais confortável para você — respondo, e explico que trabalho com uma escala variável e ajusto meus honorários de acordo com ela. Nós combinamos um valor.

— Tudo bem, obrigada.

Ela sorri, permitindo que seu corpo tímido se liberte da mochila pesada antes de se recostar aliviada na poltrona.

— Estou interessada em saber mais sobre por que deseja voltar a fazer terapia — comento.

Ela descansa a bolsa no colo.

— Preciso de ajuda.

Ruth também conta que deseja melhorar, se sentir melhor a respeito de si mesma e do próprio corpo, porque ela conheceu um homem "de quem gosto muito e acho até que o amo, e não quero estragar tudo, nem agora nem nunca. Nos conhecemos há mais ou menos um ano no pub que costumo ir. O nome dele é Aaron".

— E você menciona a possibilidade de ser amor.

Ela assente.

— Sim — diz, olhando para a mochila. — Mas, como falei, tenho medo de fazer algo que vá...

Ela olha para mim.

— Estragar tudo? — arrisco, deixando explícito para ela que estou ouvindo.

— É.

— Como assim?

Ela suspira.

— Eu tenho tantos problemas que nem sei por onde começar.

Ruth acredita que ser magra vai resolver tudo: sua capacidade de ser querida, ser amada e se enturmar. Além daquela sua impressão sobre os espelhos, acredita também que as mídias sociais alimentam a depressão. Então por que agora, quando conseguiu alcançar seu peso ideal, "me sinto mais infeliz que nunca?". Ela conta que a insegurança a "faz perder o controle", que "surta" se Aaron não atende suas ligações.

— Parece que estou piorando — desabafa em meio ao choro. — Eu só quero ser normal.

Eu observo a idade que Ruth demonstra e sente ter — quarenta e poucos anos —, que em minha mente não combinam com a mulher sentada diante de mim. Noto mais uma vez suas roupas, desgrenhadas e grandes demais para seu corpo esguio. Uma combinação de jeans largos, tênis e um moletom *tie-dye*, algo que talvez uma adolescente vestisse.

— Qual é a sua visão do que é normal? — pergunto.

— Alguém que não surte quando o namorado faz uma nova amizade ou deixa de ligar de volta na mesma hora. Alguém que possa ser ela mesma.

Ruth fala sobre a máscara que usa no trabalho, diferente da que usa quando está com Aaron. Para a irmã, há outra máscara, e mais outra para quando fica on-line no escuro e conversa com desconhecidos que possuem fetiches estranhos.

— E aqui? — pergunto. — Ou talvez seja cedo demais para saber?

— Talvez... — reconhece ela, os olhos semicerrados e fixos. — Ainda estou avaliando você.

Paro um momento para me lembrar da mulher hesitante que deixou um recado na minha secretária eletrônica na semana passada, da mensagem de texto pedindo desculpas e da figura tímida que chegou ainda pouco. No entanto, a mulher sentada à minha frente é forte, consigo ver.

— Estou interessada no fato de você estar me avaliando — comento. — Isso faz você se sentir segura?

— Imagino que sim.

— Do que você acha que está se protegendo?

Ela dá de ombros.

— Não sei, só não confio nas pessoas com muita facilidade.

— Confiança leva tempo.

Nisso, concordamos.

— Não é fácil pata eu fazer amigos — confessa. — Já fui enganada algumas vezes. E tenho problemas com comida. Então, como você pode imaginar, costumo manter tudo em segredo. Também acho que Aaron vai me deixar. Eu não durmo bem. A única pessoa da minha família ainda viva é Eve, minha irmã caçula, e não nos damos bem. Muitas vezes me sinto paranoica, e meu vizinho é um babaca.

A lista é impressionante, bem interessante. Também fico fascinada com a sua sinceridade, o desejo objetivo em buscar terapia e o modo como ela expressou as próprias dificuldades e mencionou seus segredos, apesar de não confiar nos outros.

Ela olha ao redor da sala.

— Mas acho que meu maior desejo é falar sobre minha alimentação.

Uma pausa.

— Nunca fui a médicos nem fui diagnosticada com um distúrbio alimentar. Mas sempre tive problemas com comida.

— Pode falar um pouco mais sobre isso?

— Normalmente é tudo ou nada.

— Você come e depois vomita?

Ela assente.

— E às vezes eu não como nada.

— Há quanto tempo isso vem acontecendo?

— Muito tempo.

— Desde a infância?

— Desde a adolescência — corrige. — Então, incluindo alguns intervalos, eu diria que acontece há... talvez uns trinta e poucos anos.

A primeira vez que Ruth forçou o vômito foi em seu aniversário de 13 anos, na primavera de 1986. Ela conhecia bem o conforto proporcionado pelos doces, os sabores prolongados na boca enquanto devorava balas, sorvetes e bolos, e seu corpo, "começava a ficar mais cheio, a crescer. Eu não gostava daquilo". Sua mãe perguntou qual bolo ela queria de aniversário.

— De chocolate! — respondeu, animada. — Com chocolate granulado e cobertura de chocolate!

A mãe a beijou na cabeça.

— Vai ser de chocolate, então — disse, sorrindo.

Nos dias ruins, Ruth cogita a ideia de que a mãe tentava engordá-la para que, assim, ela se tornasse menos desejável. Porém, nos dias mais leves, quando a mente inquieta está tranquila, lenta e estável, ela permite que esse pensamento venha mais na forma de questionamento do que de afirmação. Há momentos em que ela se pergunta se em algum momento a mãe chegou a perceber os olhares e as encaradas assustadoras de Nick. Será que sabia e escolheu ignorar aqueles olhares maliciosos e inadequados, as ameaças constantes e a perversidade? *Como a necessidade que ela sentia por ele podia ser mais importante que minha segurança e sanidade? Por que ela não me protegeu? Será que ela sequer se importava?*, indaga Ruth, e tantas imagens indesejadas surgem: uma colher de chá mergulhada em água fervente e pressionada contra sua pele; invenções secretas e grotescas de rituais e torturas pela manhã; uma barra de sabonete enfiada em sua boca; mãos a puxando pela cintura, a ameaça constante de uma possível violência sexual, que felizmente nunca foi concretizada; a mão voando com força do corrimão da escada até os tornozelos dela; a mão dela sendo segurada sobre a mesa da cozinha enquanto ele pegava uma faca e a espetava rápido e com força entre os dedos pequenos e trêmulos.

*Respire*, sussurro internamente.

No dia do próprio aniversário, Ruth se perguntou se Nick fazia essas coisas por ela não ser filha dele — um lembrete constante do homem anterior, o pai dela. Nick o conhecia. Ela temia que o ódio dele "piorasse porque ele poderia pensar que fazer 13 anos significava que eu havia chegado à adolescência" e, portanto, estava preparada e era "mulher o suficiente" para suportar tanto rancor e crueldade. Ruth não via saída. O pai tinha ido embora havia muito tempo e se casado de novo. Outra esposa, outra família, outra vida em algum lugar no norte da Inglaterra, a quilômetros de distância. Nick gostava de lembrá-la: "Você está sozinha, seu pai foi embora, deixou você e sua mãe para formar outra família. Sua mãe me ama. Experimente mexer comigo ou dizer qualquer coisa para ela, e eu..."

O padrasto nunca terminava aquela frase.

— Nem uma vez, nem nunca. E por algum motivo — conta Ruth — aquilo era mais assustador do que saber o que ele de fato faria comigo. Eu imaginava todo tipo de coisa. Será que minha mãe não via como ele era cruel, me controlava e me atormentava? Será que não o percebia nesse nível a ponto de não notar as atitudes horríveis e sádicas dele?

Ao fazer essas perguntas, Ruth tenta compreender seu passado e sofrimento. Elas indicam que ela não esqueceu o que aconteceu.

— Não consigo evitar. Ele cometeu essas crueldades porque me odiava? Ou apenas porque podia? — diz, ainda se questionando. Qual tinha sido a história da infância dele, de quando era menino? Ruth também quis saber. — Será que alguma vez ele sentiu remorso pelo que fez? Culpa? Vergonha? Desprezo pelo homem que era?

Ruth sabe que nunca terá respostas para essas perguntas — *nem agora nem nunca*. Sua mãe e Nick já morreram há muito tempo. Ela o imagina no inferno, ou no limbo, caso algum dia ele tenha reconhecido sua responsabilidade depois de ter causado a própria destruição. E, ao receber a notícia da rápida morte dele, Ruth, com então 17 anos, quis ter certeza de que era verdade, mas também sentiu raiva por ele não ter falado "Sinto muito pelo que fiz, Ruthie. Sinto muito mesmo. Você pode me perdoar?".

— Será que ele teria pensado no que fez se tivesse sofrido uma morte lenta? E, se tivesse tido câncer, insuficiência renal ou doença de Parkinson, será que teria pedido desculpas quando eu estivesse sentada junto à cama dele esperando por sua morte?

Depois da primeira sessão de Ruth, faço algumas anotações e reflito. Percebo a angústia em meu coração e fecho os olhos. Minha respiração absorve a extensão das dificuldades dela. Mas a frase "acho que desejo mesmo é falar sobre minha alimentação" que, suspeito, será o nosso ponto de partida, um voto de confiança e de compromisso, um dos muitos sintomas causados pelos hediondos atos de crueldade e violência que ela passou nas mãos do padrasto já morto.

Sinto um desejo profundo de apoiar aquela mulher. Percebo minha contratransferência. No meu estômago, há uma fome e uma agitação violenta, a consciência do trauma de infância de Ruth e do impacto que ainda causa em sua vida. Escrevo as palavras *regulação, contenção, consistência, cuidado*, acrescentando *Do que mais Ruth precisa?*. Suspeito que a raiva e o sofrimento que ela vem direcionando contra si mesma precisam se voltar para a fonte de seu sofrimento: Nick.

Reconheço, também, que é crucial construir uma base segura para que Ruth possa refletir e pensar com discernimento sobre a crueldade que lhe foi infligida. O fato de que ela foi uma vítima e sobreviveu precisa ser nomeado, sentido e percebido. Precisa ser materializado. *Precisa ser controlado e depois libertado*, digo para mim mesma. E isso, com certeza, vai demandar tempo.

Durante seis meses, Ruth e eu imaginamos como seria um pedido de desculpas do homem que infligiu nela tanta dor, medo e sofrimento, e ela escreve uma carta para seu eu mais jovem com a esperança de afastar o poder que ele continua exercendo sobre ela.

— Li alguns livros e artigos de revistas sobre pessoas que fizeram isso — comenta Ruth. — Como conversam com sua criança interior e cuidam dela. Me pareceu uma boa ideia.

Ela segura a carta com o punho fechado.

— Queria que minha mãe estivesse aqui para ler — diz, e pergunta se pode lê-la em voz alta, esperando que de alguma forma, no éter, a mãe ouça as palavras dela, sua verdade.

Alguns anos após a morte de Nick, Ruth quis falar com a mãe sobre a crueldade do padrasto. Ela até comprou e escreveu um diário depois que ele morreu e o deixou em cima da mesa de cabeceira, esperando que um dia a mãe ficasse curiosa o suficiente para bisbilhotar.

— Como pode uma mãe não querer ler o diário da filha? — questiona Ruth. — Como?

— Talvez ela estivesse respeitando sua privacidade.

— Por favor... Soa mais como se ela não se interessasse. Depois de ver e saber algo, você não pode voltar atrás, certo?

— Certo. Você mencionou que sua mãe morreu dez anos depois de Nick?

— Sim, de câncer. Ela tinha apenas 56 anos.

— Você nunca conversou com ela sobre Nick, sobre como ele atormentou você?

— Não, não de verdade. Depois que ele morreu, ela não conseguia mais ver defeitos nele. Eve e eu o chamávamos de São Nick. Se alguma vez tentássemos falar sobre como ele era horrível, ela mudava de assunto e dizia como tínhamos sorte por ele ter ficado conosco, e afirmava que era mais do que meu pai havia feito.

— Deve ser doloroso não ter tido a oportunidade de falar sobre como Nick era cruel. É por isso que você quer ler em voz alta o que ele fez, com a esperança de que sua mãe de alguma forma ouça?

— Sim. Eu não queria destruir a ilusão dela, o que ela acreditava ser amor. Quase nunca passávamos um tempo só nós duas. Nick, Eve ou as amigas dela estavam sempre por perto e, mais tarde, quando ele morreu, minha mãe desmoronou. Alguns anos depois, ela foi diagnosticada com câncer e me pareceu crueldade e egoísmo demais contar o que tinha acontecido. Parecia que nunca era o momento certo para conversar com ela.

Silêncio.

— Eu gostaria de ler minha carta agora. Você não precisa falar nada, apenas ouça, por favor.

Com cerca de oito meses de terapia, Ruth me fala de uma lembrança que precisa compartilhar.

— Você pode ouvir? Tem relação com a carta que escrevi para o meu eu mais jovem.

Sinto o forte desejo dela de ser ouvida, compreendida. A força e a transformação de sua cura repletas de arbítrio, o silêncio dando lugar a linguagem e ação; suas lembranças e respostas presentes.

Primavera, 1986.

A mãe segura um bolo de chocolate que brilha com 13 velas palito, um halo de luz quente e laranja ao redor.

Nick está encostado na porta da cozinha, observando, à espera. De repente, a irmã de Ruth, Eve, com 3 anos, surge em seu andador de madeira, acerta a perna dele e ri.

— Macaquinha — exclama ele enquanto a pega no colo e faz cócegas na barriga da menina.

Eve se agita e seu corpinho se contorce, feliz por ser pega no colo, por ser abraçada.

— Parabéns pra você, nesta data querida... — começam a cantar. A mãe dela caminha até a mesa da cozinha e põe o bolo na mesa. — Muitas felicidades, muitos anos de vida!

Palmas e mais palmas. Ruth se inclina para assoprar as velas. Porém, Nick vem correndo, as assopra e ri.

— Nick! — grita a mãe.

— Não tenho culpa, foi ela! — E ri novamente, apontando para Eve.

A comemoração está arruinada. Ruth começa a chorar.

— Ah, querida, tudo bem, vou acender de novo — diz a mãe, atrapalhada, procurando os fósforos.

— Não precisa — retruca Ruth.

— Ei! — Nick aponta com o dedo da mão livre. — Não fale assim com sua mãe.

Ele larga Eve na mesa da cozinha. Fascinada com a fumaça escapando do pavio das velas como um gênio da lâmpada, a pequena pega um pedaço do bolo e enfia na boca.

— Eve, não faça isso — implora a mãe, tentando ao máximo consertar e disfarçar a carnificina de chocolate que Eve acabou de causar. — Nick, por que assoprou as velas? E onde estão os fósforos?

— Não sei — responde ele. — Onde você os colocou?

— Bem aqui. Não podem ter desaparecido...

Ruth sabe exatamente onde eles estão. No bolso da calça do padrasto. Ela enxuga as lágrimas e se imagina forçando a faca de cortar bolo contra o corpo dele. Ela já viu isso acontecer nos filmes de terror que Nick assiste à noite com meia dúzia de Carlsberg e um pacote de salgadinhos.

— Bem, é melhor eu ir para o trabalho ou vou me atrasar — anuncia Nick, encarando Ruth. — Darei seu presente mais tarde, Ruthie. Divirta-se!

A imagem da faca de repente é ofuscada por um sentimento de terror. Nick põe o chapéu.

— Te vejo depois — diz.

— Não se eu vir você antes — responde a mãe, aborrecida e balançando a cabeça. — Não se preocupe, meu amor. Aqui, me dê a faca — diz, tirando Eve da mesa. — Vou fazer uma xícara de chá para nós, e, veja, é o seu bolo favorito, de chocolate.

Ruth vai até a sala, abre as cortinas para verificar se Nick está indo embora e, por um breve momento, fica aliviada quando o carro de polícia dele se afasta. Por um breve momento, a dor em sua barriga diminui. Porém, ela lembra que naquele dia está completando 13 anos — "darei seu presente mais tarde, Ruthie" —, e o terror reaparece, fazendo seu estômago revirar e ter cãibras. Ela volta para a cozinha e corta um pedaço enorme do bolo, dá grandes mordidas e, enquanto mastiga, sente o efeito calmante e apaziguador do chocolate, doce e delicioso, um alívio para o estômago dominado pelo medo.

— Ei, vá com calma — diz sua mãe, vendo a ferocidade com que Ruth devora o doce —, ninguém vai tirar o bolo de você.

*No entanto, alguém já tirou, pensa Ruth. Ele. Nick tirou de mim nosso lar feliz, minha mãe, e agora a filha dele pensa que pode destruir meu bolo de aniversário. Eu o odeio, odeio morar aqui, odeio sentir medo o tempo todo, odeio que você tenha se casado com ele e tenha outra filha — com ele. Eu odeio isso, odeio, odeio.* Esse foi o primeiro dia em que Ruth forçou o vômito.

— Parte de mim sabia que isso ia acontecer.

Ruth aumenta o volume. Uma explosão rápida de Queen antes de aplicar nas pálpebras uma sombra turquesa e nos cílios um pouco de rímel. Antes de passar gloss nos lábios, toma um grande gole de vinho, e depois mais um. Prende os cabelos em um rabo de cavalo alto, as pontinhas pendem até quase sua cintura. Ela se inclina na direção do espelho pensando que as raízes precisam de um pouco de hidratação e faz beicinho. No mês anterior, Ruth comprou um kit de tintura, mas a cor não chegou nem perto da foto mostrada na caixa. Por isso, Ruth usava o cabelo preso em um coque, esperando que ninguém notasse o *erro* que ela havia cometido.

— Me senti exposta — conta, dessa vez sem esconder o rosto com as madeixas, mostrando-o para o mundo. — Sei que parece estranho, mas me senti uma presa fácil. Só continuei olhando para o nada ou para o chão, evitando qualquer contato visual.

Outro gole de vinho. Ruth percebe que mais uma de suas plantas está murchando. As folhas da falsa-seringueira estão ficando enrugadas, tristes, adotando um tom amarronzado. Ela tende a matar a maioria das plantas por regá-las demais ou por se esquecer de sua existência. Aconteceu a mesma coisa na adolescência quando ganhou um saco de peixes-dourados no parque de diversões, que depois morreram porque ou ela os alimentava demais, ou os ignorava por completo. Esses extremos em seu comportamento, esse tudo ou nada, também aconteciam no trabalho, nas amizades e nos relacionamentos amorosos. Havia uma compulsão pelo binário de devorar e em seguida expurgar tudo em seu modo de trabalhar, se dedicando de maneira integral e depois se ressentindo devido ao esgotamento, até que acabava por desistir. Tinha sido assim com suas amizades. Ruth transformava as pessoas em suas melhores amigas quase de imediato e ficava chocada e decepcionada ao ser descrita como "intensa e controladora" quando ela tentava preencher a própria agenda de compromissos e a das amigas, antes que elas por fim se distanciassem e não mantivessem mais contato.

— Eu só queria que a gente se divertisse, mas acho que eu fazia isso porque era solitária. Quando organizava insanamente nossas saídas à noite, isso me impedia de me sentir sozinha e achar que não era digna de ser amada — comenta em um dos nossos encontros.

Os namorados também ficavam com ela por pouco tempo. Só até as "acrobacias na cama começarem a esfriar", dando vez a algo pelo qual Ruth ansiava, que era uma relação com mais amor e conexão. Entretanto, ela era acusada de "ser frígida", de "perder o interesse", de "fingir" e de "não se esforçar". Ruth lidou com esses abandonos cruéis se valendo de seu apego pela ordem: o hábito de contar coisas, objetos, para acalmar a angústia e a decepção. Enquanto estava imersa em sua contagem, conseguia recuperar um tipo de controle atarático que não tinha no trabalho, com os amigos e os namorados. Evitava os números ímpares, sobretudo os de um dígito — "era a minha única forma de conseguir lidar com isso". Se sobrasse apenas uma lata de feijão no armário da cozinha, ela corria para o supermercado e comprava mais uma ou três. A cozinha, por muitos anos, foi um dilema. Verificar várias vezes ao dia se o fogão ou o forno estava aceso era uma fonte de exaustão — sua preocupação e as negociações só eram amenizadas ao falar em voz alta: "O fogão está desligado, o forno está desligado, são 11 horas da manhã." Em seguida, ela tirava várias fotos com o celular para que, ao sair do apartamento, conseguisse se acalmar com as imagens, sabendo que a casa estava segura. Isso continuou acontecendo por muitos anos, os sintomas causando uma compulsão obsessiva que a mantinha confinada e frustrada, mas ao mesmo tempo tranquilizada. O dilema, refletiu Ruth, "é semelhante ao que sinto pela minha irmã, Eve. É complicado porque eu a amo, mas ela também é filha de um homem que me machucou".

Ruth verifica o relógio. *Aaron está para chegar a qualquer minuto*, pensa, e borrifa perfume no pescoço — o favorito dele. Ela torce para ele estar tão empolgado quanto ela e sente uma onda de orgulho por terem completado um ano juntos, *mesmo com toda a minha bagagem*. Duas semanas antes, Ruth reservou uma mesa no restaurante italiano que eles frequentam, *Ciao, Ciao*, pois sabe como ele fica cheio nos fins de semana, com um pianista que "toca um absurdo e faz serenatas para qualquer um que queira" e atrai um cortejo de moradores do bairro, bem como gente de outras partes da cidade. Aaron ama o *tiramisu*. E o *spaghetti alle vongole*, o *vitello al limone*, o *gnocchi* e a *scaloppa alla villanese*. Ela observa maravilhada a capacidade dele de ser espontâneo, a simplicidade com que consegue escolher o prato que lhe dá vontade, um que vá alimentar seu estado de espírito ou sua fome. Ruth sempre escolhe o *spaghetti alla carbonara*. Ela se privara a semana toda para que pudesse pedir o espaguete *cremoso com sabor de ovo, bacon e queijo* que ela degusta e demora a mastigar. Cada garfada é como se fadas percorressem a língua dela na ponta dos pés, e, recusando o pudim, Ruth não terá que vomitá-lo. Ela realmente não quer fazer aquilo, é uma comemoração, afinal de contas. "Por que não experimenta outra coisa, algo diferente?", perguntará Aaron, sorrindo. E Ruth responderá como sempre faz: "Mas eu gosto tanto de carbonara..." Ela suspeita que em breve ele vai parar de perguntar. Todos os outros namorados pararam.

Eles chegam ao restaurante e Aaron pega na cintura dela quando eles entram.

— Ruth! Aaron! — entoa o garçom, e Ruth sente uma onda imediata de conforto percorrer seu corpo pela recepção simpática e familiar.

Ela também gosta de ele ter dito o nome dela primeiro, e não o de Aaron, mas logo afasta sua tendência a ser competitiva, sobretudo por estarem comemorando.

Eles são levados até a mesa reservada.

— Soube que hoje é um dia especial — comenta o garçom.

Aaron sorri.

— É nosso aniversário de um ano.

Ruth sente um sorriso dançar em seus lábios.

Aaron pede *scaloppa alla villanese*.

— Eu gostaria de pedir o *spaghetti alla carbonara* — diz Ruth, feliz, quase flutuando de alegria.

Eles bebem vinho tinto, conversam, tocam as mãos um do outro e relembram quando se conheceram no pub e como Aaron ficou "de olho em você a noite toda". Ele ri, enfiando uma das mãos embaixo da mesa para acariciar a parte macia da perna de Ruth, e pisca.

— E hoje, está de olho mais uma vez? — pergunta ela flertando de volta.

Quando os pratos ficam vazios, Aaron pede licença e vai ao banheiro. Ruth nota que ele está demorando demais, mas se distrai observando as outras pessoas nas mesas e sorri para algumas delas. Ela pede mais vinho.

— Desculpe — diz Aaron —, encontrei uma amiga.

— Que amiga?

— Uma conhecida, Cassie. Ela está ali com o namorado e a família.

Ruth já não gosta de Cassie. Não tem motivos para isso, mas seus olhos castanhos ficaram tomados por ciúme. A inveja vem descendo e serpenteia sobre seus ombros.

— Vamos pedir sobremesa? — sugere Aaron.

— Eu já estou satisfeita, mas fique à vontade.

Aaron olha o cardápio outra vez, mas, enquanto procura o garçom para fazer o pedido, Cassie aparece diante deles.

— Ah, oi — diz ele. — Ruth, esta é Cassie.

— Oi, é um prazer conhecer você — cumprimenta Cassie. *A intenção dela*, pondera Ruth, *é me desarmar com seu brilho.* — Estamos naquela mesa ali. Pensei em vir para dar um oi.

*E já deu, agora pode ir embora!*

— Olá — diz Ruth, sorrindo e observando a beleza de Cassie, seu corpo perfeito, os cabelos loiros e os dentes pequenos.

— Nós adoramos vir aqui, e vocês? — pergunta Cassie, animada. — É nosso restaurante preferido. — E mexe o cabelo. — Estamos esperando o pianista chegar. Hoje é o aniversário de casamento dos meus pais.

— Ah, também é o nosso aniversário — diz Ruth, fazendo uma nota mental de achar um restaurante diferente para ir no futuro.

— Feliz aniversário — parabeniza Cassie, sorrindo. — Posso pagar uma bebida para vocês, para celebrar?

— Não precisa, mas obrigada — responde Ruth.

— Então está bom. Bem... — Ela sorri de novo, dessa vez um sorriso mais largo, com mais dentes. — É um prazer encontrar vocês. A gente se vê, Aaron.

Aaron sorri.

Silêncio.

— É sério? Uma amiga? — pergunta Ruth, os olhos fixos na taça de vinho.

— Nós namoramos uma época, mas não por muito tempo.

— Então por que você disse que era uma amiga?

— Eu não queria te aborrecer. É nosso aniversário de namoro.

Ela desvia o olhar para longe dele.

— Ruthie, para com isso...

— Não me chame de Ruthie.

— Ruth, para com isso...

*Mentiroso*, pensa ela, mas não fala, sentindo raiva por trás daquele silêncio e já prestes a explodir.

O garçom aparece.

— Sobremesa? — pergunta.

— Vou querer o *tiramisu* — responde Aaron.

— Eu também — rosna Ruth.

Mais tarde, ela faz o possível para superar o ciúme, mas qualquer tentativa de Aaron de amenizar a situação, confortá-la ou acalmá-la é repelida. Ruth quer brigar. Ela quer gritar. Enquanto procura as chaves de casa dentro da bolsa, uma voz em sua cabeça lhe diz para relaxar, que está tudo bem, para se acalmar. Contudo, a voz que quer gritar e brigar reaparece, repetindo as palavras: *Mentiroso! Por que ele mentiu? As pessoas só mentem quando têm algo a esconder.* Em seguida: *Mas quem pode culpá-lo por não contar que tinha encontrado uma ex-namorada no dia do nosso aniversário de namoro? Ele devia estar tentando ser cuidadoso, atencioso. Pare.* Ela quer que as vozes sumam. Sente vontade de chorar.

— Talvez eu devesse ir para casa — diz Aaron. — Não quero mais te chatear. Me desculpe por ter mentido. Achei que estava fazendo a coisa certa, mas cometi um erro. Não vai acontecer de novo.

Ruth não sabe se é o pedido de desculpas ou o medo de que ele vá embora que a acalma, mas por um momento a voz dentro dela que quer gritar e brigar desaparece.

Ela vira a chave de casa, respira fundo e abre a porta.

— Me desculpe também — diz, aliviada por não ter "estragado tudo de vez".

Aaron tira o casaco dela, a beija com ternura, e a noite dos dois recomeça, mais vinho, mais carícias, beijos, ainda que um pouco abafados pelo "meu ciúme e minha insegurança". À medida que a noite avança, porém, Ruth não consegue se livrar dos pensamentos intrusivos e acaba interrompendo as carícias de Aaron no sofá. Ela vai até o banheiro e força o vômito. Em sua cabeça, uma frase ressoa: *As pessoas só mentem quando têm algo a esconder*. Uma onda de irritação surge logo após o vômito, e Ruth se recorda do aniversário de 13 anos, e suspeita que isso acontece por causa da terapia. Ela está decepcionada por ter ficado tão paranoica, por ter vomitado, afinal, era para ser uma comemoração.

Apoiada na pia do banheiro, relembra como sentia um nó no estômago enquanto aguardava, inquieta, Nick voltar do trabalho, sem hora certa. Isso acrescentava ainda mais ansiedade ao fato de ela não saber quando e que crueldade ele praticaria como presente de aniversário. A lembrança a deixa ainda mais abalada. O fato de Nick ter sido policial, supostamente um representante da lei e defensor do povo, torna seus abomináveis atos de abuso ainda mais preocupantes. Deveríamos acreditar que a polícia vai nos proteger do perigo, mas, como Ruth me contou em uma das sessões:

— Ele usava sua posição e seu poder como policial para me aterrorizar.

— Como?

— Ele me ameaçava, dizia que ninguém acreditaria em mim. Que pensariam que eu era uma menina tola e estúpida, com ciúmes da relação dele com a minha mãe. Afirmava que todos acreditariam nele porque ele trabalhava na polícia.

— E sua mãe?

Ruth deu de ombros.

— Acho que ela se sentia segura, protegida graças ao suposto poder dele. Ela costumava falar de como ele trabalhava muito, como fazia o bem. Iludida. Mas toda a raiva dele era direcionada para mim, a filha do outro homem. Como tinha alguém em quem descontar, ele não precisava machucá-la.

Eu pensei nas muitas mulheres agredidas e assassinadas por homens que são ou foram membros da polícia. Sarah Everard, a mulher de 33 anos que foi morta enquanto caminhava para casa no sul de Londres, depois de deixar a casa de uma amiga. Lembro-me da raiva e da angústia que senti ao tomar conhecimento de cada um desses crimes. Tal como no caso de Nick, esses atos premeditados de crueldade e violência foram cometidos contra pessoas que sentiam medo demais para falar, ou que talvez até confiassem em seus agressores. Eu me atrevi a pensar em como, além de Ruth, as seguintes mulheres devem ter se sentido apavoradas: Claire Howarth, 31 (2009); Josephine Lamb, 58 (2009); Samantha Day, 38 (2011); Heather Cooper, 33 (2011); Janet Methven, 80 (2012); Natalie Esack, 33 (2012); Victoria Rose, 58 (2013); Emma Siswick, 37 (2014); Jill Goldsmith, 49 (2015); Leanne McKie, 39 (2017); Avis Addison, 88 (2017); Bernadette Green, 88 (2018); Alice Farquharson, 56 (2019); Luz Margory Isaza Villegas, 50 (2019); Claire Parry, 41 (2020); e Sarah Everard, 33 (2021). Elas devem ter se sentido sozinhas. Ruth sobreviveu, mas essas 16 mulheres, não. Elas foram assassinadas por ex-policiais ou policiais ainda em serviço. Na época da morte de Sarah, chorei, me senti enojada. Liguei para amigos e colegas. Ficamos chocados e tivemos dificuldade para aceitar o que Wayne Couzens e os outros policiais haviam feito, mas não ficamos surpresos pois esses foram apenas alguns dos muitos casos de assassinato, corrupção e abuso de poder cometidos por aqueles que prometeram nos proteger e nos servir.

— O que aconteceu, Ruthie? — perguntou a mãe, notando o nervosismo e a inquietação da menina naquele dia em que completava 13 anos. — Você comeu açúcar demais?

*Não, eu acabei de vomitar tudo. Estou com medo e odeio o homem que você ama. Ele me odeia e me machuca quando você não está olhando*, pensou sem dizer.

A punição não aconteceu no dia de seu aniversário como Ruth suspeitava. Veio muito depois, seis meses depois, na verdade, quando ela menos esperava e, por causa disso, foi pega desprevenida. Em vez de puni-la, Nick a presenteou com uma caneta dourada e um lindo diário com botões-de-ouro na lombada. *Talvez ele esteja se arrependendo de como tem me feito mal*, supôs Ruth. *Talvez tenha mudado, ou talvez mamãe tenha conversado com ele*. Ruth não sabia que posteriormente aquele presente seria usado contra ela, para fazer com que todos na família deixassem de confiar e de gostar dela. O diário era uma armadilha.

Três da manhã. Ruth acorda e uma visão de Cassie — confiante, bonita, radiante — surge em sua mente. Já bem desperta, ela pega o celular e tenta "investigar minha inimiga". Twitter, Facebook, Instagram: ela confere tudo em busca de provas da traição de Aaron. Convencida de que os dois se beijaram quando ele foi ao banheiro, Ruth sente o peito começar a subir e descer de forma acelerada. Sobre o que eles conversaram? Ele tinha saído da mesa havia muito tempo quando esbarrou nela "por acidente"? E ele não parecia nervoso quando Cassie veio dar um oi? Ou será que Ruth está imaginando isso? Ele não ficou estranhamente calado enquanto os dois comeram a sobremesa? Ou será que ela está imaginando isso? E o jeito como ele olhou para ela... *Ele nunca olha para mim daquele jeito.* Ou será que ela está imaginando isso? Ruth precisa fazer xixi.

Tonta e chateada, Ruth vai tateando o caminho até o banheiro e puxa a corrente que acende a luz. As lâmpadas do teto ofuscam seus olhos e fazem com que mal consiga abri-los. Ela se encara no espelho, levanta a camiseta e observa como sua barriga está maior e seus seios, menores. Em seguida, segura uma porção de uma de suas coxas, acreditando que ganhou um peso considerável nas últimas 24 horas. Quando se afasta de seu reflexo e chora, uma pontada repentina de solidão a envolve. *Volte para a cama*, diz a si mesma, puxando com um movimento rápido a corrente mais uma vez.

Ela volta para a cama e investiga Cassie no Instagram: 1.287 seguidores. A maioria das fotos são dela com os amigos, com a família e com o namorado, durante as férias e em passeios, restaurantes e bares. Um mês antes, ela tinha corrido uma maratona em prol de pesquisas sobre o câncer. E no mês anterior a esse, ajudou a arrecadar fundos para a escola primária do bairro.

— A boa moça perfeitinha — sussurra Ruth, e então verifica se Aaron ainda está dormindo.

Ela investiga um pouco mais: Cassie trabalha como gerente de eventos corporativos. Tem um cocker spaniel chamado Rufus. E nitidamente gosta de bolo. Ruth assiste sem parar a um *reel* dela, postado há poucas horas, comemorando o aniversário de casamento dos pais no *Ciao, Ciao*, o namorado sentado do lado dela. Em seguida, verifica se Aaron curtiu ou comentou o post. Não. E Ruth fica um pouco mais calma ao ver como Cassie e o namorado estão felizes juntos — as mãos dele nos ombros bronzeados dela, o beijo que dá em sua bochecha. *Fique calma*, diz uma voz em sua cabeça. A voz que quer gritar e brigar volta a dormir.

*ᴜᴜ*

— Não consigo evitar — diz ela chorando. — Eu viro uma louca paranoica.

Ruth explica que demorou um pouco para voltar a dormir.

— Estava presa na imagem dos dois juntos, mesmo sabendo que eu estava maluca. Mesmo quando dizia a mim mesma, sem parar, "ela tem namorado e Aaron me ama", eu estava convencida de que ele estava mentindo, tendo um caso ou só esperando uma oportunidade para me largar.

Fico curiosa com algumas expressões ditas por ela: "louca paranoica" e "maluca". Quero entender melhor não apenas como foi se sentir assim e se essas palavras foram usadas por hábito. Imagino que as palavras de Ruth tenham o potencial de rejeitar, humilhar e tolher a compreensão que ela tem de si mesma, mas também são janelas para sua opressão. Eu me pergunto há quanto tempo esses rótulos nada úteis existem na mente dela. Quando e onde ela os escutou e aprendeu a usá-los? Eles serviram para quê? Penso em algumas ocasiões em que ela contou ter sido chamada de louca e paranoica por um ex-namorado quando quis saber onde ele estava tarde da noite, depois de ter ligado, espontaneamente, para a casa dele. Dois meses depois, ela o pegou em uma mentira, e um mês depois, na cama com outra mulher. Quando Ruth, tomada pela raiva, exigiu que o tal ex-namorado admitisse e revelasse há quanto tempo tinha um caso, ele se virou para ela, a fúria de ambos se igualando, e gritou: "Cai fora, sua vaca maluca!"

— Tive sorte de escapar dessa — comentou Ruth.

— Teve mesmo.

Houve também a vez em que Ruth tentou contar à mãe que alguém tinha entrado em seu quarto, mexido em suas coisas e escondido alguns objetos. Um batom fora encontrado no fundo do cesto de roupa suja; brincos, embaixo do travesseiro; calcinhas, enfiadas atrás da cômoda.

— Devem ter caído ali — afirmou a mãe.

— Não, não caíram — insistiu Ruth. — Alguém entrou no meu quarto.

A mãe balançou a cabeça.

— Você está sendo boba e paranoica. Quem iria querer entrar no seu quarto, Ruthie?

— Foi Nick — diz Ruth em uma das sessões. — Ele estava tentando foder com minha cabeça. Deixar evidente, para não restar nenhuma dúvida, que ele podia entrar no meu quarto a qualquer momento.

Ruth enfia a mão na mochila, tira uma garrafa de água e toma um gole.

— Quero saber dessa sua experiência se sentindo uma louca paranoica, maluca. Mesmo que parte de você soubesse e ainda saiba que Aaron te ama, parece que a parte que você considera louca estava ocupando o centro do palco e sabotando o que você sabia ser verdade. Ela te convenceu de que ele está só esperando uma oportunidade para largar você ou arrumar uma amante.

— Foi exatamente assim que me senti. Como se eu estivesse virando uma maluca. Minha mente se descontrola por completo e, antes que eu perceba, já imaginei e visualizei todo tipo de sofrimento e catástrofe.

— Você se acha louca porque consegue imaginar como seria doloroso terminar com Aaron? É maluca por ter uma consciência acentuada? Não acho que isso signifique que você é louca. Na verdade, considero você muito sintonizada com seus sentimentos, seus medos.

— Não. Eu sou louca — rosna ela.

— Louca ou emocionalmente comprometida — arrisco de novo.

Ela não responde.

Percebo que perdemos a linha de raciocínio e faço uma anotação para explorar isso mais a fundo depois.

— Quero que a gente recrie a noite passada — sugiro, para não perder o ritmo.

— Tudo bem — concorda Ruth.

— Quando você estava deitada na cama e o rosto de Cassie surgiu na sua mente...

— Sim...

— Você pegou o celular na esperança de encontrar pistas que confirmassem o caso dos dois...

— Sim...

— Se você se imaginar parando e não pegando o telefone, como acha que teria se sentido?

Ruth faz uma pausa.

— Assustada — responde. — Com medo de que ela o roubasse de mim.

— Certo. Então vamos manter esses sentimentos mais um pouco. O que sente em seguida?

Ela fecha os olhos.

— Ainda assustada — afirma. — Acho que ele vai me abandonar porque Cassie é mais bonita, divertida e simpática. Tudo que eu não sou.

— Algo mais?

— Insegura. Com raiva por ele ter mentido. E com ciúmes de Cassie. Ela parecia tão leve, divertida e feliz. Blá-blá-blá...

— Certo. E como se sente agora?

— Chateada, com vontade de chorar.

Então, ela chora e ficamos em silêncio por um breve momento.

— Pronto, você estava se sentindo assustada, com medo, insegura, com raiva, com ciúmes e chateada. Você acabou de enumerar esses sentimentos. Pegar o telefone era uma forma de se distrair deles. É compreensível que quisesse evitá-los, mas é importante se dar a oportunidade de senti-los. Parte do nosso trabalho será reconhecer seus sentimentos e aprender como lidar com eles para que você possa fazer escolhas em relação à forma como deseja responder a determinadas situações, em vez de simplesmente reagir. Eles vão passar em algum momento, nenhum sentimento é definitivo.

— Mas é essa a questão. Eu sei que vou ficar louca e surtar, então acho que procuro distrações para evitar isso.

De novo aquela palavra: louca.

— E o que você vai fazer? — pergunto.

Ruth olha para mim e assente com a cabeça.

— Você tem medo de dizer?

Ela faz que sim.

Eu espero.

— Tenho medo de ser violenta. De quebrar alguma coisa. Destruir algo especial — responde ela, chorando.

— Então, em vez disso você usa a violência contra si mesma?

— Acho que sim. Parece mais seguro assim. Eu consigo controlá-la e não machuco ninguém. Consigo decidir o que e quanto comer, e depois posso decidir se vomito ou não. Talvez eu devesse terminar com Aaron antes que ele termine comigo. Pelo menos desse jeito eu consigo sair da relação com alguma autoestima. Ao contrário de quando eu era criança.

Fico impressionada com a potência da raiva internalizada de Ruth. A decisão dela de pedir a sobremesa — comida, um alívio fugaz — sabendo que poderia vomitar foi uma forma de perder o controle e depois recuperá-lo, como fazia na infância e na adolescência. Imagino que isso fosse uma reencenação de sua juventude, quando Ruth se sentia assustada e impotente e recorria à comida e aos hábitos de contagem para internalizar a raiva. Eu me pergunto qual forma sua violência poderia assumir se ela se permitisse vivenciar os sentimentos em sua completude. E como podemos canalizar e compreender essa raiva em vez de fazer alguma coisa a respeito dela. Se fosse capaz de expressar o medo e a raiva ao descobrir a mentira de Aaron, talvez não tivesse sentido a necessidade de forçar o vômito. Também percebo seu desejo de deixar o namorado antes que o contrário aconteça — um desejo de reivindicar seu arbítrio diante do medo de abandono, em uma tentativa de mobilizar seus sentimentos de impotência. Estou curiosa para explorar a profundidade dessa raiva, as reações de luta ou fuga que provavelmente estão relacionadas à violência que lhe foi imposta durante a adolescência.

— Então isso é uma tentativa de fazer algo diferente da sua infância, quando você não tinha como ir embora?

— Acho que sim. Louco, né?

— Não acho que seja louco. Está mais para um trauma do passado. Faça com os outros antes que façam com você, ou algo assim. Mas também existe a possibilidade de ser um lado sabotador dentro de você agindo.

— Faz sentido — rosna ela. — Foda-se ele.

— Aaron?

— Não, Nick. Foda-se Nick. Ele me fez ficar assim.

Aí está. Ruth se apropriando de sua ferida primordial. A fonte de sua dor. A flecha de sua raiva apontou, disparou e atingiu o alvo: a tentativa de Nick de destruir a alma dela.

— Sou louca e má por causa dele.

— Você não é má nem louca, Ruth. Fizeram coisas ruins com você. Coisas terríveis. E, por medo do que poderia fazer, em vez de sentir a dor e a raiva, você internalizou esse sofrimento, o que te faz se sentir muito assustada e sozinha. É compreensível.

Observo Ruth assimilando o que nós duas acabamos de falar. Ela limpa a garganta. Enxuga o rosto.

— Obrigada, ninguém nunca me disse as coisas dessa forma antes. Ninguém se deu o trabalho de entender.

— E quando você era mais nova? Alguém entendeu naquela época?

— Até certo ponto. Eu escrevia em um diário para tentar entender melhor as coisas, mas aí ele o pegou e tudo acabou. As pessoas, bem, principalmente minha mãe, pararam de tentar entender. Ela ficou do lado dele, e esse era o objetivo de Nick desde o começo.

Fico impressionada com a atitude premeditada de Nick. Ele comprou um diário para Ruth com o único intuito de posteriormente usá-lo como arma contra os amigos e a família dela. Sinto um intenso arrepio pelo corpo. Chego a estremecer. Tenho prática e conhecimento suficientes para saber que esse homem era um especialista em destruir os outros, a palavra "sádico" se formando e se alojando no fundo da minha garganta.

Ele esperou seis meses para reunir as evidências, dobrava as pontas das páginas para marcá-las, e leu em voz alta os pensamentos mais íntimos de Ruth. Palavras que falavam da "negligência e fraqueza" da mãe por "estar com um monstro daqueles", e de como ela desejava que Nick e Eve não existissem, mas deixou de fora a parte em que ela falava como sentia falta de um lar seguro e amoroso — de sua mãe e seu pai. Ele leu, com um falso nó na garganta, sobre como Ruth desejava que ele morresse. Como, no dia em que ele a deu uma caneta dourada e um lindo diário de presente, ela quis enfiar uma faca em seu peito por causa de uma brincadeira boba com as velas do bolo de aniversário dela. Avançando algumas páginas, ela escreveu sobre a vez em que ele prendeu a mão dela na mesa da cozinha e ficou enfiando uma faca com rapidez e força entre os dedos pequenos e trêmulos da menina.

— Mentira, tudo mentira! — gritou Nick.

Ele continuou lendo mais partes até que chegou à página na qual Ruth descrevia o dia em que ele tinha enfiado um sabonete em sua boca.

— Você inventou tudo. A gente precisa lidar com pessoas como você no meu trabalho. — Ele balançou o diário na frente do rosto de Ruth. E se virou para a mãe dela: — Acho que ela está se referindo à vez que falei para ela lavar o rosto porque tinha ido para a escola toda maquiada, lembra?

A mãe de Ruth olhou para o chão.

— Eu lembro — respondeu.

— Será que vamos precisar procurar um assistente social? — ameaçou Nick, o cinismo estampado em seu rosto. — Quer dizer, que tipo de pai eu seria se alguma coisa acontecesse com a coitadinha da Eve? E que tipo de marido eu seria se não demonstrasse preocupação com a segurança da minha esposa, e com a minha própria?

Nossa, ele era muito bom... Era esperto. E elas acreditaram em suas mentiras. Ruth só assistia, incrédula e chocada com a convicção do discurso do padrasto. Com aquela dedicação em acabar com ela. Como elas poderiam *não* acreditar nele? Ele era o pai, o marido — "o desgraçado que botava comida dentro de casa". Elas precisavam de Nick. Ele era um bom homem que havia assumido a filha de outro cara. Ruth era o motivo de haver infelicidade e perigo no lar deles. Ruth era quem sentia uma raiva homicida. Uma mentirosa. Ciumenta, amarga e mesquinha. Ela que havia trazido vergonha e aborrecimentos para uma família tranquila e amorosa. Ruth era uma louca. Ela era maluca.

Querida Ruth, você tinha apenas 13 anos.

— O que você tem a dizer em sua defesa? — exigiu Nick.

— Nada, não tenho nada a dizer — respondeu Ruth.

Sua mãe começou a chorar. Somente muitos anos depois da morte de Nick é que Ruth conseguiu explicar por que ela havia pensado tudo aquilo, escrito todas aquelas coisas. Foram muitos anos até que ela conseguisse falar a verdade sobre o diário, o episódio da faca de cozinha, o do sabonete... lembrando-se de quando ele roubou e manipulou as palavras dela. De quando ele tentou destruir sua alma.

Ruth procura em todos os cantos. Cadê? Ela ergue o colchão novamente.

— Sumiu — diz em voz alta. Ela verifica a estante, o guarda-roupa e o cesto de roupa suja, sabendo que não estaria lá. Mas o ato ajuda a acalmar seu coração frenético, acelerado como um cavalo de corrida premiado. Ela empurra os livros da escola para o lado, verifica a lixeira sob a escrivaninha. Novamente vai até a estante, o guarda-roupa e o cesto e depois checa o colchão. Ele tinha desaparecido.

O medo se apodera dela. Onde está? Quem pegou? Parte dela, no entanto, já sabe a resposta. Ela começa a sentir que está afundando. Conta os pôsteres em sua parede, os bichinhos de pelúcia alinhados sobre a cama, as pulseiras na penteadeira.

— Há 11 pulseiras na minha penteadeira — afirma.

Alguém pigarreia atrás dela.

Quando ela se vira, Nick está encostado no batente da porta aberta do quarto.

— Nossa, olha só — diz ele, balançando a cabeça, sorrindo e segurando o lindo diário com as florezinhas amarelas na lombada. — Procurando por isso aqui?

Ela continua afundando, está paralisada. Não consegue lutar nem fugir.

— Tem sete pôsteres na parede do meu quarto, tem nove bichinhos de pelúcia na minha cama — murmura ela.

Nick enfia o diário no bolso de trás e se vira depressa. Ele foi embora.

Ruth pega a caixa de lenços de papel e me encara.

— Me diga que já está quase na hora — pede ela. — Quero ir embora agora, estou muito cansada.

No caminho para o trabalho, Ruth compra um café extragrande e quatro barras de chocolate, e anda bem devagar até o ponto de ônibus. Ela engole o café, esperando que isso ajude a acordá-la. Ela não sabe como vai sobreviver ao restante do dia e decide enviar uma mensagem para Aaron: *A sessão de terapia foi muito difícil. Me ligue mais tarde, por favor. Bjs.*

Uma vez que a caixa de marimbondos foi aberta, Ruth se pergunta se vai conseguir fechá-la de novo. Os marimbondos estão sendo forçados a voltar para a caixa. Por que ela achou que isso ia ajudar, desenterrar todas aquelas lembranças, toda aquela dor? Todo mundo sabe que falar sobre abuso com um terapeuta faz a pessoa piorar antes de melhorar. No entanto, uma voz diz que ela está indo muito bem e que *Maxine parece ser uma mulher legal e prestativa*. Ruth termina seu café, joga o copo de poliestireno na lixeira já transbordando ao lado do ponto de ônibus e tira do bolso do casaco uma das barras de chocolate. Contudo, ela percebe que restarão três barras se ela abrir a que estava em sua mão, o que configuraria um número ímpar, e por isso decide abrir duas.

Chega uma mensagem de Aaron: *Oi, amor, sinto muito. Estou orgulhoso de você. Posso falar até as nove, se quiser conversar agora. Te amo. Bjs.*

Ela para um momento para sentir o amor de Aaron e encara as duas barras de chocolate que já começavam a derreter em sua mão. *Tenho uma escolha*, pensa e então relê a mensagem . Em seguida, joga as duas barras de chocolate no lixo. Ela lambe a mão e olha ao redor para checar se alguém a está observando, caso decida pegar as barras de volta, mas depois as empurra ainda mais para dentro da lixeira. Então, vem a ansiedade. Ruth entende que jogou fora sua dose necessária de chocolate.

— Nenhum sentimento é definitivo — sussurra para si mesma, e conta os carros que passam.

Quando chega ao número 22, fica aliviada por notar que a ansiedade diminuiu. Ela pega o celular e responde à mensagem de Aaron: *Obrigada. Eu também te amo. Bjs.*

Nick era um *monstro*. Um destruidor de almas diabólico, frio e cruel. Observe que não usei um ponto de interrogação no fim da frase. Devemos dar espaço para o homem com um coração sofrido, partido e vingativo, deveríamos nos preocupar — será que isso importa? Certamente não quando se trata da dor, da crueldade e do sofrimento que ele impôs à mente e ao corpo de Ruth. Temo, no entanto, que minha raiva esteja me dominando, então faço uma pausa e espero. *Mantenha a raiva*, digo a mim mesma. *Segure-a um pouco.*

Reflito mais uma vez sobre o que Ruth precisa trabalhar na terapia. É possível que o crescimento e a transformação sejam mobilizados por uma catástrofe, um desejo ou um medo atual — um acontecimento ou uma série deles que nos leva à crise, ou mesmo ao colapso. Será que Ruth está em crise? Será que está perto de um colapso? "Por que agora, que consegui alcançar meu peso ideal, me sinto mais infeliz que nunca?", indagou ela. Eu me pergunto se o desejo dela de chegar em um peso específico era uma distração para o trauma da infância. Um objetivo para ajudá-la a se afastar de lembranças dolorosas e uma forma de manter o controle em meio a uma dor que só consigo imaginar como era, e ainda é, intensa demais para ela aguentar. O fato de Ruth continuar insatisfeita talvez tenha causado ainda mais angústia, pois, em teoria, o controle da dieta e o hábito de contagem não davam mais conta da magnitude do que ela passou — "as drogas não estão funcionando".

É compreensível que pessoas acusadas de mentir sobre o próprio sofrimento, que foram espancadas, manipuladas, punidas, aterrorizadas por quem deveria cuidar delas — mas que, na verdade, se mostrou narcisista em vez de oferecer proteção — ou que são levadas a se sentir inúteis, "loucas" e "malucas", recorram a qualquer estratégia de enfrentamento necessária para sobreviver. Nick se empenhava diariamente em depreciar a autoestima de Ruth, em destruir a determinação e a capacidade de sobrevivência dela. Ele sabia que a menina era sensível e gentil e que não queria nada além de brincar com bichinhos de pelúcia fofinhos, colecionar borrachas diferentes e ouvir música pop. Talvez ele tenha notado esse traço vulnerável e inocente e odiado o modo como se sentia diante disso. Talvez odiasse o fato de que ela não era filha dele. Talvez fazer com que Ruth fosse "errada", "louca", "má" e "mentirosa", fosse uma tentativa de não se sentir sozinho com a própria personalidade diabólica, as próprias mentiras. A verdade era que Ruth acreditava ser alguém que nunca quis mentir. Contar mentiras não era algo que sequer passava por sua cabeça ou que fosse capaz de fazer. Depois de ouvir essa acusação várias vezes, no entanto, começou a se questionar se não seria de fato uma mentirosa, e a achar que talvez fosse de fato "má e perversa até a alma". O *gaslighting* feito por Nick abafou a verdade dentro dela. *Não é essa a história injusta de tantos pacientes que são sobreviventes?*, penso. *Não é essa a história de abuso de tantos relatos que ouço e testemunho no consultório?* As figuras de autoridade que inventam mentiras o fazem com um propósito em mente e é quase sempre uma motivação egoísta. Nick dedicou horas, meses, anos de seu tempo, de forma cruel e premeditada, para destruir a alma da enteada. E a realidade mais assustadora para mim é que, ao convencer a mãe, Eve e a própria Ruth de que ela estava "errada" e "louca", ele fez as três acreditarem que isso era verdade.

*ein*

Ruth quer falar sobre "vingança e sobre minha irmã, Eve". Faz oito meses que ela começou a terapia.

Ela me diz como é injusto que, já adulta, seja incapaz de encarar Nick e dizer exatamente o tipo de monstro que ele é, além de um ser humano abominável, e que não merece respeito ou compaixão.

— "Você roubou minha infância e a transformou num inferno" — deseja gritar para ele. — "Eu odeio que você ainda consiga fazer com que amar minha irmã seja algo tão doloroso para mim, odeio que tenha me afastado da minha mãe, odeio tudo em você e, se não estivesse morto, eu ia desejar que morresse."

A raiva de Ruth é poderosa. Fico sentada na poltrona escutando.

— "Quero meu corpo de volta, e curado. E quero que você saiba que, se existir vida após a morte e qualquer forma de justiça, você será privado de todo amor, cuidado ou respeito, assim como eu fui. Quero um pedido de desculpas de você, seu babaca desgraçado."

Ela desmorona.

Ficamos em silêncio, violado apenas pelos soluços momentâneos de Ruth, carregados de uma dor visceral e profunda.

Avalio quanto tempo devo deixá-la sentir essa dor, pois não quero atrapalhar suas emoções, mas ao mesmo tempo não quero que ela se sinta sozinha em seu sofrimento. Eu espero.

— Nenhum sentimento é definitivo — diz ela, por fim. — Certo?

— Certo. Um passo de cada vez.

— Eu queria muito que você me ajudasse com Eve — pede, enxugando o rosto úmido com as mãos.

Eu assinto.

— Como posso ajudar?

— Acho que grande parte da minha insegurança está ligada à nossa relação. Ainda sinto muito ciúme dela. Eu já sentia quando ela era bebê. Não era tão amorosa quanto deveria ser.

— O que Eve representava para você?

— Que eu sairia de cena. Que ela tiraria a minha mãe de mim. Eu me sentia muito solitária. Meu pai tinha ido embora. Minha mãe tinha um novo namorado e uma nova filha. Eu sentia como se não fizesse parte da família deles. Nick fez questão de garantir isso.

— Deve ter sido muito ruim lidar com tantas perdas e mudanças e muito difícil ser amorosa com a sua irmãzinha, que você acreditava deter tanto poder, especialmente quando o pai dela estava tão decidido a te excluir e deixar vocês duas uma contra a outra.

— Sim, era. Eu queria ser amorosa, queria mesmo.

～

Um pequeno subúrbio na periferia do sudeste de Londres, o sol de inverno se pondo no céu. Ruth agarrou seu casaco de esqui, sabendo que o irmãozinho ou irmãzinha estava a caminho. Era época de Natal e havia enfeites pregados e pendurados atrás das janelas fechadas, e também neve artificial espalhada pelas portas da garagem. Havia papais-noéis acesos, recortados ou balançando a cabeça nas casas da Brenfield Drive. A mãe de Ruth pegou sua bolsinha de viagem e ficou esperando o namorado novo esquentar o carro e empurrar o banco para trás.

— Traga meus cigarros, Ruthie — pediu a mãe, e a menina obedeceu. Em seguida, girou e ergueu o isqueiro como foi ensinada a fazer, antes de colocá-lo no bolso de trás da calça jeans.

Enquanto a mãe cambaleava, com uma expressão de dor estampada no rosto inchado, Ruth percebeu que logo deixaria de ser a única filha e pensou em aproveitar ao máximo aquele momento aninhando-se no corpo parado da mãe.

— Eu te amo, mãe — falou.

Ruth tinha 10 anos. Segurou uma das mãos da mãe com firmeza, de forma protetiva, e avançou com cuidado no trajeto coberto de gelo que se estendia escuro e escondido pelo frio intenso característico da estação. Cautelosa, Ruth a levou até o banco do carona do Ford Cortina deles e observou os vizinhos reunidos: crianças vestindo casacos de esqui como o dela, mães exaustas.

— Boa sorte — diziam.

Eve nasceu na manhã seguinte — *Christmas Eve* (véspera de Natal, em inglês) —, pesando 3,3kg e com um narizinho arrebitado. Seus cabelos eram compostos de cachos quase brancos de tão loiros, e os olhos eram turquesa como uma pedra preciosa polida. Ruth olhou para o berço, sorriu para a irmãzinha e acariciou a penugem cor de pêssego em sua bochecha.

— Ela é perfeita, né? — perguntou.

— Sim, é — disse Nick. — Só se afaste um pouco, Ruthie, você está perto demais. Agora só precisamos ter um menininho e a família vai ficar completa.

A mãe de Ruth lançou um olhar sério para ele, segurou seu colarinho e puxou para baixo com força.

— Vai sonhando, garanhão.

Os dois riram, mas Ruth não entendeu a piada. Os únicos garanhões que ela conhecia eram os cavalos que tinha visto na fazenda, então só ficou observando o olhar de sua progenitora, encantada, possuída e enfeitiçada pelo fascínio do amor.

— Ela é a bebezinha mais perfeita que já vi — disse a mãe, resplandecendo.

Ruth logo se tornou uma *mãezinha*, satisfazendo todos os caprichos de Eve. Aprendeu a trocar fralda com uma rapidez impressionante, assim como a aquecer a mamadeira, passar creme, embalar, acalmar e vestir a irmã como se fosse para um "concurso de beleza, uma princesa cor de pêssego com cachinhos quase brancos. Todos na rua também achavam que ela era perfeita. Todos queriam segurá-la, tocá-la, beijar seu rosto, não conseguiam se controlar".

Durante aquele primeiro ano, Ruth sentiu crescer dentro de si um medo que não reconhecia ou ao menos não sabia como intitular, mas, quando esse medo começou a aumentar, similar à força de um vulcão estrondoso, ela percebeu que não gostava do que aquele sentimento a levava a fazer: assumir uma expressão malvada — "meu rosto sem graça ficava ainda menos bonito" — e ter pensamentos ruins. Ruth começou a imaginar todo tipo de maldade que queria fazer com sua irmãzinha preciosa, perfeita e adorada.

— Certa vez, quando minha mãe confiou em mim para trocar a fralda de Eve, imaginei deixá-la com a fralda molhada por um dia inteiro, mas não consegui, embora parte de mim quisesse — confessa ela.

— Você é muito prestativa, pequena ajudante da mamãe — comentou a mãe. — Fique de olho nela enquanto eu seco o cabelo.

Ruth temia esses pedidos. Não confiava em si mesma, achava que poderia fazer "algo ruim, errado". Naquelas horas, ela embrulhava Eve e a aninhava entre as almofadas bege no sofá. Assim, a bebê não ia rolar ou cair.

— Eu não queria machucá-la, não queria mesmo — explica.

Ruth suspeita que Nick percebeu o que ela sentia, o que agora já sabemos se tratar de ciúmes. Ele incentivou esse sentimento "fazendo com que minha mãe e Eve ficassem cada vez mais próximas. E, quando eu tentava participar das brincadeiras de família feliz, me rejeitavam e diziam para parar de ter ciúme e ir brincar com meus brinquedos".

Pouco antes de a mãe voltar com o cabelo já seco, Ruth pegava Eve do sofá e, na mesma hora, voltava a transmitir a imagem perfeita da irmã mais velha orgulhosa, embalando a bebê, cantando e acariciando seus cachos.

— Que boazinha você, Ruthie — elogiava a mãe.

Em seu aniversário de 11 anos, Ruth ganhou uma boneca de plástico de pele clara e um carrinho de bebê de segunda mão.

— Agora a mamãezinha tem a própria bebê — disse a mãe, aplaudindo.

— Eu queria uma bicicleta — atreveu-se a dizer Ruth.

Nick deu um passo à frente.

— Sua ingrata...

— Bicicletas são caras. E, de qualquer maneira, você gosta mais de bebês — insistiu a mãe, enquanto apontava uma câmera descartável. — Sorria!

Ruth sorriu. Depois escondeu qualquer desejo de ter uma bicicleta e, em vez disso, colocou Eve no carrinho. Quando a mãe não estava olhando, ela dava à irmã "o melhor passeio de sua vida". Eve gostava quando a irmã mais velha a empurrava ladeira abaixo, Ruth dizia a si mesma. O carrinho sacodia com a freada brusca quando ela dava ré até o mercadinho, para encher o carrinho de batatas fritas, sorvetes, balas e biscoitos.

— Eu ia para casa, enchia a cara de comida e, só por um momento, esquecia que estava sumindo.

Ruth enfia a mão na mochila e retira uma foto dela e de Eve.

— Trouxe só para te mostrar — diz.

Olho para a fotografia, pensando em como, em meio a toda a sua dor, o fato de Ruth segurar Eve é incrivelmente terno. Ela me passa duas outras fotos, uma da irmã com cerca de 3 ou 4 anos e outra em que Ruth está, imagino, no fim da adolescência, na época do Halloween. Posso ver sua angústia em ambas as fotos, o rosto magro com olhos bem abertos e impregnados de dor.

— Consigo ver como você estava bem infeliz aqui — comento, apontando para Ruth e Eve fantasiadas para o Halloween —, e nessa eu percebo o distanciamento entre vocês duas.

— Essa foi tirada logo depois do incidente do bolo de aniversário — revela Ruth —, quando forcei o vômito. Eu estava muito infeliz e perdida. Esse é o bolo de chocolate que a mamãe fez para mim. Foi quando começaram todos os meus problemas com comida. Falando nisso...

Ela me olha para que eu pergunte.

— Como está sua alimentação no momento? — pergunto, sentindo-me meio persuadida.

— Melhorou um pouco. Não estou comendo de forma exagerada como antes.

— Que bom. Por que acha que isso está acontecendo?

— Acho que estou começando a sentir menos raiva — diz ela, e depois se corrige. — Quer dizer, estou começando a ter menos medo de sentir raiva.

— Você tem muitos motivos para sentir raiva.

Eu a entendo.

— Eu sei. Pensei que, se eu contivesse a minha raiva, ninguém iria se machucar.

— Ninguém além de você — acrescento.

— Ninguém além de mim — concorda. — O problema é que ainda gosto de ter o controle. É tudo que sei fazer.

— Eu entendo, mas continuar a prejudicar seu corpo forçando o vômito só ajuda a manter viva a história oculta do abuso que você sofreu.

— É difícil mudar antigos comportamentos.

— Um passo de cada vez. Estamos só começando. Sem dúvida, temos muito trabalho pela frente. Seu corpo, suas regras. Só que desta vez temos uma ideia mais concreta de como responder em vez de reagir. Você tem opções graças à sua compreensão das coisas.

Ruth chega para a frente na poltrona.

— Meu corpo, minhas regras.

*lr*

— Encontrei Cassie ontem à noite no pub — diz Aaron. — Descobri que o namorado dela já namorou a irmã de Connor. — Connor é um colega de trabalho de Aaron. — Eu queria te contar caso você pensasse que eu estava escondendo alguma coisa.

Ela capta os próprios sentimentos, uma tentativa de deixar histórias antigas ofuscarem sua resposta. Ruth se pergunta se contar isso para ela não é um exagero dele em termos de confiança, ou, pensa, *talvez ele esteja me dizendo isso para parecer que é um cara legal quando na verdade está planejando fazer algo ruim.*

— Só senti ciúmes quando ouvi você dizer o nome dela, mas estou me esforçando ao máximo para não deixar que isso me chateie, nem que fique entre a gente — explica ela, depois de perguntar como Cassie estava.

— Eu sei — diz Aaron.

Eles trocam um beijo.

— Não quero sentir ciúmes. Às vezes fico insegura e com medo por causa do meu passado, mas quero que as coisas sejam diferentes com você, Aaron. Quero de verdade.

Ruth se imagina em meu consultório, com a caixa de lenços. *Um passo de cada vez.*

*lr*

Imaginamos como seria o pedido de desculpas dele, a forma que ele teria; o cheiro, o sabor e os sentimentos que esse gesto poderia evocar se Nick ainda estivesse vivo e fosse capaz de reconhecer os hediondos atos de violência cometidos contra ela. Ruth e eu temos consciência de que isso nunca vai acontecer — o homem que impôs a ela tanto sofrimento emocional, físico e psicológico está morto. O discernimento com o qual enxergamos isso é agonizante.

O fato de que ele traiu, mentiu, manipulou, abusou física e mentalmente e fez *gaslighting* com Ruth, Eve e a mãe delas é a história oculta por trás de tudo. Depois de percorrer esses atos cruéis e violentos e ir além deles é que, em um doloroso processo de cura, uma pessoa pode vislumbrar como ser livre, mas sem esquecer. A restrição de um comportamento pode transcender e evoluir para um comportamento de transformação. Ruth me diz que, se fosse imaginar um pedido de desculpas de Nick — e ela duvida muito que isso pudesse acontecer —, ele teria que olhar para dentro de si e se questionar o que significa ser humano.

— Ele matou minha confiança nos outros por muito tempo — admite ela.

Porém, ele não venceu. *Ainda não.* Mesmo depois de privá-la de uma vida em família, do amor da mãe e da irmã; de um lar seguro e acolhedor onde ela pudesse brincar livremente e sem medo de ser castigada. *Ainda não.* De dias na escola, lendo, ouvindo e aprendendo, em vez de ficar distraída e amedrontada demais para se concentrar. *Ainda não.* De ter amigos — meninos e meninas —, porque Ruth não confiava em ninguém, sobretudo nos professores, e como poderia, já que as pessoas em sua casa, também adultas, que deveriam amá-la, protegê-la e cuidar dela, não faziam nada disso? *Ainda não.* Quando ela se empanturrava de comida sem parar para aliviar seus sentimentos de desespero e solidão incapacitante.

— Ainda não, não enquanto eu conseguir amar Aaron, trabalhar, fazer terapia e desejar melhorar meu relacionamento com Eve. Não enquanto eu conseguir sonhar com outra coisa, algo novo. Hoje, estou me agarrando a pequenos fragmentos de confiança, pedacinhos minúsculos. E, mesmo que eu tenha bebido até cair, feito sexo sem proteção e às vezes, de forma assustadora, tomado remédios, me machucado, comido e vomitado durante a maior parte da minha vida... Eu estou aqui. Estou me curando. *Ainda não.*

Ao testemunhar a jornada de Ruth ao longo de dois anos — e ainda em curso —, reconheço e sinto grande respeito por sua coragem, sua determinação e seu eu soberano capaz de se curar. Minha capacidade de sentir amor no trabalho que estamos fazendo juntas capacita minha mudança. Como acontece com muitas de minhas pacientes, Ruth me ensinou, me mostrou e me lembrou de que os seres humanos são extraordinária e dolorosamente capazes de se adaptar. Quando o processo terapêutico é feito com respeito, estabelecendo uma conexão e nutrindo um desejo de aprofundar a compreensão tanto pelo paciente quanto pelo profissional, a cura se torna possível mesmo para aqueles que tiveram o começo de vida mais terrível e abominável. Convidar Ruth a investigar sua raiva no consultório a fez descobrir e conhecer a própria resiliência e conseguir suportar esse sentimento, bem como testemunhar outra pessoa tolerá-lo. Com isso, ela conseguiu encontrar uma linguagem que a ajudasse a expressar seus sentimentos em vez de reagir com raiva. Com o tempo e de forma gradual, reduziu o controle sobre a própria alimentação, substituindo-o por outros recursos e ferramentas. O medo de perder o controle gerava um comportamento que a afastava tanto do amor quanto da confiança. E assim, juntas, conseguimos explorar seus mecanismos de enfrentamento para o que tinha começado como uma existência muito solitária e assustadora.

*Um passo de cada vez*, lembro a mim mesma. *Estamos só começando. Sem dúvida temos muito trabalho pela frente. Seu corpo, suas regras.*

*Querer e não ter transmitia por todo o seu corpo
uma insensibilidade, um vazio, uma tensão.
E querer e não ter — querer e querer —
como isso lhe afligia o coração, e o afligia sem parar!*

— Virginia Woolf, em *Ao farol* (1927)

# Querida, cante blues

*O homem sentado ao lado dela no trem está obviamente excitado.*
Ele se inquieta, sorri, tenta puxar conversa, se oferece para pegar uma bebida quente para ela, algum petisco do carrinho de bufê, e, quando estão chegando em Stevenage, começa a lançar olhares para os seios dela — *que cretino.*

Ele afirma conhecê-la de algum lugar.

— Talvez da TV. Pode falar, eu sei que você é famosa. Você parece famosa.

O sujeito gosta de ver televisão enquanto janta em uma bandeja. É assim que ele passa quase todas as noites desde que a esposa morreu. E é nesse momento que Marianna sente pena daquele homem por um instante e sorri. *Coitado desse cretino.*

Marianna está acostumada com os homens olhando para ela. Às vezes eles dizem as mesmas coisas que o sujeito no trem. Acham que a conhecem de algum lugar, que ela parece familiar. Porém, ela não é famosa. Talvez aclamada seja uma descrição mais precisa, ou notável para muitos, já que ela é cantora. Uma cantora linda e insatisfeita a quem os outros acreditam reconhecer.

Ela se vira, afastando-se do sujeito, cruza os braços sobre o peito e olha pela janela do trem em busca de distração. Queria poder mudar de lugar, mas, em vez disso, está presa ao assento, frustrada.

Quando o trem por fim para na estação de Stevenage, uma jovem e exausta mãe, com um bebê nos braços, arrasta um carrinho dobrado para a área de bagagem. Ela se livra de uma mochila volumosa e úmida e enxuga a testa com o pulso, depois suspira. O carrinho se encaixa no lugar reservado, que parecia existir para suavizar o peso dessa mãe visivelmente cansada e sua bebezinha. Sentindo alívio por elas, Marianna oferece ajuda para colocar a mochila no bagageiro superior.

— Não precisa, obrigada — diz a mãe enquanto afasta uma mecha de cachos da frente dos olhos com a mão, as unhas feitas.

O trem volta a andar, e a mãe desempacota a bebezinha de seu casaco *puffer* vermelho, depois sorri e acaricia seu nariz.

— Aqui vamos nós, segure firme — diz, sorrindo.

A garotinha sacode o corpo inteiro e leva o punho gordinho até o rosto da mãe. Marianna observa como elas são parecidas, ambas de cachos platinados, testas grandes e olhos azul-claros. Guarda sua garrafa reutilizável com água, o pote para sanduíche vazio e um exemplar da *Vogue* para desfrutar essa dupla alegre. Se quisesse, poderia tocá-las com a ponta dos dedos, mas não faz isso. *Seria esquisito, né?* Em vez disso, olha para os próprios braços, vazios. Para seu colo coberto por seda, vazio. Ela percebe que seus membros não têm nada para fazer e estão vestidos com roupas da moda. O que ela não faria para segurar um bebê junto de seu corpo, para limpar a baba, exausta após uma noite inteira amamentando... Marianna anseia por um bebê gordo, desdentado e cheirando a talco para amar e espera que a ame de volta.

A menininha sorri ao ser ninada pela mãe, que se inclina para roçar o nariz das duas. Elas estão de mãos dadas, uma de frente para a outra — um encontro de rostos. A bebê ri e baba. A mãe saca rapidamente uma fraldinha para limpá-la. Sentindo uma solidão incapacitante pulsar em seu peito, os olhos de Marianna oscilam úmidos e brilhantes. Ela arrisca um palpite sobre a idade da menininha — *20 semanas* — só de observar os pulsos rechonchudos e cheios de dobrinhas, como pãezinhos. Faz as contas e calcula uma data aproximada da concepção, depois divide por trimestres, o primeiro, o segundo e o terceiro, antes de, por fim, definir a data do nascimento. Então se pergunta se foi precisa em seus cálculos.

— Ela é uma gracinha — diz Marianna com um sorriso.
— Obrigada, eu também acho — responde a mãe, orgulhosa.
— Qual é a idade dela?
— Quase seis meses.
Outro beijinho no nariz.

Marianna refaz os cálculos em sua cabeça para corrigir o erro e volta a olhar pela janela do trem em movimento, na qual lustrosas gotas de chuva correm pelo vidro, como espermatozoides minúsculos. *Em todo lugar*, pensa, *há algo para me lembrar constantemente que não tenho filhos e estou com um homem que me traiu.*

Lá fora, a chuva diminuiu e agora é só uma patética garoa. O céu, vasto e inquieto, parece um véu cinza embaçado. Percebo o delicado tique-taque do relógio em minha escrivaninha e a temperatura agradável da sala pintada de branco. Decido esperar mais cinco minutos antes de ligar para o celular dela. Marianna não costuma se atrasar sem avisar.

Às 16h15, ela chega, ofegante.

— Desculpe o atraso — diz, limpando os sapatos úmidos no tapete de fibra de coco junto à porta.

Reparo que ela esteve chorando e peço para que se sente.

— Droga de trem — resmunga ela com um suspiro, libertando-se do sobretudo caramelo.

O trem vindo da casa de seus pais, onde ela passou a infância, atrasou e ela ficou sem bateria. Ela me mostra o celular e o ícone na tela que apontava a descarga do dispositivo.

Em seguida, ela tira o cachecol e o joga na bolsa de couro.

Estamos prontas para começar.

— Como você está, Marianna? — pergunto, retomando nosso trabalho, iniciado há pouco mais de três meses.

Com uma inspiração profunda, ela fecha os olhos.

— Nada bem. Para onde eu olho, vejo bebês e casais felizes.

Percebo um frágil controle em sua voz falha.

— Você sabe como isso dói?

Antes que eu tenha a oportunidade de responder, Marianna começa a chorar e tenta fazer o impossível: se esforça para parar. Ela pega a caixa quadrada com lenços de papel sobre a mesa lateral de madeira, enxuga os olhos e substitui as lágrimas que perdeu com um colírio, que pinga em seus ávidos olhos verdes.

— É importante se permitir chorar — digo.

— Eu sei, mas tenho que trabalhar hoje à noite, e você sabe como eu fico cansada quando choro. Não posso aparecer toda inchada. Imagine como seria.

No mês anterior, ela conseguiu um contrato com um hotel em Londres onde trabalhou por quatro anos como cantora residente. Lá, ela canta, sorri e se apresenta três noites durante a semana e todo fim de semana. E, embora ela se divirta cantando baladas e grandes sucessos para clientes bem-vestidos que raramente aplaudem, é o jazz que a fascina de verdade. O jazz sem regras, solto e improvisado que emociona e embevece seu corpo, a doce harmonia do ritmo.

Ela deve isso a seu pai, Ted. Para Marianna, ele era o *papai*; para aqueles com quem tinha uma relação mais formal, Edward; e para os amigos mais íntimos, Teddy. Ele espalhava as capas quadradas e imaculadas de vinil pelo chão da garagem enquanto segurava uma cerveja gelada, emocionado por compartilhar a paixão de uma vida inteira com sua única filha.

— O jazz é um direito de passagem — disse ele. — Um prazer que não se aprende. Tem que sentir. Alcançar as pessoas, o jazz é isso.

Ele se inclinou sobre a cintura, colocou o braço do toca-discos em cima do vinil escolhido, aumentou o volume e se virou para ela.

— É isto aqui: tolerância e liberdade.

Marianna observava enquanto a paixão dele — membros dramáticos, olhos fixos e penetrantes — se externalizava na garagem ao lado de casa, com "Cry Me a River" oferecendo a dor mais profunda e uma euforia que ela vem se esforçando para igualar desde então.

— Você sente? — perguntou ele.

Ela sentia. Profundamente. Ritmicamente. Seu corpo de 17 anos, no entanto, não era suficiente; era jovem e cru demais para todas as emoções que acompanhavam a afinação perfeita e os improvisos inesquecíveis de Fitzgerald. Não sabia o que fazer.

— Papai, toca de novo, mais alto! — insistia.

O QUE AS MULHERES QUEREM

E na segunda vez ela fechou os olhos, balançou os quadris, deu um gole na cerveja gelada dele e disse a si mesma para guardar aquele momento, porque era a maneira como ela e o pai se conectavam. Um momento único, criado para os dois acessarem e resplandecerem. Ele sorriu, feliz por ela ter conseguido. Por ter sentido.

— Filhota, o jazz corre pelas suas veias.

Ela assoa o nariz em um lenço de papel.

— Bebês, casais felizes, olhos inchados. Por onde começar? — pergunto.

Marianna pigarreia e olha para o relógio.

— Vamos começar com os bebês — diz, dando um gole em sua garrafa. — É por isso que estou aqui, né?

— Certo. Então, bebês.

— Eles estão por toda parte. No trem, nos restaurantes, nos cafés, durante a minha caminhada até aqui. É tão irritante. Estão até nos quadros da minha mãe. Bebês grandes e gordinhos.

Marianna cruza os braços na frente do peito.

— Você pensou um pouco mais sobre o que discutimos?

Ela assente.

— Foi um dos motivos de eu ir pra casa. Eu queria falar com a minha mãe sobre isso.

— Como foi?

Faço uma anotação para discutir o anseio de Marianna pela aprovação da mãe, mas não hoje. Hoje quero explorar o desejo dela.

— Foi bom. Ela está bem. Tentei conversar, mas ela acha que eu deveria ficar com Karl. Falou que seria difícil fazer isso sozinha, que era melhor eu esperar até ele se sentir pronto para começar uma família. O que, aliás, pode nunca acontecer.

— Ele não quer mais querer construir uma família com você?

— Nem um pouco.

— Só um pouquinho já seria algo.

— Havia uma mãe com a filha bebê no trem, sentadas na minha frente. Elas pareciam tão felizes, uma gracinha... Eu quis esticar a mão e tocar as duas. Mas não fiz isso, porque seria esquisito, né?

*Esquisito e inadequado*, penso.

— Acho que você tomou a decisão certa ao não tocar uma desconhecida com sua bebê, embora isso pudesse ter te ajudado a explorar seu desejo de ter um filho.

— Minha mãe acha que seria um erro ter um filho sozinha.

Verifico o relógio para confirmar se temos tempo suficiente para explorar a complicada relação dela com a mãe e o atual namorado.

— Mesmo que você não esteja feliz com Karl?

Marianna se esforçou ao máximo para perdoar Karl no início da primavera. Ele não disse "Eu não te amo mais" nem "Eu amo outra", mas, depois de dois anos do que ela acreditava ser uma relação fundamentada em amor e compromisso, a infidelidade dele a abalou bastante, deixando-a arrasada e fora de controle.

Marianna me deixou uma mensagem às duas horas da manhã: *Talvez eu esteja precisando falar com alguém, você pode ajudar?* A noite é muito mais difícil quando se está sozinha e desamparada.

Um nó vinha se formando no estômago dela. Ela suspeitava que Karl estava dormindo com outra mulher. No entanto, os sinais pareciam óbvios e comuns demais. Claro que o fato de ele ter mudado o cabelo e a loção pós-barba e começado a passar mais tempo na academia eram sinais de paranoia e insegurança por parte dela. Karl nunca seria tão clichê. Porém, lá estava uma leitura equivocada do comportamento humano. Mais tarde, Marianna voltou para si aquele coro de vozes desagradáveis que alegavam ser ela quem estava sendo clichê, e não Karl.

— Como pude ser tão estúpida e tão cega?! — gritou ela, com os intensos olhos verdes encarando os meus. — Eu passava todos os dias agindo como uma sonâmbula, negando o que ele vinha fazendo.

Profissionalmente, chamamos isso de "mecanismo de defesa", uma tentativa inconsciente de nos proteger e nos afastar dos sentimentos que não suportamos vivenciar. Também conhecidos como "mecanismos de sobrevivência", são uma das muitas formas que a psique humana encontra para repudiar o autoconhecimento.

— Às vezes ignoramos os sinais, por mais óbvios que sejam — afirmo.

— Talvez por termos medo da verdade... O conhecido desconhecido, por assim dizer.

A negação é esperta e medrosa. Ela tenta nos manter longe dos perigos e sofrimentos em potencial. Também atua como um meio de preservar um relacionamento que o paciente pode querer manter, talvez por medo do abandono ou da solidão — ou, no caso de Marianna, porque ela estava desesperada para ter um bebê. Ela internalizou a negação, dizendo a si mesma: "Você está exagerando"; "Está se aborrecendo por nada"; "Você é tão dramática"; "Você é tão sensível"; "Pare de imaginar coisas" — coisas que poderiam tornar menos dolorosa a realidade da situação. Refletindo agora, ela sente empatia pela parte de si mesma que não conseguia aceitar a traição e a dissimulação de Karl. O fato de ter encontrado recibos de jantares românticos aos quais não era ela a convidada, ter sentido o cheiro de perfume nas roupas dele e ter percebido a falta de desejo em sua cama rapidamente se transformou em "Pare de imaginar coisas".

Marianna também se perguntava se a traição flagrante foi tão exposta para que descobrisse tudo e o castigasse, ou se, e isso era ainda mais doloroso, ele simplesmente havia deixado de amá-la e respeitá-la.

Ela chega a estremecer com a ousadia dele e depois se repreende por ter sido "tão cega".

Ela tinha 23 anos, olhos pequenos porém bonitos, e era chamada de Hen — apelido para Henrietta. Era do tipo mignon, tinha a mente aguçada, um jeito elegante de se vestir, cabelos pretos esvoaçantes em um corte estiloso, seios grandes, "muito maiores que os meus", e um talento para fazer com que clientes internacionais desembolsassem dinheiro. Marianna imaginou, repetidas vezes, Karl descansando o rosto entre os seios de Hen, roçando em sua pele, beijando seu pescoço. Os dois no escritório tarde da noite, a papelada sendo empurrada para o lado na mesa e abrindo espaço para a bunda miúda dela. Marianna imagina os dois embriagados pela infidelidade, Karl realizando alguma fantasia banal de chefe e secretária, sendo observados pelos curiosos do escritório. É isso que Marianna visualiza, e a faz sofrer.

Ela não gosta de se lembrar da "maluca que perdeu a cabeça". Seu corpo inchou depois de se entupir de vinho, bolo e torta — uma combinação de alimentos a qual seus lábios não estavam habituados a tocar. Ela demora a reconhecer o rastro de devastação deixado pela traição de Karl. Os caóticos episódios de sexo casual, as noites de trabalho perdidas, o chuveiro que ela se recusava a limpar e usar. Marianna tenta destruir as lembranças dos momentos no trabalho de quando estava tão cheia de propranolol que detestava se mexer, sua bela voz expelindo sons que ela mal reconhecia. Ela, então, enfia a "maluca" em uma caixa e a manda em direção ao mar. Destino: o exílio. Lá, a "maluca" não tem como envergonhá-la ou recordá-la do caso de Karl com Hen. O enorme sofrimento pelo qual ela passou e suportou.

Karl demorou seis meses para pedir desculpas.

— Cometi um grande erro, pode me perdoar? — disse, munido de um buquê de hortênsias brancas enquanto aguardava do lado de fora do hotel onde Marianna trabalha como cantora residente.

Ela não respondeu, mas concordou em beber algo com ele, obrigando-o a carregar o volumoso buquê enquanto caminhavam ao longo do Tâmisa e ela o escutava. No bar, ficou decepcionada com a parte de si mesma que queria aceitá-lo de volta, uma saudade em seu peito que trazia o nome dele rabiscado com sangue. Após a segunda taça de vinho, Karl se aproximou um pouco mais, tentou acariciar a curva de seu pescoço, mas ela manteve o controle e recuou. A traição ainda era uma ferida não cicatrizada em seu peito.

Marianna não tinha conquistado o respeito dele? Sido uma companheira após a morte da mãe dele, logo depois do término complicado com a ex, Sam?

— Você partiu meu coração, Karl.

Ela tinha cuidado dele, o ajudado a se reerguer, abdicando do envolvimento com outros homens interessados nela, e provocado nele um sentimento quase de cura, de despertar — de amor. Ela o convidou para sua vida. "Eu o escolhi." E, mesmo assim, de alguma forma, ela foi esquecida. Substituída. A magia e o encanto de um papo de vendedora e um corpo mais jovem foram motivos suficientes para ele ir embora, e Marianna se transformou em uma "maluca" que, deitada na cama, duvidou da própria sanidade, do próprio desejo, mas, pior ainda, duvidou de quem era.

Karl pediu mais vinho.

— Eu estava assustado e confuso. Mas estou pronto agora. Quero recomeçar as coisas com você — disse ele. — Vamos morar juntos.

E então veio o inesperado.

— Vamos ter um filho.

Fico interessada na facilidade com que Karl foi aceito de volta na vida de Marianna. E incomodada porque "Vamos ter um filho" é como uma cenoura pendurada na ponta de uma vara de um quilômetro de comprimento. Nas últimas semanas, ele voltou a se distanciar — não dela, mas da ideia de terem um bebê. Os motivos — "Quero que sejamos só eu e você por um tempo", "Senti sua falta", "Eu te amo" — são ditos em momentos íntimos, de nudez. Marianna fica desconfiada, mas se tranquiliza momentaneamente.

— Quero um tempo para te mostrar como estou arrependido do que fiz — alega Karl.

Eles continuam morando em casas separadas.

Karl sabe adular.

Apesar de não ser mais o mesmo, o relacionamento que passou por uma traição e sobreviveu a ela não é de forma alguma impossível, nem está condenado. Por que Karl traiu? Eu estava curiosa para saber se o caso dele com Hen não era uma tentativa de resolver algo que não estava certo na relação deles, em vez de terminar com Marianna. Eu me perguntava o que poderia ser. Em algumas ocasiões, já testemunhei relacionamentos que tiveram um sinal de melhora após atos de infidelidade — embora isso seja raro. Confiança é uma daquelas palavras malfadadas e muito utilizadas nas discussões de relação, e, quando ela se quebra, é difícil voltar a confiar na pessoa que nos magoou. A cura que se segue e as consequências para os dois exigem conversas dolorosamente sinceras sobre o motivo da traição e se é provável que torne a acontecer. Ocorre também uma avaliação — uma vez que o ressentimento, a vingança e a mágoa podem ser metabolizados — das ruínas que restaram do relacionamento, das bases então abaladas da confiança.

Marianna se esforçou ao máximo para investigar qual poderia ter sido a participação dela na infidelidade de Karl. Será que ela tinha sido pouco atenciosa, absorta demais ou egoísta? Será que o tinha pressionado para começarem uma família? Ou tinha sido porque ela não quis explorar alguns dos fetiches que ele desejava experimentar?

— Você não fez nada de errado — disse Karl. — O problema foi só eu. Essa coisa de bebê, de ser pai... Isso me assustou.

A resposta de Marianna é simples e direta quando pergunto sobre a rapidez com que ela aceitou Karl de volta em sua vida.

— Estou ficando velha e quero um filho. Não tenho energia para recomeçar com outra pessoa. Talvez Karl seja o cara certo. Talvez seja a hora.

Avalio o que está acontecendo, o tom de voz defensivo dela, e levo em consideração sua inflexão brusca.

— Talvez, mas fico preocupada de estar conspirando com você se não explorarmos o medo.

Marianna se inclina para a frente.

— Óbvio que estou com medo. Eu tenho 38 anos. Meu tempo está acabando.

Há um ponto alto na versão que Chet Baker gravou de "My Funny Valentine" que desacelera bem no momento em que a voz doce e caramelada dele canta: "But don't change your hair for me, Not if you care for me, Stay, little valentine — stay".* Sempre tenho uma sensação de perda quando o piano chega, melancólico, depois do segundo "stay". Uma doce súplica por algo que Chet sabe que já foi perdido: a namorada. Eu me perguntei o que aconteceria se Marianna e eu desaceleLássemos o processo terapêutico, se ela não deixasse o medo influenciar suas ações. E se trabalhássemos seu receio e encontrássemos um jeito de redirecionar e transformar o que ela acreditava ser impotência em liberdade e escolha.

Com a transformação vem a perda. E a dor é o agente da mudança. Quando tudo está indo bem e estamos felizes e contentes, não temos vontade nem vemos necessidade em mudar coisa alguma. Se nos sentimos realizados no trabalho, é provável que não procuremos outro emprego; se amamos e nos sentimos seguros em nossa casa, dificilmente

---

* Mas não mude o cabelo por mim, Não se você se gosta de mim, Fique, pequena namorada — fique. [*N. da T.*]

pensamos em nos mudar. Porém, se no dia a dia estamos infelizes, com medo, entediados, desconfiados ou ansiosos, é aí que partimos em busca de mudanças. A terapia ajuda a explorar e navegar pelo que está errado. Quando alguém tem um caso, a mudança é imposta de imediato. E para a pessoa que foi "prejudicada" — nesse caso, Marianna —, a perda e a dor são intensificadas e deixam um vazio no qual ela precisa se adaptar a uma nova forma de se relacionar com a pessoa que foi injusta com ela.

Como Marianna poderia voltar a confiar em Karl? O que se recuperar e confiar nele exigiria dela? Sua falta de confiança, que ainda persiste, é uma maneira de manter o sofrimento e o sentimento de traição? Quero explorar com Marianna se a terapia é ostensivamente para ajudá-la a se recuperar ou terminar o relacionamento com Karl, perdoá-lo ou talvez explorar o discurso na relação deles em geral. Agora que ele faz parte de sua vida outra vez, volto o olhar analítico para Marianna.

— O que você quer? — pergunto.

— Eu quero um bebê, uma família — responde ela, por trás de um lenço de papel.

— Isso é importante para você.

— É, e agora parece mais importante que minha relação com Karl. Mas não sou uma ladra de esperma — retruca ela.

Nunca ouvi alguém dizer essa expressão antes, e a imagem me pega desprevenida.

— É interessante você falar na ideia de furto, de roubo — digo, tentando me concentrar. — Mas do que de fato se trata esse roubo?

Ela para, puxa o cabelo para trás e prende o monte de cachos em um elástico que estava em seu pulso.

— Eu — ela desvia o olhar por um momento, então logo volta a me encarar — estou roubando de mim mesma.

— Como assim?

— Estou me privando do que eu realmente quero: ser mãe, ser feliz. Pigarreio.

— É o que pode parecer — digo.

Havia um dilema complexo ali. Marianna desejava um bebê, mas a ideia de deixar Karl e recomeçar com outra pessoa era demais para ela. Como mulheres, temos a dolorosa consciência da realidade do nosso relógio biológico, mas também me perguntei se não havia ali outras complicações, dificuldades histriônicas ou reproduções de padrões. O que a ideia de querer um bebê e ser mãe significava de verdade para Marianna? Eu retomo o ponto alto de Chet Baker e escrevo meus pensamentos, sublinhando: *Ladra de esperma?!* e *Desacelere o processo*. Se o medo dela for interrompido, compreendido e expresso, será que Marianna vai conseguir entender e vivenciar aquilo de forma diferente? Será que poderá descobrir que existem outras opções para ela e seu corpo?

Preparo um bule de café fresco e reflito sobre a opinião da mãe dela de que é melhor ficar com Karl e que "seria difícil fazer isso sozinha", e sobre o fato de ela preferir que Marianna esteja em um relacionamento, apesar de potencialmente infeliz, em vez de sozinha e com opções. O que tinha acontecido com essa mulher a ponto de destruir a crença que possuía no desejo da filha? E como essas mensagens e crenças passaram a ter tanto impacto em Marianna?

*ↄↄↄ*

Na primeira vez que notou Karl, Marianna estava usando um vestido rabo de peixe dourado. Ele estava de preto. Ela ostentava um broche simples de *strass* na altura do peito, e seu cabelo, loiro-avermelhado e rebelde, balançava enquanto ela andava em direção ao palco. Seu 1,78m de altura ganhara sete centímetros graças aos saltos, e ela gostou de como se sentiu alta e escultural quando o avistou: também alto, cabelo penteado para trás e "uma arrogância que parecia perigosa e excitante".

Em nosso pouco tempo juntas — menos de um ano —, Marianna expressou a importância, a necessidade absoluta de sentir atração sexual por seus namorados, passados e atual. E há regras.

— Eles precisam ser engraçados, bonitos, se exercitar. Precisam estar em forma, ser leais, charmosos, gentis e ter dentes bonitos.

— Essas regras já foram quebradas alguma vez?

— Não sei. Nunca tentei.

O banco onde Karl trabalhava como analista de investimentos estava patrocinando o evento beneficente. Marianna notou o lenço de seda de cor verde-limão espreitando do bolso do paletó dele e ficou ao mesmo tempo empolgada e reconfortada pelo glamour à moda antiga de Karl. Enquanto o encarava de volta e ajustava o microfone para acomodar sua nova altura, Marianna se perguntou se ele entendia de jazz.

A sala aos poucos foi se tornando um mar de smokings e vestidos longos. Dezenas de balões transparentes preenchidos com confetes tinham sido amarrados com fitas claras atrás das cadeiras. Marianna repensou o setlist e se virou para Leo, o pianista, que concordou, e os dois decidiram: "Spring Can Really Hang You Up the Most".

Quando ela me contou isso em uma das sessões, em algum momento no nosso segundo mês juntas, eu abri um sorriso. Não sou uma psicanalista impassível. Meu rosto não esconde nada, já me disseram mais de uma vez.

— Você conhece essa música? — perguntou Mariana.

— Conheço.

— Ela representa alguma coisa para você? — quis saber ela, encantada, mudando a expressão com olhos curiosos e estreitos.

A autorrevelação na psicanálise e os dilemas éticos que ela apresenta são temas muito discutidos e debatidos. No passado, a visão popular do psicanalista, propagada pela televisão, pelo teatro e pelos romances, era a de um ser humano neutro, silencioso e um tanto distante, que não é afetado pelas perguntas e revelações vívidas do paciente. No entanto, esse não é um método de prática ao qual eu consiga me adequar. Minha abordagem é relacional e colaborativa, e meus pacientes me afetam, profundamente. Sempre que possível, tento criar o que John Bowlby, precursor da teoria do apego, citou como uma "base segura". Nela, a construção gradual de um relacionamento significativo entre paciente e profissional pode evoluir. O paciente começa a se sentir mais plenamente observado e aceito. À medida que a confiança amadurece, acontece um acordo emocional no qual se podem falar verdades e assumir riscos relacionais, assim como fazer perguntas ao terapeuta — se o paciente assim quiser.

Meu sorriso em resposta à música escolhida por Marianna indicava que a composição tinha um significado para mim. Eu me vi pensando em Fran, minha falecida sogra, que escreveu a letra de "Spring Can Really Hang You Up the Most", nome que ela reduziu para "Spring!".

A primeira vez que Fran — *a madrinha do hip* — tocou essa música para mim, eu estava sentada no quintal dela pensando em como abandonar de vez minha carreira no jornalismo para poder me concentrar em atuar como psicanalista em tempo integral. Enquanto comia o prato mais famoso de Fran, caçarola de atum coberta com flocos de milho, ouvindo a versão de Fitzgerald de "Spring!", eu experimentava o conflito com aquela possível mudança de vida. Lembro-me de ter incorporado a dor e a doçura da música.

— Acho que preciso deixar tudo acontecer comigo, a beleza e o horror — comentei com ela.

— Com certeza — respondeu Fran. — Todas as melhores decisões são tomadas assim.

Para o paciente e para o profissional, parte do que acredito ser um tratamento terapêutico eficiente é fazer uma jornada colaborativa em conjunto. Embora seja papel do terapeuta manter os limites, ele também caminha e avalia, a partir da própria experiência, o que falar, como falar ou mesmo se deve falar. Nessa ocasião, decidi responder à pergunta de Marianna.

— Sim, ela significa algo para mim. Eu ouvi "Spring Can Really Hang You Up the Most" pela primeira vez quando estava pensando em me tornar psicanalista.

— O que você fazia antes?

— Era diretora de arte em uma revista.

— Ainda bem que você deixou de ser.

Se a pergunta de Marianna tivesse tomado outra direção, como: "*Quem* tocou essa música para você?" ou "*Onde* ouviu essa música pela primeira vez?", talvez eu tivesse elaborado mais. As tentativas de estabelecer conexão, se respondidas com cuidado, podem incentivar o apego e a confiança estabelecidos entre nós, ao mesmo tempo que alcançam algo bem diferente da abordagem clássica de Freud, do ouvinte implacável. Percebi que Marianna não havia perguntado *quem* nem *onde*, o que me deu um tempo para considerar a possibilidade de ela não querer saber essas coisas. Talvez sua pergunta se limitasse a algo que ela poderia ouvir: minha vida profissional.

Ao longo de quase vinte anos, sempre me disseram que pensar no terapeuta fora do consultório pode ser uma experiência complexa e, às vezes, profundamente desconfortável. Minhas pacientes já compartilharam pensamentos variados sobre mim e sobre como imaginavam que seria minha vida fora de nossas sessões de cinquenta minutos. Uma delas me imaginou dirigindo um carro esportivo conversível nos fins de semana; outras me imaginaram sem filhos, sem mãe, frequentadora de igreja, gay, solteira, casada, mestre de artes marciais. Já houve quem supôs que eu nunca interrompia a prática clínica e dormia no sofá, que à noite virava cama. Posteriormente, ela ficou chocada e decepcionada ao descobrir que o sofá não tinha o talento, ou mecanismo, para se transformar desse jeito. Teve uma que me viu fazendo compras em um supermercado perto do consultório e entrou em pânico, abandonando o carrinho de compras ali mesmo, cheio, porque era muito opressivo e desnorteante me ver fora do horário dos atendimentos, duas vezes por semana.

— Onde você imagina que eu faria compras? — perguntei.

— No meu mundo, você não precisa fazer compras nem comer.

A clássica visão freudiana do terapeuta como uma tela em branco evoluiu muito durante o século passado. Para mim, o fato de que hoje cada vez menos psicólogos trabalham como ouvintes passivos, empoleirados na ponta de um sofá, com o contato visual limitado e oferecendo poucas ou mesmo nenhuma resposta, é um progresso necessário e muito bem-vindo. Desmistificar a terapia e os terapeutas como um todo não só apoia e estimula conversas sobre o assunto como também incentiva formas de pensar e falar sobre inquietação emocional, depressão, trauma e cura. É uma oportunidade de permitir que o desejo pela vida civil ocupe seu lugar de direito na clínica, ao lado do trabalho e do amor. Saber que seu psicanalista não é um ser alienígena, nem é imune a emoções, a subjetividades e, portanto, a respostas, que come, faz compras e respira, que é capaz de amar, desejar, sentir esperança, medo e inquietação como qualquer outro ser humano, é importante para gerar intimidade, respeito e reconhecimento mútuo. E, ao fazer isso, o poder da cura é sentido, compartilhado e vivenciado de forma conjunta.

Logo, compartilhar com Marianna que já tive outra profissão e conhecia a música que ela estava cantando quando conheceu Karl era um ponto de contato. Um momento de reciprocidade. E, nessa troca, nesse momento de encontro, conseguimos reconhecer que cada uma de nós existia dentro e fora do espaço terapêutico.

Depois que Marianna terminou a apresentação no evento beneficente, Karl se levantou e aplaudiu. Ela sentiu o coração palpitar. Imitando uma bebida com a mão, ele apontou para a cadeira vazia ao seu lado.

— Aceito sim, obrigada — balbuciou, sorrindo.

Ao se juntar a ele, Marianna sentiu uma tristeza no ar, embora a conversa e as roupas glamourosas indicassem o contrário. Ela descobriu que Karl gostava de jazz, mas não o tinha experimentado como "um rito de passagem", embora ele estivesse aberto à experiência se ela fizesse a gentileza de iniciá-lo. Karl falou sobre sua participação no evento de caridade, como a própria mãe tinha falecido há pouco tempo por conta de um câncer de mama, e, quando serviu a ela uma taça de champanhe, Marianna percebeu que sua mão esquerda não tinha aliança. Mais tarde, ela descobriu que Karl morava relativamente perto dela, gostava de críquete e dançava swing.

— Você gostaria de jantar um dia desses? — convidou ele.

Marianna sentiu o rosto corar.

— Sim, sim, eu gostaria — concordou sem hesitar.

Ele riu, descontraído, do entusiasmo dela.

— Ótimo, ótimo, fico feliz.

Foi assim que eles se conheceram.

Eles se beijaram no que foi considerado o segundo encontro. Os lábios dele tinham gosto de uísque e o hálito cheirava a hortelã-pimenta. Marianna relaxou, mantendo os olhos fechados depois que o beijo terminou, e, quando voltou a abri-los, Karl estava sorrindo. A delicada neve pousou em sua gola. O primeiro encontro planejado havia sido um fiasco, pois Karl chegou com uma hora de atraso. Marianna decidiu não esperar e voltou para casa, sentindo-se magoada e abandonada enquanto dizia para si mesma que não dava a mínima. Ele mandou um pedido de desculpas. Em seguida, vieram telefonemas. Um bilhete com um buquê de peônias vinho montado à mão foi entregue e ela as colocou em um vaso turquesa na mesa da cozinha.

*Desculpa. Podemos tentar de novo? Bjs, K*, dizia o bilhete.

Marianna pesquisou o significado por trás das flores escolhidas por ele, e se descobriu sentindo vergonha e timidez. Ou será que ela havia superestimado o comprometimento e a tentativa de agradar dele? Será que aquelas delicadas esferas cor de vinho, perfeitas e caras, por estarem fora da estação, tinham sido mera escolha de um florista atarefado? Marianna esperou uma semana. Teve esse cuidado para não ser acessível demais e se mostrar só um pouco aborrecida, mas não a ponto de parecer desconsolada. Ou cruel.

— Sua ausência teve o efeito desejado? — pergunto.

— Com certeza — diz ela, sorrindo.

Ao chegar no segundo restaurante, Marianna desfrutou das opulentas paredes revestidas com painéis e das luminárias intimistas com luzes douradas. Do lado de fora, a neve que caía espessa aterrissava na calçada, uma manta uniformemente espalhada de branco puro. Marianna a apreciou e tocou a parte macia do pescoço, a região na qual sentia mais frio. O calafrio que percorreu seu corpo a fez estremecer. O maître, com cabelo também salpicado de branco, perguntou o nome dela e entregou-lhe uma ficha em troca do casaco preto, vintage, de astracã. E Marianna ficou ali, firme e satisfeita.

Quando a porta se abriu de repente, uma forte corrente de vento surgiu por trás das costas dele. Marianna sentiu o frio da noite despertar-lhe o rosto e relaxou seus ombros largos.

— Olá — disse Karl, beijando-a no rosto.

Marianna prestou muita atenção à sua boca, ávida e macia. O som que fez quando se afastou da pele dela e a sensação que deixou, gravada ali, silenciosa.

— Olá. Fico feliz por você ter chegado na hora — provocou ela.

— Sinto muito por aquele dia. Vou explicar.

Ele fez questão de que se sentassem no balcão curvo de mármore, expostos e no centro. Ela fez questão de usar seu vestido novo: preto e decotado. Pérolas simples repousavam em sua pele clara como pequenos dentes de animais. Ele esperou que ela se acomodasse para se sentar em uma alta banqueta de couro. Foi uma estranha negociação de membros que por um momento pareceu desajeitada e constrangedora.

— O que gostaria de beber? — perguntou Karl.

— Algo espumante.

— Então vamos tomar champanhe — respondeu ele, em um tom de voz suave.

A conversa se voltou para o evento de caridade onde os dois tinham se conhecido três semanas antes. Os ombros de Marianna relaxaram quando ela provou mariscos servidos sobre camadas de gelo picado, uma lagosta robusta repousando sobre eles. As patas eram brilhantes, lisas e perfeitas. Os olhos continuavam intactos e fixos. Ela procurou a tigela de dedo, que ainda não havia chegado, e escolheu de forma delicada cada camarão, amêijoa e ostra. A tentação de lamber os dedos era quase uma necessidade, como uma coceira, mas Marianna temia parecer pouco refinada ou estar flertando descaradamente se os lambesse.

Os dois não falaram sobre o motivo de ele ter se atrasado uma hora no primeiro encontro, porém, mais tarde, ela vai descobrir que foi porque ele encontrou Sam, sua ex. Eles conversaram sobre trabalho, as últimas férias de Marianna em Valência, amigos, família — as amenidades típicas de um primeiro (segundo) encontro. Nada muito pesado nem que suscitasse opiniões.

— Seu pai também mora em Cambridge? — perguntou Karl.

— Não, papai morreu no ano passado.

Marianna de repente se deu conta de que vinha falando do pai como se ele ainda estivesse vivo.

— O que você entende com isso, de falar como se seu pai ainda estivesse vivo? — quero saber.

— Eu não tinha aceitado que ele estava morto. Parte de mim ainda não aceita.

Depois do jantar, os dois caminharam até o apartamento dele em Kensington. Karl estava enérgico, os olhos vidrados por conta do vinho. Marianna estava tímida e alerta. Apenas o rosto estava exposto ao frio — e ela sentiu a adrenalina subir quando ele tirou a mão quente da luva de couro bege e acariciou sua bochecha. Então veio o beijo; e novamente a hortelã-pimenta e o uísque.

Por volta da meia-noite, ela fumava o segundo cigarro, nua, na casa *smart* dele, pensando que deveria ter resistido até que se acertasse com seus outros compromissos. A espera, porém, lhe tinha parecido sem sentido. Limitante. Então ela se rendeu.

O QUE AS MULHERES QUEREM

No táxi para casa, Marianna recebeu uma mensagem de Karl com uma foto da cama dele, da qual ela se levantara às três da manhã por causa de uma aula de canto que teria logo cedo. *Já estou com saudades, bjs, K.*

— Por favor, fica, vai... — pediu, tentando convencê-la.

E pareceu magoado, um pouco amargo, enquanto ela se vestia e se encaminhava para a porta.

— Boa noite então, continuamos depois — disse ele.

Marianna sentiu um tom de insatisfação na voz dele, um lampejo de indignação por ela estar indo embora. No caminho para casa, se perguntou se ele a castigaria por aquilo mais tarde.

— E ele fez isso? — questiono.

— Me castigar?

Assinto.

— Talvez ele esteja me castigando desde aquele dia.

Na manhã seguinte, Marianna se contorceu sob as cobertas e imaginou a noite anterior. Ela gostou de como Karl a tocou junto à geladeira da cozinha, que ela suspeitava estar cheia de carne e alface, e do modo como os dedos inteligentes dele sabiam como abrir o seu vestido preto. As pérolas ficaram à deriva sobre sua pele nua, sua clavícula servindo de bote salva-vidas para a beleza delicada delas. Ela se lembrou da forma como Karl a levou até os ladrilhos frios da cozinha em um movimento rápido. Ossos e carne pressionando o chão.

Ela se perguntou se Karl também estaria pensando nela, e se ele a tinha perdoado por ter ido embora. Consultou o relógio e afastou a roupa de cama para o lado, olhando para a bolsa sobre a cômoda. Dentro dela, as pérolas, que tinham sido cuidadosamente colocadas e embrulhadas em papel higiênico antes de Marianna deixar o apartamento dele — a forma bruta como Karl a segurou no chão da cozinha tinha feito com que o cordão arrebentasse. Marianna se arrepiou de excitação quando ele cobriu o corpo dela com suas mãos grandes, sua força potente insistindo que ela se ajoelhasse. O desejo na voz dele ao ordenar que ela fizesse coisas com ele a deixou meio embriagada, quase bêbada. No dia seguinte, Marianna levaria o colar arrebentado ao joalheiro da St. John Street, para consertá-lo. Lá, ela inventaria alguma desculpa sobre ele ter agarrado em um zíper ou algo assim. Era um presente de aniversário especial, afinal.

Depois de quatro semanas desde o início de nossas sessões, perguntei a Marianna:

— Devo me preocupar com isso? Você mencionou que gosta de receber ordens. Isso é um fetiche?

— Não sei, você é a psicanalista. — E deu de ombros. — Mas, sim, às vezes eu gosto de sexo arriscado.

Parei um momento para escrever sobre a indiferença dela.

— Mas é você quem está no relacionamento, e acho que veio até mim em busca de ajuda. Precisamos discutir o colar arrebentado?

Ela me encarou, o olhar duro, e ergueu o queixo.

— Não, você não precisa se preocupar. Eu só quero que você escute. Eu gostei.

— Está bem, então.

Mais tarde naquela noite, no hotel, Marianna se vestiu e usou um laço no pescoço para cobrir as marcas causadas pelos dedos de Karl. Mais uma vez, se pegou pensando nele. Karl não havia telefonado como a maioria dos homens costumava fazer depois de transar com ela, e Marianna ficou se perguntando sobre isso. Havia uma leve decepção viva em sua garganta, a qual ela massageou e aliviou com um copo de água morna. Pegou a bolsa, abriu o papel e acariciou as pérolas soltas. Sentiu uma afinidade pelo estado em que se encontravam, arrebentadas. Elas rolaram em sua palma, os dedos impedindo que caíssem. Marianna queria carregar consigo um símbolo da noite que ela e Karl vivenciaram, por isso pôs as pérolas no bolso de seu vestido vermelho. Ela se imaginou tocando-as enquanto cantava naquela noite. A suavidade de cada pérola era como uma corda de oração. Por um momento, sua inquietação foi atenuada.

— Conhecer garotos é uma coisa, encontrar um com quem você queira passar o tempo é outra — diz Marianna, imitando seu pai, com uma voz grave e lenta.

Marianna bebe água em uma garrafa que ela trouxe e me conta que, quando chegou em casa depois de sair com um rapaz chamado Lix, se jogou no sofá de couro falso fazendo um drama típico de adolescentes e declarou:

— Essa foi a pior noite da minha vida.

O pai dela estava dormindo e o cinzeiro que descansava em seu colo exalava fumaça e fedor. Os olhos dele pareciam injetados, como se não dormisse fazia dias, e Marianna se perguntou se ele tinha ido trabalhar naquela semana ou se o bar onde tocava piano tinha decidido demiti-lo de vez. No chão, havia um copo meio cheio do que parecia ser refrigerante, mas ela sabia que uma dose de rum fora adicionada — embora seu pai alegasse ter parado de beber mais uma vez. Ele prometeu passar um mês limpo, sem beber nem fumar maconha. No dia anterior, ela flagrou a mãe abraçando-o na cozinha enquanto ele preparava sanduíches.

— Fico feliz em te ver assim — tinha dito ela —, sóbrio e se alimentando.

Marianna não teve coragem de contar a ela sobre as várias garrafas de rum e tequila escondidas pelo pai na garagem, atrás do toca-discos.

— Vamos, vamos dar uma volta — convidou ele, acendendo outro cigarro e engolindo o resto do refrigerante. A mãe estava dormindo. — Ela vai ficar bem, não a acorde.

Ele levou Marianna a um bar na periferia da cidade. Do lado de fora, havia uma área coberta com mesas onde eram servidas comidas simples e rápidas, e um parquinho para as crianças enquanto os pais se divertiam dançando, jogando bilhar e festejando do lado de dentro. No bar, ela e o pai se sentaram lado a lado. Ele checou os bolsos em busca de um cigarro.

— Então, o que aconteceu no encontro? — quis saber ele.

Ela gostava quando o pai demonstrava interesse e fazia perguntas. Esses momentos eram raros, fugazes, e ela aproveitava ao máximo quando aconteciam.

— Ele não está interessado em mim. Pelo visto, já tem namorada.

— Que galinha.

Ela enfiou o queixo no peito e sentiu o lábio tremer.

— Eu gostava dele de verdade.

— Esqueça ele. Felix... Que tipo de nome é esse?! — indagou ele, tocando seu ombro de leve. Marianna ainda consegue senti-lo por perto nos momentos de tristeza. Como um fantasma, um sonho inalcançável.

Quando olhou para cima, Marianna se deparou com uma bartender bonita e de cintura fina. Um cinto marcava seu suéter de *mohair*. Ela deu para seu pai um copo de refrigerante com gelo. Ele não tinha feito nenhum pedido, mas a mulher evidentemente sabia o que servir.

— E você, querida? — perguntou a bartender.

— Malibu com laranja — respondeu Marianna.

— Ela vai tomar um refrigerante também, ou só a laranjada — disse seu pai.

— Beleza, Teddy.

A bartender sorriu. Marianna notou que ela não o chamava de Ted ou Edward, mas pelo apelido mais íntimo.

— Desmancha-prazeres. Quem é ela?

— Uma amiga.

Marianna guardava os segredos do pai. Quando pediu a ela que mentisse porque a verdade magoaria sua mãe, ela obedeceu. Quando ele confidenciou "Nunca vou abandonar sua mãe, mas preciso da minha liberdade, filhota", ela decidiu fazer o que o pai pediu, porque se ele fosse embora a vida seria um inferno — para ambas. Ela aprendeu a ter uma relação flexível com a verdade.

Marianna enfia um cacho rebelde atrás da orelha.

— Como pode ver, meu pai e eu tínhamos o tipo de relacionamento que era baseado na discrição.

— E sua mãe? — pergunto.

— Eu a mantive segura. Eu o perdoei em nome dela.

— E agora ela perdoa Karl em seu nome. Só que você sabe da infidelidade de Karl, ao contrário da sua mãe, que não sabia dos casos do seu pai.

— Ou talvez ela soubesse.

— Como assim?

Marianna toma outro gole de água.

— Como seria possível ela não saber? Eram tantas mulheres, ela precisaria ser cega para não ter visto nada. Talvez minha mãe queira que eu fique com Karl porque isso a faz se sentir melhor. Afinal, deixá-lo significaria fazer o contrário do que ela fez com o meu pai.

Reflito sobre a "cegueira" de Marianna em relação ao caso de Karl. Será que ela ficou com uma versão do próprio pai e assumiu o papel de sua mãe?

— Você já conversou com ela sobre os casos dele?

— Não. Mas talvez seja a hora.

— Hora de...

— Hora de parar de tomar anticoncepcional. Karl não precisa saber.

Marianna me olha sem nenhum traço de culpa ou autoquestionamento.

Uma mentira ou uma traição pode ser algo impactante, repugnante e desconfortável. Esse é um daqueles momentos em que meu rosto, minha expressão, fala por mim.

— O que foi? — rosna ela, provocando.

Sinto minhas costas se endireitarem enquanto me preparo para uma interação terapêutica audaciosa. Uma tentativa ousada. A imprevisibilidade do que acabei de me deparar me deixa alerta e preocupada. Devo comentar sobre essa armadilha em potencial, ou incentivo Marianna a se aventurar mais? Ou devo arquivar a mentira em potencial como: *Necessita de mais exploração*? A brusca guinada a fim de evitar uma possível conversa com a mãe mudou o assunto tão violentamente para uma mentira que me pergunto para que aquele comportamento arriscado está servindo. Atraso no desenvolvimento? Egoísmo? Vingança? Ou será que a intervenção do outro é importante para ela?

Minha confiança fica abalada.

— Acabou o horário — digo, aborrecida com o fim de nossos cinquenta minutos. Percebo que Marianna soltou essa bomba em potencial no fim da sessão justamente na intenção de deixar pouco tempo para que eu pudesse contestar ou explorar o assunto. Aquela revelação abrupta me deixa curiosa, atordoada. Eu queria ter mais tempo para me envolver no processo. Entretanto, terei que esperar mais uma semana.

Estou interessada na intervenção. No reino animal, pode-se dizer que a intervenção humana não é a coisa certa. O darwinismo acreditava que todas as espécies se desenvolvem pela seleção natural de pequenas variações herdadas que aumentam a capacidade do indivíduo de sobreviver, produzir e competir. Vem à minha mente o extraordinariamente belo *Professor Polvo*, um documentário sobre o cineasta Craig Foster, que desenvolveu a mais improvável amizade com um polvo selvagem fêmea comum. Todos os dias, durante 376 dias, o cineasta visitou o animal. Ao assistir ao documentário, fiquei bastante emocionada com o vínculo que se formou entre Foster e aquele polvo e com o respeito dele em relação à gradual intimidade que os dois construíram. Um colega que também assistiu ao filme disse um dia durante o almoço: "O polvo salvou a vida dele." Eu discordei, corrigindo: "O relacionamento dos dois é que salvou a vida dele."

Um dia, Foster testemunhou um tubarão-gato-listrado atacando e devorando um dos tentáculos do polvo. Eu chorei vendo o animalzinho se esconder e tremer sob as rochas e algas, o tentáculo decepado, a vida lentamente se esvaindo de seu corpo rosa que aos poucos se transformava em um fantasmagórico cinza-claro. A vida de um polvo selvagem comum é um teste diário de sobrevivência, uma eterna pista de obstáculos na qual o animal tenta ser mais esperto, se disfarçar e se esconder dos predadores da vida marinha. Por que ele não tentou salvá-la dos ataques dos tubarões? "Você percebe que existe uma linha que não pode ser cruzada", comentou Foster, enquanto nadava para terra firme. Por que a ordem natural das coisas era tão cruel? Tive raiva, me senti impotente. No entanto, acima de tudo, fiquei triste. Comecei a pensar em minha vulnerabilidade e em minhas limitações enquanto psicanalista. Como Foster, meu relacionamento com os seres humanos está sempre mudando, e na maior parte dos dias sou lembrada de que o processo terapêutico não é perfeito. Somos seres empáticos que entram em sintonia e sentem uns pelos outros. Nosso sucesso como espécie humana está enraizado em nossa capacidade de estar consciente das necessidades uns dos outros, de perceber o sofrimento ou a falta de segurança alheia e experimentar uma empatia emocional profunda. Algo me ocorreu quando um novo tentáculo começou a surgir aos poucos da ferida do polvo. Talvez a psicanálise moderna seja menos uma intervenção radical e mais uma tentativa de alcançar o paciente, ajudá-lo a pensar com mais discernimento e convidá-lo para um relacionamento em que ele não será largado sozinho com suas dificuldades, sejam elas mentiras, sejam traições.

A terapia é um esforço do coração e da mente, na qual duas pessoas exploram o que significa ser humano. Como psicanalista, posso me sentir tentada a persuadir um paciente a fazer algo diferente do que ele está fazendo — não mentir, por exemplo. Contudo, o método que descobri ser conveniente não é persuadir, adular ou convencer, mas tentar encontrar uma pergunta útil a respeito dessa mentira ou comportamento. É na compreensão que a mudança se manifesta, e não na persuasão. É aí que o paciente pode compartilhar medos, esperanças e temores mais íntimos. Embora necessárias em casos de perigo e autoagressão, intervenções são complexas, mas talvez negar ao paciente sua experiência de resiliência e sobrevivência abafe as possibilidades. Eu iria tentar transmitir isso para Marianna quando nos encontrássemos na próxima consulta.

Chega a notícia de que uma das melhores amigas dela, Sienna, está grávida de três meses.

— Não estávamos tentando de verdade, mas aconteceu — disse Sienna, animada, apontando para a barriga.

Marianna sente as lágrimas vindo — alfinetes afiados como espinhos em seus olhos — e logo dá um jeito de disfarçar a própria inveja: força um sorriso lunático, largo e levemente trêmulo.

— Estou tão feliz por vocês — entoa.

Cada uma pede sua salada — sem vinho — e começam as suposições.

— E você e Karl?

— Ah, não tenho certeza se estamos prontos.

— Sério? Mas você sempre falou em ter uma família.

— Bem... Acabamos de voltar.

— Sim, mas não espere tempo demais, o relógio tá batendo.

Marianna pede licença e vai ao banheiro. Vasculha a bolsa em busca de um betabloqueador. Nas últimas semanas, ela aumentou a ingestão desses minúsculos comprimidos azuis que desaceleram seu coração ferido, acabam com o tremor das mãos e evitam que uma linha de suor borbulhe acima de seu lábio superior. Ela olha para o espelho. Sua pupila se dilata e ocupa o verde dos olhos. Marianna observa o pânico desaparecer e fala em voz alta para o próprio reflexo: *Eu não estou feliz. E alguma coisa precisa mudar. E Karl nunca vai precisar saber se eu parar de tomar a pílula. E eu posso fazer isso sozinha. Então como vai ser?*

Quatro da tarde.

— Eu gostaria de iniciar revisitando seu comentário da semana passada — aviso.

Os olhos de Marianna se arregalam e, quando ela está prestes a falar, o olhar de desafio rapidamente se transforma em timidez.

— Percebi que você ficou chocada e desconfortável com minha confissão de parar de tomar a pílula — diz ela, baixando o olhar tímido para os pés.

— Confissão é uma palavra interessante.

— Foi exatamente isso. Uma confissão.

— Com você guardando as indiscrições de seu pai por tanto tempo, não consigo deixar de me perguntar se resvalar para um comportamento parecido seria uma forma de preservar a relação com ele.

— Para que eu, de certa forma, me torne meu pai? Sim, talvez isso mantenha uma parte dele viva em mim. — Ela faz uma pausa. — Coitada da minha mãe.

Silêncio.

— Não sei o que fazer — comenta.

Eu mostro para Marianna quanto o relacionamento dela com Karl é parecido com o casamento dos pais e que ela, tal como a mãe, opta pela negação diante de qualquer evidência de infidelidade.

— Me parece que, na sua confissão, você estava comunicando inconscientemente como foi difícil e como se sentia frustrada na infância — digo.

Uma pausa.

— Eu não tinha me dado conta do meu ressentimento.

Meu silêncio deixa a vividez crepitante de suas palavras vibrando na sala.

Marianna permanece igualmente quieta. E o silêncio se estende.

— Há pouco tempo assisti a um documentário chamado *Professor Polvo* — volto a falar.

— Sim, eu conheço. Mas ainda não assisti.

Ela parece intrigada.

— Há um motivo para essa minha digressão.

Explico como foi minha experiência assistindo ao que acontecia com o polvo fêmea e como senti uma vontade incrível de protegê-la. Como desejei que Foster interviesse quando os tubarões circulavam a rocha sob a qual ela estava escondida.

— Fiquei em conflito com a decisão dele de não intervir, mas eu também acreditava que aquela decisão respeitava a ordem natural das coisas.

— Quer dizer, algo como "não mexa com a natureza"?

— Sim. É quase a mesma coisa no caso da terapia, mas também é diferente, lógico. Estou num conflito quanto à ideia de intervir na sua decisão de interromper a pílula, mas também me pergunto se, ao me contar isso, você não estava tentando me comunicar que precisa de algo mais de mim.

— Quero que você me diga o que fazer para que eu não precise tomar uma decisão.

— Eu gostaria de ajudá-la a pensar por si mesma com mais discernimento.

O humor dela muda de repente, o lenço em sua mão rapidamente ficando amassado conforme o punho de Marianna se fecha.

— Nunca fui infiel a ele — rosna Marianna. — E oportunidades não faltaram.

Não respondo. Era verdade, ela não tinha sido infiel. Marianna havia amado Karl, profundamente. E acreditava que era recíproco. Nessa história, é importante saber que Marianna é linda. Ela é generosa quando o assunto é o próprio cuidado, com o corpo e a voz. Quando os outros se veem fascinados por Marianna, ela decide o que vai fazer a respeito. E, quando choviam outros homens atrás dela, ela os mantinha afastados usando a elegância e a inteligência como guarda-chuva. Ela deixava explícito para eles e suas investidas que já estava em um relacionamento feliz.

Marianna se inclina para a frente.

— Lembra quando contei sobre a vez em que Karl e eu íamos fazer uma viagem para Antígua para ver minha tia?

— Lembro.

— Ela queria me entregar algumas coisas do meu pai depois da morte dele. Karl disse que precisava trabalhar, mas que eu deveria ir. E todo aquele tempo ele estava transando com Hen.

— Também me lembro de você dizendo como se sentiu sozinha e traída.

— Totalmente traída — completa ela, a voz tremida, em seu limite.

— Talvez agora, mais que isso, você tenha uma decisão para tomar. Lamento que Karl tenha te traído e lamento pela jovem que precisou guardar os segredos do pai. Mas a nossa dor não é o nosso destino. O que você afirma ser uma confissão é na verdade um ato de vingança.

Já ouvi muitos pacientes fantasiarem sobre atos de vingança. Vez ou outra isso faz com que sintam que têm arbítrio em relação ao próprio sofrimento e à sensação de impotência. Falar e pensar sobre esses desejos sombrios pode ajudar, para que os sentimentos de vergonha, mágoa e humilhação sejam compreendidos e reconhecidos, em vez de colocá-los em prática. Certa vez, uma paciente me contou sobre seu desejo de deixar larvas sob o carpete de uma casa ao receber o aviso prévio do "locador negligente e ganancioso"; outra falou em destruir o passaporte da colega de apartamento que tinha dormido com o namorado dela; uma terceira confessou ter vontade de costurar comida estragada na bainha de um vestido de sua rival, uma dançarina; e uma outra revelou que se imaginava plantando drogas no armário de um colega no trabalho. Havia algo em comum entre as pacientes que desejavam vingança em cada uma dessas histórias: mágoa e traição.

Marianna sempre se pergunta por que a mãe nunca, ao menos que ela saiba, procurou se vingar de seu pai.

— Há algo muito pior do que vingança, e isso é indiferença ou autopiedade — diz.

Após a sessão, Marianna vai direto para um ensaio geral de trabalho com a roupa dobrada sobre o braço como um guardanapo gigante de tecido. Ela não consegue escapar do desejo de vingança — e nem quer. Ela se pergunta por que a indiferença a incomoda tanto.

Mais tarde, ela se vira para Leo, o pianista — o colar de pérolas consertado repousando sobre sua clavícula —, e avisa que está pronta para começar a cantar. Ela percebe a própria respiração, profunda e constante; o leve batimento em seu pulso, regular e seguro. Marianna sorri para um grupo de clientes, sentados com seus coquetéis em taças coupettes, com uma ou duas azeitonas mergulhadas na bebida. Ela decide que também vai beber um martíni depois que a apresentação terminar. Apoia-se no que parece ser uma liberdade recém-descoberta, fecha os olhos e canta "At Last". Sua voz está encorpada, forte. Imagina Etta James, loira e com rosto de fada, e se flagra sorrindo a cada palavra, cada explosão de canto. Blues e country como um sonho se mesclando, por fim, naquela música.

Marianna tem escolhas, ela não é mais a parte prejudicada. Ela tem a vantagem, o controle das coisas, assim pensa, e a capacidade de se vingar se Karl der um passo fora do lugar. Nas últimas semanas, ela procurou testá-lo, quase incitando-o a sair da linha. Quando ele não se dispõe a dirigir até a casa dela tarde da noite porque ela quer transar, fica "registrado". Quando ele não retorna sua ligação de imediato, fica "registrado". Quando ele não liga apenas para dizer "eu te amo", fica "registrado". Quando ele pede qualquer comida por preguiça, fica "registrado".

— Quando você acha que vai estar pronto para começar uma família? — pergunta ela, beliscando tiras de frango com molho *shoyu*.

— Logo.

— Em quanto tempo?

— Não sei, Marianna, logo.

"Registrado".

Naquela noite, ela se sente tentada a parar de tomar a pílula, e a ideia a deixa ao mesmo tempo empolgada e apavorada. Marianna e Karl fazem sexo duas vezes e depois fazem amor na terceira vez. Ela fecha os olhos e imagina Leo entre suas pernas — entusiasmado e embriagado com seu corpo —, Karl pegando os dois em flagrante. Mais tarde, ela faz um furo de cigarro no paletó de Karl pendurado atrás da porta do quarto. A loção pós-barba favorita dele é derramada na pia do banheiro por acidente. Vingança.

Ela se sente ao mesmo tempo liberta e diabólica. "Eu vou decidir como e quando engravidar. Não Karl." Ela também começou a "pesquisar doadores de esperma", para o caso de decidir seguir um caminho diferente, e começa a explorar a possibilidade de conhecer outra pessoa, se as coisas não derem certo com Karl.

— Você tem conversado com Karl? Ele sabe como você se sente?

Ela olha pela janela.

— Mais ou menos.

Ela mal fala.

Marianna chega mais cedo em uma sessão, conversamos sobre a raiva latente, uma espécie de amiga para a vingança e uma facilitadora dela.

— Imagino que minha situação seja bastante comum — diz. — Você deve ver muitas mulheres como eu. Mulheres que querem ser mães, que querem construir uma família.

Ficamos sentadas em silêncio por bastante tempo. Nenhuma das duas fala, e penso em nossa jornada até aqui. Ainda não completamos um ano. Lembro-me da primeira mensagem que ela deixou em meu correio de voz às duas da manhã, a agonia e o sofrimento pelos quais ela passou após a traição de Karl, a perda do pai ainda não resolvida, a depressão, a contínua desconexão com a mãe. Eu a imagino cantando no hotel, desejando estar em um clube de jazz, e não lá, de fato. Imagino-a como mãe solo, com um novo parceiro, com Karl e o bebê deles. Penso na possibilidade de adoção. Penso nela sem filho, depois de tanto tempo planejando, tramando, prevendo sem saber. De repente, me sinto exausta.

Uma batida na porta me tira do devaneio.

— Só um minuto! — digo.

É o carteiro entregando um pacote que não cabe na caixa de correio. Sento-me de novo na poltrona e imagino meu filho, me lembro do nascimento dele, e do meu nascimento como mãe. Evoco o primeiro aniversário, os primeiros passos e o bichinho de pelúcia favorito dele. Tenho consciência de como a maternidade continua sendo algo gratificante.

Marianna boceja e pergunto no que ela está pensando ali em silêncio.

Ela me olha bem nos olhos.

— Doador de esperma ou traição. Escolha um.

## O QUE AS MULHERES QUEREM

— Escolha um — diz o pai dela.

Marianna olha para as duas capas de disco de vinil, sabendo que está sendo testada. Se escolher a opção errada, ela pode deixar de se sentir amada no mínimo até o jantar. Se escolher a certa, vai ficar radiante de respeito e adoração pelo restante do dia e da noite.

Ela ergue a mão e pega "So What", de Miles Davis. Seu pai sorri, sacode os ombros e levanta o braço do antigo toca-discos antes que o baixo e o trompete, simples e melódicos, comecem a tocar. Ele aumenta o volume. Depois coloca o Charlie Parker de volta na caixa e saboreia lentamente seu rum com Coca-Cola. Duas cadeiras foram colocadas na garagem. São feitas de vime claro com almofadas altas para dar mais conforto ao corpo envelhecido do pai. No dia seguinte, eles vão comemorar o aniversário de 65 anos dele.

Pendurados nas paredes da garagem estão os quadros da mãe: impressões de paisagens toscanas, imagens do mar, amantes e bebês gorduchos dormindo. Todas as coisas que Marianna deseja e não pode ter.

— Ela acha que vou esquecê-la, então enche minha garagem com suas obras de arte — comenta o pai.

— Eu gosto delas, dão uma sensação de lar — diz Marianna, sorrindo.

— Não quero que pareça um lar. Isso aqui é o jeito que encontrei de escapar.

Marianna tira os escarpins com os quais está calçada e cruza as pernas sob o corpo.

— Ah, papai, você está sempre fugindo, sempre tentando escapar. Você não vai a lugar algum, nós dois sabemos disso.

Seu pai ri.

— Tem razão. Quarenta anos que estamos juntos. Quem eu quero enganar?

— Exatamente.

— E você, filhota? Alguém no seu coração?

— Não, não de verdade. Tem Karl. Mas é complicado.

— Bem, vou te dar dois conselhos. Faça sempre o que precisa fazer para ser feliz, e o segundo é: aprenda a perdoar.

No dia seguinte, eles ouvem Charlie Parker e comem bolo de gengibre.

Esse é o último dia que Marianna passará com o pai.

~

Ela chega para a sessão, radiante e entusiasmada.

— Acho que encontrei um doador adequado — conta ela, sorrindo. — O nome dele é Edward. Isso é estranho demais?

Não é tão estranho assim, mas não digo, nem me aventuro no complexo de Édipo de Freud, e aguardo ela continuar.

— A boa notícia é que o chamam de Edward, não de Teddy, ufa! — Ela passa as costas da mão na testa, fingindo alívio. Depois revira os olhos. — Ainda não tem nada certo. Está bem no comecinho. Mas ele é alto, atlético e gentil. Não sei como você se sente sobre doadores de perfil alto ou baixo, mas ele parece simpático e adequado. De qualquer forma, nós conversamos e nos demos bem, então vamos nos encontrar para tomar um café na semana que vem.

— E Karl?

Ela dá de ombros.

— Não falei com ele sobre Edward. Ainda estou indecisa.

— Eu me pergunto se podemos explorar esse seu dilema e, mais importante ainda, o que está motivando sua decisão. Estou curiosa para saber por que você não discutiu isso com Karl.

Marianna faz uma pausa e percebo que sua respiração se acalma. Fico aliviada em ver isso. A mania dela me faz lembrar do começo de nosso trabalho e de minhas tentativas de *desacelerar o processo*. Ela pigarreia e se inclina para a frente na poltrona.

— Só quero sentir que tenho opções por mais algum tempo.

~

Em uma tentativa de conseguir ter liberdade e antes que o bebê que está em sua barriga crescendo fique grande demais, Sienna planeja um longo fim de semana em Paris.

— Vamos, vai ser divertido. Eu, você e Casey, como nos velhos tempos — diz a amiga, grávida e feliz.

O QUE AS MULHERES QUEREM

Quando retorna para casa depois de quatro dias se divertindo na França, Marianna sente um medo incontrolável de ter sido assaltada. Em vez de abrir a porta, pega as malas e vai para a rua. De lá, liga para Sienna, mas a amiga não atende. Casey também não. Nem Karl. Ela deixa uma mensagem de voz para cada um deles. *Será que eu deveria chamar a polícia?*, pensa. O medo e a paranoia a consomem. Ela fica chocada com o poder de sua paranoia, mas será que é só isso mesmo? *Será que os assaltantes ainda estão no apartamento? O que estão roubando?* Ela espera que não tenham achado a joia que ela ama, mas que nunca usa.

Ao chegar para a sessão no dia seguinte, Marianna explica o terror que sentiu antes de conseguir adentrar o apartamento.

— Demorei quase uma hora para conseguir entrar.

— Uma teoria é que a paranoia, ou atenção aumentada, nos permite ignorar a raiva — explico. — Mas há outra teoria que acho que pode interessar a você. A paranoia seria uma resposta ao sentimento de que estamos sendo tratados com indiferença.

Marianna tira o cachecol e o põe sobre os joelhos como um cobertor.

— Karl nem se deu o trabalho de me ligar enquanto eu estava fora. Mandei algumas mensagens. Ele escreveu de volta, mas não ligou.

— A paranoia é uma defesa. Ela nos protege de sentir que ninguém está pensando em nós. Talvez o pensamento de que alguém havia assaltado sua casa a proteja de algo muito mais doloroso: a ideia de que ninguém se importa; ou ao menos é isso o que você acha.

Ela assente.

— Acho que morar sozinha não ajuda. Especialmente depois que Karl disse que íamos morar juntos.

Tomo um gole de chá.

— A paranoia também fica mais provável de acontecer se nos sentimos sozinhos ou inseguros. Você é filha única... Como era isso para você?

— Nada parecido com como me sinto agora. Minha mãe sempre estava em casa, pintando, e, se não estivesse lá, meu pai fazia questão de estar. Eu nunca encontrava a casa vazia quando chegava da escola.

Absorvo essas palavras e as transformo em pensamentos.

— Então podemos dizer que, na infância, você raramente se sentia sozinha. No entanto, agora, a paranoia de achar que foi assaltada a salvou de se sentir assim. Uma vez, você me perguntou do que esse roubo se tratava. Acho que pensar em um roubo ou em buscar vingança é mais fácil que ser esquecida. Talvez sua paranoia a proteja de se sentir indiferente.

— Sim, fico muito triste. Querer uma família de repente faz todo o sentido.

O mês de agosto é a época na qual muitos psicanalistas tiram férias, para que possam descansar e se divertir. Parece uma espécie de pausa prolongada que funciona para limpar a mente. Ao longo dos anos, minhas férias sempre dependeram de diferentes fatores, como os cuidados com meu filho, minha fadiga e, mais recentemente, meus projetos de escrita. No entanto, nessa ocasião em particular, eu também havia decidido tirar férias da prática clínica, sobretudo para descansar, mas também para passar algum tempo com meu filho, necessitado de férias, em um lugar quente depois das provas de fim de ano.

Marianna foi uma das poucas pacientes que expressaram como estavam ansiosas para dar um tempo na terapia.

— Não é que não vá sentir falta de vir ver você, mas assim vou poder testar o que aprendi — diz em nossa última sessão antes das férias.

*Testar* parecia uma palavra interessante, e tentei adivinhar quem e o que exatamente ela estava testando. Ela mesma, a mim ou ambas. *Registrado.* Eu me perguntei se Marianna havia mentido para mim também, e quando.

Ela ainda estava indecisa sobre Karl e, embora eu viesse sugerindo nos últimos meses que ela tentasse experimentar viver mais no presente e dando espaço para viver também seus sentimentos, Marianna estava cada vez mais preocupada em planejar a gravidez, testar o namorado e sair com certa frequência para almoçar com Edward, o doador de esperma em potencial. Ela estava com dificuldades em abandonar a postura de "Eu só quero sentir que tenho opções por mais tempo" para se relacionar de forma sincera com Karl, Edward e a mãe dela.

— Olha, velhos hábitos custam a morrer — respondeu, quando a questionei a respeito disso.

Percebi como seus mecanismos de defesa ainda estavam vivos e nada saudáveis. Será que escolheria ser honesta com Karl ou decidiria seguir em frente com Edward, o doador de esperma? Talvez nenhum dos dois fosse ajudá-la a conseguir o que mais desejava ter: a própria família. *Cinco semanas é tempo demais para ficar sem terapia quando decisões importantes na vida estão batendo violentamente à porta*, pensei.

Essa poderosa reencenação comigo no papel de Marianna e ela no de seu pai era permanente e dolorosa de um modo frustrante. Ela mantinha vivas as mentiras e a falta de sinceridade, e a mim sobrou guardar os segredos como ela fazia na infância e na adolescência.

— Me ocorreu agora — digo — que as mentiras, as discrições, como você chama, só pararam quando seu pai faleceu, há três anos. Mas você ainda as carrega consigo. O que acha que poderia acontecer se eu dissesse que não quero mais ser conivente com a sua confissão?

Os olhos de Marianna se arregalam e ficam vidrados.

— Eu sentiria raiva e depois ficaria preocupada com a possibilidade de você não voltar das férias — sussurra ela. — Eu acharia que você não se importa.

Faço uma pausa intencional e respiro fundo.

— Mas eu me importo, Marianna. Muito. É importante romper o padrão. Ao manter essa história viva, você faz com que qualquer ferida anterior seja seu destino.

Marianna fica em silêncio. Está pensando. Desvia o olhar, incapaz de sustentar o meu, pega o suéter do braço da poltrona, passa-o pela cabeça e ajusta o colarinho da camisa. O delicado tique-taque do relógio nos informa que a sessão chegou ao fim. As férias de verão nos esperam. Eu me levanto de repente e me junto a ela. Marianna pega a bolsa, pigarreia e sorri.

— Há algo que quero contar antes de ir embora — diz ela. — Estou grávida.

Ela sai. Fico em choque.

*⁓*

Durante as férias, meus pensamentos são atraídos para a sessão de despedida como uma mariposa voando em direção à luz. Consciente de que essas visitas são mais insistentes que as de minhas outras pacientes, confio em mim mesma, em minha trajetória e experiência como psicanalista o suficiente para escutar — faço anotações e observo. Eu me pego oscilando entre a irritação e a confusão, a aflição e a curiosidade por Marianna ter escolhido aquele momento para me contar algo tão provocativo e instigador. Por que ela fez isso? Terá sido uma tentativa de sentir que estava no controle da nossa relação, como quando ela me contou — também no final de uma sessão — que ia parar de tomar pílula anticoncepcional? Que, ao soltar a bomba sobre seu bebê e partir, ela poderia me fazer experimentar, como fez com Karl, o que era ser atormentada e deixada esperando?

Concluo que essas ações vêm de um lugar de medo e mágoa, mas se tornam cruéis, um mau comportamento, e isso me faz sofrer. Também estou com raiva. E decepcionada. Lembro a mim mesma da profissão que exerço, de como aquela revelação não é algo pessoal e o comportamento de uma paciente é uma resposta dela à dificuldade enfrentada. Porém, por mais "profissional" que eu tente ser, ainda sou humana. E os seres humanos se magoam e ficam decepcionados. E também aceitam o fato de as pessoas saírem de férias. *Trabalhar com uma paciente que deseja tanto um bebê*, penso, *que tem tamanha necessidade de ser mãe, faz com que toda essa questão do desejo passe a ocupar um lugar central em minha mente.* Finalmente encontro a compaixão. Marianna está tentando, com bastante sucesso, me mostrar como a espera pode ser dolorosa. Com certeza existem maneiras mais fáceis e mais agradáveis de uma pessoa comunicar sua frustração, imagino.

Setembro. Marianna chega mais cedo para sua sessão. Ela parece calma quando abro a porta, mantendo contato visual. Um sorriso glamouroso. Percebo que ela fez luzes no cabelo. Minúsculos fragmentos de luz refletindo em seus cachos.

— Já te chamo, Marianna — digo, conduzindo-a até a sala de espera.

Percebo que estou levemente irritada por ela ter chegado 15 minutos antes. Fecho a porta do consultório e volto a fazer anotações sobre a sessão anterior. No entanto, minha concentração já foi interrompida e tenho dificuldade de recuperar as reflexões. Decido ferver a chaleira e preparar um chá enquanto espero. Sinto na boca do estômago toda a expectativa de descobrir de quem Marianna está grávida.

— Como você está? — começo.

— Estou bem, obrigada. E você?

— Bem — respondo e sorrio. — Como foi de férias?

— Legal. — Ela se mexe na poltrona. — Fiquei relaxando.

Então, ela se inquieta. Silêncio.

— Eu sei que fui embora, antes das férias, falando que estava grávida. Não deveria ter feito isso — diz ela. — Escondi coisas de você. E fui cruel. Me desculpe.

Não respondo de imediato. Faço uma pausa. Quero que tenhamos tempo suficiente para perceber o pedido de desculpas — eu o recebo feliz.

— Obrigada. Fiquei chocada depois da última sessão. Sobretudo porque o assunto gravidez era uma decisão muito importante para você. Também me perguntei se estava tentando me mostrar como a espera pode ser dolorosa. Especialmente porque você teve que esperar o comprometimento de Karl de formar uma família com você. E, óbvio, há a questão das reencenações. Acho que você estava tentando me mostrar que guardar segredos é uma forma de deter poder. Como acontecia entre você e seu pai. E, quando eu disse que não queria mais ser conivente com isso, você ficou decepcionada.

Mariana assente.

— Você tem razão. Eu queria guardar só para mim o fato de que estou grávida, queria que fosse algo só para mim e para o bebê. Toda a minha vida guardei os segredos dos outros, esperei pelos outros, desejei os outros. Eu nem tinha contado para Edward até semana passada.

— Então, Edward é o pai? — pergunto sorrindo.

— É, sim. Terminei meu relacionamento com Karl nas férias. Cheguei à conclusão de que seria mais feliz fazendo isso sozinha. Edward e eu nos tornamos muito próximos. Passamos algum tempo juntos durante as férias. Acho que Karl nunca teria cedido, e não sei se conseguiria confiar nele depois do caso que teve. Completo 12 semanas de gravidez no mês que vem, e aí vou contar para minha mãe e meus amigos. Mas, por enquanto, só você e Edward sabem. — Marianna põe a mão na barriga, olha para mim e sorri. — Eu não queria trazer meu bebê ao mundo com uma mentira. E é o que teria sido se eu tivesse engravidado de Karl. Uma mentira.

Marianna não tinha filhos quando a conheci, seis anos atrás. Agora, Grace já está na escola e adora a companhia de outras crianças, ama qualquer coisa com unicórnios e tem um peixinho dourado chamado Archie. Assim como Marianna, também criei meu filho sozinha. Por mais encantador que eu acredite que ele seja, os primeiros anos foram bem difíceis. E solitários. Muitas vezes, senti certo constrangimento materno vindo de outras mães e famílias nos parquinhos nos fins de semana. Às vezes, por exemplo, sentiam pena de mim, mas sem falar nada, e eu me ressentia da camisa de força da conformidade que mal permitia a ideia de ter escolha e criatividade como mãe solo. Contudo, meu desejo e compromisso, uma vez enraizados, floresceram depressa.

Assim como Marianna, também sinto um amor incondicional pelo meu filho. Ele é sensível e gentil, criativo e curioso, e a única pessoa em minha vida que permito vir antes de mim (às vezes). Marianna também fala "desse amor, desse amor incondicional que não tem igual". As palavras são ditas quase como uma canção lírica e doce, seus olhos semicerrados enquanto ela as entoa com uma alegria maternal profunda.

As experiências de infidelidade, a repetição dos padrões de sua família e as mentiras contadas em seus relacionamentos não corromperam, não seriamente, o coração dela. Ao compreender seu desejo, e também reconhecer as potenciais reencenações familiares, Marianna foi capaz de fazer escolhas diferentes e independentes das que sua mãe tinha feito e sugerido. A corda bamba que era se contentar com um parceiro a quem ela "não mais respeitava e em quem não podia confiar" provou ser um desafio, pois, como ela costumava ressaltar em suas sessões, "o tempo estava passando". Marianna esteve muito perto de mentir para Karl, de levar sua vingança a cabo e de engravidar por meio de uma mentira. O que ficou explícito, porém, à medida que ela inchava e crescia a cada mês, era quanto ela queria ser mãe, e, mais tarde, como se sentiu dedicada, amorosa e conectada quando Grace finalmente chegou.

— Como você se sente agora? — pergunto. — Olhando hoje para aquela época com Karl e Edward?

— Como se não tivesse noção do meu poder. Da minha força e determinação. Eu achava que precisava de um homem, um companheiro ou marido, para sentir que tinha uma família completa. E é lógico que também teria amado se fosse assim. Mas não era para ser, não para mim, de qualquer modo.

Ela toma um gole de água.

— Demorei muito para acreditar ser possível ter um filho sozinha. Eu gostaria que mais mulheres falassem sobre isso. Quando não se tem uma família da maneira mais convencional... Bem, ainda existe muito estigma, medo e vergonha sobre esse assunto, chega até mesmo a ser um tabu. Mas, se é o que queremos de verdade, quem tem o direito de dizer que não podemos ou não vamos fazer isso? — declara Marianna, reforçando as primeiras e últimas palavras para ter certeza de que eu entendi e de que estou ali ao lado dela.

E é óbvio que estou.

*Mas paro aqui, pois quem me dirá o que é a beleza?*

— Frantz Fanon, em
*Pele negra, máscaras brancas* (1952)

# Ruído branco

*A festa de aniversário é um exemplo. Aos 9 anos, era a única* criança negra sentada àquela mesa posta com perfeição. Ela alisou o vestido de festa: vermelho e de veludo. Havia um grande laço de seda costurado na gola, no qual ela mexia o tempo todo. Duas primas suas distribuíram os pãezinhos pela mesa e, ao ficarem com as mãos livres, estenderam as palmas pálidas para acariciar os cabelos dela.

— Por que é tão esponjoso? — perguntaram. — Será que nunca vai crescer?

Ela afastou a cabeça, respondendo que era "esponjoso" porque era "diferente do cabelo dos brancos", como o de sua belíssima mãe.

— Por que você não alisa? — quis saber Clare, a prima mais nova.

— Eu não quero alisar. Gosto dele assim — disse a menina, sorrindo.

— Mas aí você seria mais parecida com a gente, não é, Emily? — insistiu Clare, virando-se para a irmã.

A criança lançou um olhar duro para os pais. Um garfo de prata foi espetado no pernil de cordeiro sobre a mesa e erguido com força do mar de ervilhas com folhas de hortelã. O pai desviou o olhar. Já a mãe, no entanto, se inclinou e fixou os olhos brilhantes nos indecisos da filha.

— O cabelo da Tia é diferente do seu — falou, com um sorriso — e a gente gosta dos cachos dela, não é, amor? Agora, coma.

Mais tarde naquele dia, Tia e as primas se aventuraram no jardim, onde ela se forçou a "brincar e ser boazinha", instrução dada pelo pai depois que ele a flagrou se impondo quando as três estavam brincando de médica e enfermeiras pouco antes. Impelida pelo desejo de participar, ela tinha tentado mostrar a Clare e Emily como usar um estetoscópio de plástico vermelho, mas o trio logo partiu para a agressão física depois de um desentendimento sobre onde ficava o coração e de onde seria possível escutá-lo.

— É aqui — insistiu Clare.

— Não, fica aqui — disse Tia, forçando a mão da prima.

— Ai, você fez de propósito! — gritou Clare.

Emily pegou a irmã mais nova pela cintura.

— Vamos, não brinque com ela — rosnou. — Ela não é como a gente. Ela é má.

*"Negra e má", é o que elas queriam dizer.*

Tia pega um lenço de papel.

— Quando se é "diferente" — continua ela, fazendo aspas com os dedos —, você faz o possível para se enturmar, ainda mais na infância. Você observa todo mundo e se esforça ao máximo nas reuniões de família. Mas minha mãe e eu sempre fomos minoria.

Tia fazia terapia comigo havia seis meses, e muitas histórias como essa vieram à tona — histórias que falavam de discriminação racial e exclusão social. Exemplos de como Tia e a mãe tiveram a própria voz e a confiança arrancadas delas. O racismo deixou um peso muito grande sobre a alma e o corpo delas, e Tia explicava as dificuldades, que iam muito além da pele, em seu próprio tempo.

— Nunca me senti bonita quando era pequena — conta. — Era como se eu tivesse sido encaixada à força em um corpo que não era meu. Um receptáculo negro que eu habitava dia após dia, mas do qual não gostava de verdade, quem dirá me importar.

Eu escutava com certa resistência e com uma sensação familiar de desconforto e agitação. A raiva e a tristeza foram formando novas rugas em meu rosto, tinha quase certeza. Fiquei pensando sobre como iríamos seguir na terapia, pois já sabia, por experiência, que conversas sobre racismo estrutural abordadas no consultório são dolorosas e desafiadoras. Eu me lembrei da tão necessária cura por meio da conexão que vivenciei na minha terapia, ao lado daquelas que também sofreram ataques por motivação racial. O crescimento e a transformação se tornam possíveis quando uma conexão é estabelecida entre terapeuta e paciente, que é quem apresenta uma dificuldade qualquer. Com a exploração em conjunto do tema, a conexão surge e incentiva, também, a nomeação e o sentir dessa dificuldade. Assim, o paciente começa a desenvolver mais confiança e estabelecer com o psicanalista uma relação importante, na qual se sente mais plenamente visto, aceito, menos isolado, e sua dor pode ser compartilhada e testemunhada. Esse tipo de conexão não se limita a ouvir ou a estar presente de forma passiva; também evoca sentimentos, um encontro de mentes e corpos sentido e partilhado por ambas as pessoas no consultório. E é esse ambiente de compaixão e reconhecimento da dor do paciente que proporciona a criação de uma intimidade profunda, que ajuda no processo de cura de qualquer sofrimento trazido para a sessão.

Tia me conta como ela observava a confusão no rosto dos novos amigos e conhecidos, com olhos curiosos, sobretudo quando a mãe dela não estava por perto.

— Ela é adotada? Ou é filha de criação? — perguntavam-se os amigos alto o suficiente para ela ouvir. — Talvez ela seja só uma amiguinha da Clare ou da Emily.

Posteriormente, Tia observava nos rostos perplexos o momento em que a ficha caía. Os pontos aos poucos se ligando, tudo envolto de muita perplexidade, quando a mãe dela enfim aparecia, como se de um passe de mágica. Era uma visão de pele macia, dentes e seda vermelha — a cor preferida dela. Os olhares de antes eram disfarçados e desviados, e se tornavam capciosos e elevados. As vozes se transformavam em sussurros tensos e prolongados.

Tia me procurou 18 meses depois da morte da mãe — um inesperado aneurisma cerebral contra o qual Evelyn lutou, mas infelizmente não sobreviveu. Tia estava ansiosa para trabalhar com uma terapeuta que pudesse se identificar com as dificuldades que ela enfrentava, mas acabara descobrindo que a área e as opções eram bem limitadas nesse sentido. Anteriormente, ela fazia terapia com uma psicanalista branca e, em conjunto, as duas desenvolveram um trabalho importante, mas, como algumas das questões que Tia desejava abordar avançariam e passariam a envolver sua herança e raça, sentiu que era importante encontrar alguém que "não tivesse medo de lidar com esses assuntos".

Em nossa primeira sessão, ela revelou a devastadora perda da mãe e falou sobre como havia ficado "profundamente abalada. Ainda tenho dificuldade para aceitar que minha mãe se foi, para sempre. Acho que estou deprimida. Minha filha Sophia acredita que preciso de ajuda".

Evelyn — que atuou em hospitais na área de obstetrícia por 28 anos — tinha uma saúde perfeita, ou ao menos era o que sua filha pensava. Então, quando Tia recebeu um telefonema e foi informada de que a mãe tinha sido levada às pressas para o hospital, sentiu as pernas ficarem bambas.

Tia falou da incapacidade de aceitar a morte da mãe e se perguntou se essa perda tão marcante contribuía para aumentar os níveis de estresse em casa e no trabalho. Advogada em um escritório da área, ela vinha tendo dificuldades para se concentrar e se engajar no emprego como antes. Casos semelhantes aos que ela já havia defendido com enorme dedicação vinham desaparecendo, oferecidos a colegas mais jovens, enérgicos e ambiciosos. Ela vivia seus dias como se "tudo fosse muito difícil e penoso de fazer", sempre de olho no relógio, com um desejo de sair do escritório e ir para casa assim que o ponteiro marcasse o horário. Tia se sentia desconectada e ambivalente.

— Não tenho mais energia nem interesse. Odeio a pessoa que me tornei, preguiçosa, desinteressada.

Tia também se sentia inquieta com o impasse da filha em relação à vida acadêmica, e exausta por causa do próprio julgamento intransigente para com aqueles que "não desejavam ser a melhor versão de si mesmos, e eu me incluo nisso". Observei e senti um aperto no peito. *Você não vai encontrar uma terapeuta perfeita aqui*, tive vontade de dizer, mas me contive. Eu me perguntei quais mensagens e crenças anteriores haviam incutido nela esse desejo de que os outros fossem "perfeitos" e previ o momento inevitável quando eu também a decepcionaria. Ocorreu-me que administrar as próprias expectativas a ajudaria muito em relação ao que esperava de si mesma e dos outros.

Sugeri de nos vermos duas vezes por semana.

— Sempre fiz tudo sozinha — respondeu ela.

— Então a terapia é um grande risco. Um risco bom, mas, ainda assim, um risco.

O ambiente foi tomado por um silêncio pesado. Tia passou os olhos com curiosidade pelo consultório, observando estantes e plantas, a orquídea suspensa na qual borrifei água momentos antes de sua chegada, as pilhas de artigos científicos e a mesa de canto polida e lustrada, com peônias recém-cortadas repousando sobre ela. Quando seu olhar voltou para meu rosto, ela fixou os olhos nos meus.

— Existem dois tipos de pessoas: as que comparecem e as que não comparecem. Por favor, não seja uma dessas pessoas que me decepcionam.

Levei uns instantes para digerir o peso daquelas palavras, o pensamento binário e a seriedade daquele pedido.

— Vou fazer o possível — respondi —, mas não posso prometer que não vou decepcioná-la. Administrar nossas expectativas serve para aliviar o peso de uma possível decepção. É provável que todos nós decepcionemos e sejamos decepcionados de vez em quando, não?

Tia piscou.

— Não em meu mundo.

Quando se inicia o processo terapêutico, é normal a paciente chegar ao consultório com esperanças, ideias e anseios quanto a como gostaria que fosse sua terapeuta. Ela pode esperar e ousar imaginá-la como compassiva, boa ouvinte, de coração aberto e um ser humano bom e polivalente — tudo isso a ajuda a imaginar a aliança terapêutica e lhe torna possível falar sobre o que a incomoda. As duas partes se comprometem a adentrar uma aventura colaborativa, uma jornada com o coração e a mente, na qual não existem dois pacientes ou dois tratamentos iguais. No entanto, embora parte de nós lide com cada pessoa nova que conhecemos com um olhar novo e receptivo, há também uma parte que carrega para o consultório memórias, projetos e confrontos vindos de relacionamentos anteriores, seja com a família, seja de outra natureza. Às vezes, pode ser que uma paciente não consiga enxergar o meu "eu" porque sua visão é moldada pelos acontecimentos emocionais que já viveu. Vem à minha mente uma jovem com quem trabalhei por pouco menos de um ano. Toda vez que eu falava ou oferecia minhas observações, ela associava meus pensamentos e minhas reflexões a algo que a própria progenitora diria ou faria. "Isso é exatamente o que a minha mãe diria." "Diga isso de novo, você falou igualzinho à minha mãe." "Incrível, é como se ela estivesse sentada bem aqui na minha frente!" Ela fez comparações e projeções da mãe em mim por várias semanas até que um dia falei, em um tom de brincadeira: "Sempre me perguntei como seria ter uma sósia." Então, ela respondeu com frieza: "Você não se parece com minha mãe. Ela é muito mais alta."

As sessões eram tomadas por obsessão — a paciente se deslumbrava, fazia suposições, analisava e se perguntava de forma compulsiva o que sua progenitora estava pensando, fazendo ou planejando. A projeção da mãe em mim era tão forte que comecei a me perguntar como eu conseguia permanecer em meu corpo, sob minha pele. "Meu marido é obcecado pela mãe!", insistiu ela certa tarde, bem no começo de nossa sessão, a palma das mãos erguidas para o céu como que em súplica. "Ele não consegue fazer nada sem antes consultá-la. Ele literalmente tem uma foto dela em cada cômodo da nossa casa." E depois chorou. A ironia da cena era extraordinária.

Eu tentava imaginar quem e o que tinham sido uma decepção tão grande para Tia. O que havia acontecido em seu mundo para que agora ela não admitisse qualquer decepção? Ela carregava o peso da agitação mental em seus ombros, como Atlas, condenado a sustentar o peso dos céus. Como seria possível corresponder a tais expectativas? Impossível. "Não em meu mundo", dissera ela. *Será que em algum mundo?*, perguntei-me.

Tia também enfatizou que, no caso improvável de um dia se atrasar ou se não estivesse se esforçando o suficiente na terapia, ela gostaria de ser lembrada, de forma muito objetiva, de que "se atrasar e ser preguiçosa são falhas de caráter".

— Quero uma terapeuta, não uma múmia — afirmou.

*♈*

Nove meses depois, Tia chega para sua sessão semanal de quarta-feira balançando a bolsa de ginástica e trazendo uma pasta na mão. São 19 horas.

Já sentada, ela questiona como foi meu dia antes de eu ter a chance de fazer a mesma pergunta a ela. Isso não é algo incomum. Volta e meia preciso competir com a advogada vigorosa e indagadora que veio correndo de tênis do trabalho para conseguir chegar à sessão na hora. De início, considerei que ela estivesse verificando meus possíveis níveis de fadiga e minha capacidade de estar presente durante a consulta dela no que era o fim de um dia de trabalho para as duas. Ou estaria ela genuinamente curiosa para saber como tinha sido meu dia? Não era evidente, mas, se eu fosse confiar em minha intuição, diria que era mais provável se tratar do primeiro caso.

— Estou bem, obrigada — digo. — Como você está, Tia?

— Cansada. Tenho uma pilha de trabalho para dar conta e Sophia tem provas na semana que vem. Se ela passasse mais tempo estudando e menos tempo no maldito celular, não estaríamos nessa situação.

— Que tipo de situação?

— Ontem à noite ficamos acordadas até duas da manhã revisando as anotações de história dela. Sophia está muito atrasada. Eu a fiz escrever as datas importantes para conseguir se lembrar de todas.

— Qual período ela está estudando?

— O sonho americano. E os Tudors.

— Ela se interessa por esses assuntos?

— Pelos Tudors, nem tanto. E ainda tem as aulas de inglês e de arte. Não posso ajudá-la nessa última, mas com inglês talvez eu consiga.

— E da parte do programa que aborda o sonho americano, ela gosta?

Tia dá de ombros e mal assente com a cabeça.

Nas últimas semanas, ela tendeu a se concentrar "nos contratempos, nas imperfeições e na preguiça" da filha, nas dificuldades dela. Pouco fala das vitórias de Sophia, ou da alegria que a menina sente com os estudos ou as amizades, e isso me deixa curiosa. Embora a psicoterapia psicanalítica seja uma oportunidade para refletir e pensar com discernimento sobre o discurso, acredito que seja igualmente importante reconhecer momentos de realização e conexão consigo mesma, com os outros e com os interesses de vida. Ao nos aprofundarmos, Tia revelou que a filha "fica muito feliz quando pode expressar seu lado artístico" e que recentemente foi convidada para um curso de verão com duração de duas semanas depois de apresentar suas pinturas, a maioria autorretratos. No entanto, Tia não tinha certeza se a arte era um caminho que valia a pena seguir.

— Ela teria mais oportunidades nas áreas de história e inglês. Meu medo é que a carreira artística seja muito limitada — comentou na época.

— Entendo que as provas sejam na semana que vem, mas quem sabe também possamos tirar um momento para reconhecer as coisas em que ela está se saindo bem? Talvez assim tenhamos uma percepção mais nítida e um olhar equilibrado sobre a situação. Ela ainda gosta de fazer arte?

Tia pega o celular para me mostrar algumas das fotos que tirou das pinturas da filha.

— O que acha?

Ela vai passando as fotos enquanto eu olho. Nós sorrimos.

— São incríveis. Sophia é muito talentosa.

Vejo um sorriso discreto e orgulhoso surgir nos lábios de Tia.

— Eu não entendo bem as pinturas, especialmente essa. Não se parece em nada com ela, mas é interessante.

— Interessante como?

Estou ansiosa para entender, para entrar em contato com os pensamentos de Tia e a opinião dela sobre a criatividade de Sophia.

— Bem, parece que ela estudou mesmo o próprio rosto. E não tem medo de ousar com as cores. Veja. — Tia se inclina, o dedo indicador

e o polegar dando um zoom na pintura, e ficamos mais próximas. —
Olhe para o detalhe, está vendo?

— É impressionante mesmo — digo, sorrindo de novo. — Ela sem
dúvida captou o momento e um verdadeiro amor do próprio rosto. Há
um comprometimento no trabalho dela, não acha?

Nós duas permanecemos olhando aquele retrato ousado. Ele é uma
aventura caleidoscópica, repleta de tons de verde e amarelo-limão.
Observo a confiança nas pinceladas de Sophia. Sua apurada atenção
aos detalhes. A tela está toda preenchida com seu rosto, a postura ereta
— uma abundância de cores estridentes e reconhecimento. Percebo
meu desejo de tocar a tela do celular de Tia, pegar e segurar o retrato
e pendurá-lo em minha parede clara. Quero poder olhar e admirar seu
comprometimento e sua beleza.

Nós nos recostamos em nossas poltronas.

— Fiquei curiosa com uma coisa. Você mencionou que o retrato não
se parece em nada com Sophia.

— Sim, não se parece.

Percebo a rapidez com que Tia volta a atenção para mim, a voz na
defensiva.

— Embora os detalhes sejam bons — acrescenta ela —, as propor-
ções estão todas erradas. As cores também: são ousadas, mas estranhas.
Ficou esquisito.

— Talvez não seja um retrato do tipo cópia fiel, ao estilo clássico, mas
sim o modo como Sophia quer pintar a si mesma e se expressar. Talvez
ela esteja tentando comunicar algo por meio do uso que fez das cores...

Tia pigarreia e põe o celular dentro da bolsa. Vejo sua boca se
contrair, os olhos se virarem para baixo e se estreitarem. Nossa dança cheia de sorrisos e orgulho de antes se transformou em algo bem
diferente — um desconforto taciturno. Com o humor subitamente
tenso, espero a sua resposta, percebendo que estamos adentrando
um território complexo.

Durante as primeiras semanas de terapia, Tia havia passado muito
tempo falando de um "arrependimento doloroso. Tenho vergonha de
falar disso".

Aos vinte e poucos anos, ela fez cirurgia plástica, e me revelou como "tinha rejeitado minha pele, minhas feições negras e minha ascendência em parte jamaicana".

A cirurgia foi uma resposta à solidão incapacitante e ao impacto do racismo estrutural, que ela evitava por meio do controle e da crítica. Fiz uma anotação interna, meu coração em busca de um alívio: *Reflita sobre a opressão e as expectativas intermináveis de Tia — seu desejo de pertencer e se conectar. O que aconteceu para concretizar a rejeição de sua ascendência jamaicana?*

Aos 23 anos, Tia quis suprimir sua aparência e ficar livre do olhar ininterrupto da mãe.

— Meu pai era quem cuidava de mim, e todos com quem convivíamos eram brancos. Agora vejo que as palavras dele tinham um grande impacto na minha aparência. Um impacto devastador. Eu queria me adequar, pertencer. Queria que ele me amasse. Suspeito que, se eu tivesse sido criada pela minha mãe ou no país dela, minha vida teria sido muito diferente.

Após o nascimento da filha, Tia sentiu vergonha e decepção por ter mudado de aparência e desejou ser capaz de reverter as decisões de "transformar" o próprio rosto anos antes.

— Uma pessoa não branca vai entender essa necessidade de pertencimento, de fazer amigos — diz ela, me encarando —, mas eu me odeio pelo que fiz naquela época. Minha mãe nunca me perdoou.

Tia havia mexido no nariz, feito relaxamento e alisado os cabelos e ocultado os olhos castanhos com lentes de contato turquesa. Também tinha clareado a pele, transformando-se no que explicou ser "um corpo moreno": uma pessoa negra de pele mais clara.

— Eu tinha 13 anos quando meus pais se separaram. Foi muito difícil, mas, ao mesmo tempo, fiquei aliviada com o divórcio. Eu morava com meu pai e passava os fins de semana com minha mãe. Os dois exigiam minha lealdade e tinham opiniões bem firmes sobre quem eu era e quem deveria ser. Me senti muito dividida e com muita raiva — um peão no jogo de xadrez dos dois.

A analogia era de uma precisão dolorosa. Imaginei de fato um tabuleiro de xadrez, com pequenas peças esculpidas: um rei, uma rainha e um peão. Dedos rápidos despistando e removendo partes da vida de seu concorrente até que... xeque-mate.

— Quem venceu?

— Boa pergunta. Quem venceu? — repetiu ela, pensando enquanto olhava pela janela.

Nós duas estávamos muito quietas, em silêncio.

— Embora eu não esteja convencida de que exista algum vencedor — comentei —, quem é que ganha quando não nos posicionamos pelo que é certo?

— Mas, no fim, acho que precisa haver um vencedor.

— É?

— Meu pai.

Uma pausa.

— Talvez seja a hora de outro jogo?

Tia se inclinou para a frente.

— Vamos jogar cara ou coroa para ver quem é o preto e quem é o branco?

— Quando falo em outro jogo, quero dizer um jogo diferente. Um que não esteja focado nesse pensamento binário — expliquei, consciente de minha ascendência de origem dupla, como a de Tia. A aflição e a impossibilidade de ser fiel a uma única cultura.

Tia esperou. Ainda sem falar.

— Que tal um jogo de cartas?

— Ótimo — respondi, sorrindo.

De volta ao presente, verifico o relógio: 19h20. Tia fecha o zíper da bolsa, cruza os braços e as pernas, o corpo de repente virando uma fortaleza, com um fosso ao redor de sua dor. Tento nadar até ela, para conhecer e constatar as dificuldades que foi forçada a enfrentar.

— É doloroso observar a confiança de Sophia — confessa. — O modo como ela se aceita e expressa quem é. Minha filha tem uma noção muito boa de si mesma no mundo, mas isso acaba me lembrando de que eu não tinha. Gostaria de ter conseguido fazer isso na idade dela. Minha vida teria sido muito diferente.

Alerta para a dor que ela pode vir a experimentar para ter o que deseja, assinto e espero aquelas palavras se acomodarem em mim.

— É importante reconhecer essa perda, a opressão que você vivenciou e à qual sobreviveu, e que continua elaborando. Nossa dor não é o nosso destino, e a cura tem a ver tanto com o que transmitimos para nossos filhos quanto com nosso progresso. Você é a mãe de Sophia. Você pegou o que entendeu da própria jornada e deu a ela ferramentas, orientação e habilidades. Acha que pode ajudar se conversar com Sophia sobre a arte dela, perguntar o que ela pensa e sente quando pinta?

— Eu já fiz isso.

— E?

— Ela me disse que pinta o que sente, não o que vê.

— Palavras de uma verdadeira artista.

Tia sorri.

— Obrigada. Ela é incrível.

— Assim como você.

Lágrimas caem dos olhos arregalados de Tia.

— Obrigada — responde e sorri com timidez.

Espero que ela enxugue os olhos, os lenços amassados enfiados na manga de sua blusa de seda.

— Eu gostaria de ter sido mais próxima de minha mãe — confessa, com a voz trêmula, quase falhando. — Sinto saudades dela. Era uma relação complicada. Eu faria tanta coisa diferente hoje.

— Que tipo de coisas?

— Eu cuidaria dela, a trataria com carinho. Não confundiria cuidado com controle. Hoje percebo que estava tentando escapar dela. Meu pai me dizia o tempo todo que eu parecia com ela, que agia como ela. Eu queria me livrar disso. Queria ser eu mesma.

— Lembro que você mencionou haver outras complicações — digo, recordando que o pai dela logo se casou novamente.

— Sim. Charlotte. Perdi a conta das vezes em que ela e meu pai sugeriram que eu experimentasse um "visual" diferente. Eu queria muito agradar os dois e me sentia muito sozinha. Tinha pouquíssimos amigos. Sophia diz que eu tenho um olhar... Ela chama de "um olhar solitário". Acho que aquela garotinha ainda vive dentro de mim. Ela é difícil de esquecer.

Meus olhos começam a marejar.

— Acho que ela precisa de um abraço apertado e carinhoso, e não de ser esquecida.

Observo a luta interna de Tia, as lágrimas que ela segura como se fossem reféns, o maxilar retesado.

Ela abre a boca para dizer algo, mas se detém.

— Aquela garotinha precisa do nosso amor — insisto.

Depois da sessão, faço algumas anotações para acalmar minha mente inquieta.

Após minha última paciente do dia, deixo todo o peso do sofrimento de Tia se assentar em mim. Reconheço as cicatrizes físicas e psicológicas dela e espero o já conhecido baque da dor, profundo e penetrante, dominar meu corpo. Surge a raiva. Concentro na minha garganta, dolorida e seca, aquela devastação já conhecida. A tristeza vem rápido demais, eu acho. Os pensamentos se voltam para um trabalho clínico que fiz como psicanalista em formação com uma jovem, que falava bastante de seus três filhos, todos meninos, e me disse certa vez: "Antes que eles saibam o que é raça, quero que apreciem a cor." As palavras dela continuam comigo depois de 15 anos. Palavras fortes, verdadeiras. Palavras que evocavam uma liberdade que ela mesma não viveu.

*Tia carrega dentro do próprio corpo, e sobre ele, a devastação do racismo estrutural,* escrevo em minhas anotações.

O racismo e a desconexão emocional que o pai de Tia demonstrava quando dizia à filha coisas como "Brinque e seja boazinha"; "Se enturme"; "Não responda"; "Escolha seus amigos com cuidado"; "Não vista isso, mostra muito sua pele"; "Já pensou em alisar o cabelo?"; "Abaixe essa música"; "Cuidado com seu peso ou vai acabar como sua mãe", tinham embranquecido o corpo da filha. A resposta dele ao movimento Black Lives Matter [Vidas Negras Importam] foi: "Todas as vidas importam, Tia."

*Talvez o pai de Tia nunca descubra o que significa acolher uma pessoa não branca — sua única filha — como alguém realmente igual a ele, alguém cujos pensamentos, sentimentos e crenças são tão válidos quanto os dele,* escrevo em minhas anotações, sublinhando o *realmente igual.*

Eu tinha alguns sentimentos intensos em relação ao pai de Tia. Levei-os para a supervisão clínica e para colegas, e senti um misto de irritação e pena. A injustiça e a raiva me dominaram como um tsunami emocional. Prestei atenção à iniquidade, frustração, exasperação, exaustão e objetificação. Eu senti tudo isso em minha trajetória de vida e testemunhava tudo de novo com Tia. Ela me contou que havia parado de pedir o que queria e fazia o possível para aceitar o que já tinha. Decidi localizar dentro de mim a pequena porta entreaberta que havia sobrevivido aos ataques racistas enfrentados na vida pessoal e na profissional. Dentro daquela porta havia determinação e ímpeto. O desejo de encontrar uma voz, de encontrar minha potência. Uma necessidade de me conectar, crescer e mudar.

Um amigo e colega de profissão me fez voltar o olhar para o livro *Seus olhos viam Deus*, de Zora Neale Hurston, e me lembrou do capítulo em que a personagem principal, Janie, fala para a amiga: "É um fato conhecido, Phoeby, cê tem de *ir* lá pra *conhecer* lá."

Concordei com a protagonista de Hurston. Eu tinha que ir aonde já conhecia, e isso significava desafiar o racismo. Encontrar uma voz no nebuloso ruído branco.

Preocupada com o presente, meus devaneios se voltam para o trabalho que estou fazendo com Tia. De repente, fico alerta para os problemas, minhas intenções, de pé e cheias de propósito. Eu me concentro na estrutura psicanalítica e em como o impacto de testemunhar o trauma racial da minha paciente me põe em contato com minha trajetória com o discurso racial, conhecido como retraumatização secundária. E também, com o impacto emocional e físico do trauma transmitido de geração para geração. Percebo um aumento em meu desejo, encorajando a mim mesma e outras pessoas a construir um mundo melhor, um passo de cada vez. É o *único* caminho possível a seguir.

*E agora?*

Minha mente se concentra na necessidade de Tia superar a cirurgia plástica e a "voz paterna" internalizada, além da experiência de medo e isolamento; a morte da mãe; a relação complicada com a filha, Sophia; e a conscientização da possível reencenação do relacionamento mãe/filha.

Será que, de forma subconsciente, Tia estava se distanciando de Sophia como Evelyn havia feito quando ela se apegara ao pai? Será que a arte era uma ameaça, ou ao menos a expressão da arte? Eu me perguntava o que as duas gerações de mulheres sentiram quando enfrentaram algo que parecia outra coisa, algo diferente delas mesmas. Algo com o potencial de dividir e conquistar.

Assim como Tia, cresci em uma família e uma comunidade que não me enxergavam. A desconexão emocional que ocorria quando eu tentava conversar sobre minha identidade e sobre o fato de eu ser uma inglesa de ascendência chinesa com as pessoas com quem eu dividia o mesmo teto, a escola e a igreja era extenuante, pois percebia os olhares endurecerem diante do meu desejo de ser ouvida, reconhecida e compreendida. *Eu preciso preservar minha força, cultura e sanidade*, era o que dizia a mim mesma. "Ela não é como nós", ouvi tios, tias e primos dizerem. Reza a lenda que meu avô, de quem éramos distantes, chegou em nossa casa em um Natal e, quando abri a porta com minha mãe a tiracolo, ele perguntou: "Quem é essa garota chinesa? Que graça!" Tenho apenas uma vaga lembrança desse diálogo, e provavelmente por um bom motivo. Entretanto, toda vez que algum parente meu me lembra dessa história, ainda consigo sentir as feridas reabrindo. E elas sangram.

Como filha de um imigrante, tive que reprogramar o pensamento para entender que chegamos a qualquer lugar nos sentindo do lado de fora e olhando para dentro. "Se esforce e no final você será recompensada", dizia meu pai.

Eu ficava imaginando como seria essa recompensa. *Certamente um lar já é recompensa suficiente*, pensava.

Cansada da prática clínica do dia, tiro os sapatos e cruzo as pernas uma por cima da outra. Uma lembrança me vem à mente: as merecidas férias que decidi tirar em 2015 depois de um ano difícil, no âmbito pessoal e profissional. Enquanto esperava, pacientemente, a bordo de um pequeno barco no estreito de Bósforo, desejando que o motor me levasse para a única metrópole do mundo onde um país se estende por duas massas continentais diferentes, me dei conta de quanto me sentia exausta. Eu estava cansada da batalha.

O Bósforo é a fina faixa de água que divide Istambul, e onde a Europa e a Ásia se unem — ou se separam, dependendo do ponto de vista. Eu não quis deixar passar a complexidade daquele momento, a sensação em meu íntimo quando uma voz vinda de dentro, velha e conhecida, ressurgiu e falou: *Escolha um lado.*

Era um pedido impossível, limitante, mas não desconhecido. Eu estava ciente da complexidade que é incorporar uma dualidade, um corpo não branco. A sensação de ter um pouco de cada cultura, transitar entre dois mundos, dois ideais conflitantes em um eu pequeno e confuso. Muitas vezes, tenho dificuldades com a linguagem atrapalhada que acompanha uma vida de diferentes ascendências — a dualidade, a duplicidade, ter mais de uma raça. Reconhecer isso parece exagero. Não reconhecer isso parece transitório e vergonhoso. Anseio pelo meio-termo, pela totalidade. O eu. Apenas eu.

Minha mãe e meu pai, não muito diferentes dos pais de Tia, também competiam por minha preferência e lealdade. Eles agiam sem perceber que os medos e as necessidades deles atrapalhavam minhas tentativas de me sentir completa. Minha mãe me dizia para me misturar, agir como as outras crianças na escola. Meu pai insistia no contrário, enchendo minha lancheira com bolos da lua e outros quitutes asiáticos. Eu era uma das duas únicas alunas "de fora" da turma, e sofri provocações e crueldades que não compreendia nem aceitava. "Ei, xing ling!", "Olho puxado!", "Pastel de flango!", gritavam as outras crianças. Elas puxavam com os dedos os próprios olhos cruéis para os lados pelas minhas costas. Posteriormente, na faculdade, começaram a surgir microagressões, com perguntas como: "Você é o quê?"

A verdade é que não somos um "o quê", mas sim um "quem", e a nossa aparência e a cor de nossa pele nunca vão servir para informar quem somos. Tentar definir alguém por algo além de sua humanidade pode ter consequências perigosas.

Acredito que minha exaustão no barco enquanto navegava pelo Bósforo se devia em parte a ter conversas, algumas pessoais, outras profissionais, nas quais compreender o racismo estrutural ainda exigia que pessoas como eu, minha família, meus colegas e alguns dos meus amigos priorizassem os sentimentos dos brancos. Tia é prova disso. Minhas tão necessárias férias eram prova disso.

*Tia traz a opressão no rosto todos os dias. Devemos nos esforçar muito para curar essas feridas e eliminar seu arrependimento e sua autopunição. A aceitação é fundamental, assim como o respeito pelas vitórias e dificuldades de sua filha e tudo que estiver entre isso,* escrevo.

Faço minhas anotações, apago as luzes do consultório e pego meus sapatos e a mochila, pensando em minha casa, a duas horas de distância. Na parede oposta, imagino o autorretrato de Sophia. A pele da cor da terra, da natureza e dos céus que se erguem. Meus olhos cansados se demoram em sua beleza ousada, viva. Tão viva.

*さん*

Hoje ela decide que "está na hora de trabalhar".

Nossos sete meses juntas proporcionaram certa confiança e parceria, e assim, pronta para jogar, Tia lança os dados.

— Onde você nasceu?

— Bem aqui, na Inglaterra.

Ela brinca com seu casaco de cashmere azul-claro, puxando uma bolinha de tecido do pulso, antes de continuar.

— Tenho curiosidade de saber sua ascendência...

— Sou inglesa de família chinesa.

— Por parte de mãe?

— Minha mãe é branca, inglesa. Meu pai é chinês.

— Então você também é de fora.

De repente, o ambiente ganha uma vivacidade crepitante. Somos duas mulheres ligadas por um pequeno momento de comunhão. Simétricas em nossa vida periférica e em sermos "de fora". Fico aliviada por Tia ter perguntado sobre minha origem. As perguntas dela não são uma forma de objetificação ou de forçar laços, mas de curiosidade e conexão. De indivíduo para indivíduo. Estamos nisso juntas.

— Minha classe e minha raça me mantiveram injustamente excluída de muitas coisas — comento, me inclinando na direção dela. — Então, sim, compartilho, de certa forma, a sua experiência.

A visão que as pessoas têm de um psicanalista é a de um ouvinte silencioso e implacável. Uma tela em branco humana que não é afetada por discursos, desafios, experiências de vida semelhantes, nem, de tempos em tempos, pelas revelações mais chocantes. Nas sessões com Tia, porém, sinto uma afinidade extraordinária. Sem grandes floreios. Em vez disso, nossa escuta respeitosa e nosso comprometimento mútuo têm a capacidade de transformar e regenerar a nós duas. Comparo esse processo a mergulhar em um poema. Quando tocada e comovida pela conexão e pelas palavras líricas e rítmicas, passo por uma transformação no fim.

— Como é a vida como alguém de fora para você? — pergunta Tia.

Reúno os pensamentos, atenta para manter o foco nas dificuldades de Tia, mas, ao mesmo tempo, querendo continuar conectada, ainda que com limites.

— Difícil às vezes. E solitária. Mas, com o tempo, procurei me sentir confortável com o desconforto. Também procurei outras pessoas de fora. A verdade é que existe bastante gente como nós por aí.

Tia vira a palma da mão, a esfrega no peito e massageia o coração, fazendo grandes movimentos circulares.

— Eu me sinto solitária — diz, chorando. — Minha mãe tinha razão: quem é de fora raramente sabe o que é ter um lar.

Eu me aproximo dela. Fico ainda mais perto. Cresce em mim um desejo de tranquilizá-la por meio de minhas palavras, de minha pele e de minha humanidade.

— Tia, muitas vezes quem é de fora é ignorado, ridicularizado, subestimado ou reduzido ao invisível. Mas me deixe sugerir que a vida de alguém como nós também pode existir atrelada a uma sensação de libertação. Não digo isso para ignorar a complexidade do fato de sermos pessoas de fora, a solidão, a insegurança, mas porque ser isenta das expectativas da sociedade oferece uma grande liberdade para definir nossos valores. Temos que encontrar um lar dentro de nós mesmas. Lar é de onde nós começamos.

Tia enxuga o rosto e chega mais para a frente na poltrona.

— Isso faz sentido. Acho que minha mãe nunca sentiu de fato que tinha um lar. Talvez o hospital onde trabalhava fosse o mais próximo de um lar para ela, e era provavelmente por isso que passava tantas horas envolvida nos partos de todos aqueles bebês. Nada a fazia mais feliz do que estar naquele hospital. Voltar para casa e para nós parecia quase uma obrigação, um lugar para dormir, descansar a cabeça. Para ser sincera, eu sou igual, e deve ser por isso que estou sofrendo e me sentindo frustrada por ter perdido o amor pelo trabalho.

— Uma forte ética de trabalho é algo que vocês duas têm em comum.

Tia ri e balança a cabeça.

— Ela estava sempre com aquele maldito uniforme e escarpins. Era só o que ela vestia. Eu costumava dizer: "Por que não usa um vestido bonito? Você não está no trabalho agora." E ela respondia: "Há outras coisas na vida além de ser bonita, Tia. Eu tenho bebês, bebês lindos e saudáveis, para trazer para este mundo. Agora, *xô*. Vai incomodar outra pessoa."

Era uma relação complicada entre mãe e filha. Havia a crença de sua progenitora nos castigos severos quando Tia era pequena, uma ética de trabalho ainda mais rígida transmitida quando ela estava mais velha, rotinas rigorosas aos fins de semana e, acima de tudo, lealdade. Evelyn era sincera em relação ao poder que tinha sobre a filha.

— Ninguém vai te machucar do jeito que sua mãe pode te machucar, e ninguém vai te amar do jeito que sua mãe pode te amar.

Isso era dito sempre que havia oportunidade, acompanhado de olhares firmes e audaciosos. Evelyn desejava muito ter em Tia, sua única filha, uma aliada. E o corpo de Tia continua revestido e vivo com os bordados da mãe — uma complicada tapeçaria de palavras e mantras. Eles se tecem e se desfazem continuamente em cada poro de Tia, tricotando um pesado cobertor de perdas. Arranque qualquer fio de identidade e ela se vê ansiando pelo retorno de sua progenitora.

Tia gostaria de não ter temido tanto a mãe e ter dito mais quanto precisava dela, como desejava amá-la e aprender com ela. Ao longo dos anos, a lista de coisas a dizer só aumentou — "Me ensine"; "Me ajude a usar minha voz"; "Me incentive a amar meu corpo, minha pele"; "Insista para que eu não me sinta intimidada quando papai me disser que eu deveria me vestir, comer e falar como minha prima Clare"; "Me ajude a ter cuidado ao falar, porque, se eu expressar minha frustração, raiva e exasperação por não ser ouvida ou reconhecida como igual, serei acusada de ser uma mulher negra raivosa, o que alimenta as ideias racistas deles"; "Me ajude a não sentir medo e a não me ajustar nem me exaurir enquanto tento 'me encaixar'"; "Me ajude a não sentir que preciso mudar e me afastar mais e mais de você"; "Sinto sua falta"; "Eu te amo"; "Sinto muito, mamãe".

Tia se lembra de, aos 8 anos, ter ido com o pai, tarde da noite, ao hotel onde ele trabalhava como gerente. Essa lembrança e os sentimentos que evoca a deixam inquieta, mas ela me convida a testemunhar esse momento do início de sua vida.

— Vou te contar como foi, Maxine.

Eu me recosto na cadeira, escuto, espero a história dela se desenrolar.

— Vou te contar como meu pai era um filho da puta.

Daria para ouvir um alfinete cair no consultório.

O som lento e pesado de uma banda de metais escapava do salão de baile onde ela não podia entrar. Era tarde, quase meia-noite. Os músicos desaceleraram os instrumentos, os cantores se curvaram, e o salão ficou mudo. Os aplausos sobre a pista de dança aumentavam, tornando-se rapsódicos.

Cansada e entediada, Tia espiou pela fresta de uma porta entreaberta do luxuoso hotel em St. James. Seu pai vestia o uniforme de sempre: um terno preto e uma camisa branquíssima, um tufo de seda vermelha aparecendo no bolso do paletó justo e elegante. No mindinho, um anel de sinete de ouro que ainda brilhava mesmo depois de tantos anos de uso. Tia sentiu um amor complicado pelo pai ao vê-lo deslizar, suavemente, de uma pequena mesa intimista para outra. Uma das mãos apoiada nas costas de uma cadeira enquanto ele se inclinava, a outra apoiada na cintura. Os olhos dele se fixavam nos homens e mulheres vestidos com elegância.

Não era incomum Evelyn insistir que Tia acompanhasse Robert no trabalho no hotel cinco estrelas.

— Preciso de uma noite de folga, vá ficar com seu pai — pedia ela —, e fique de olho nele, ele mente.

O QUE AS MULHERES QUEREM

187

Com 7 anos, Tia foi designada para o cargo de detetive e suspeitava que a mãe já soubesse dos casos extraconjugais do marido. Forçá-lo a levar a filha para o trabalho ao menos significava que ele voltaria para casa. Em seu quarto pequeno, Tia botava a mão em concha entre a parede e o ouvido e escutava as acusações da mãe e as negações do pai. "Você é um mentiroso, Robert, um traidor." Evidências baratas eram reveladas — uma mancha de batom, um número de telefone rabiscado em uma caixa de fósforos usada, vários recibos de bar impressos horas depois de o estabelecimento ter fechado —, mas nunca nada sólido o suficiente para a mãe deixá-lo.

Tia observava e se perguntava por que seu pai — *o mentiroso* — desejava o consolo de outras mulheres, "ainda mais tendo minha mãe, que era tão bonita". Por que o verde nos olhos dele brilhava como fogos de artifício ao ver as mulheres loiras levando bebidas caras até as mesinhas?

— Era como se ficasse enfeitiçado.

Embriagado pelos corpos esbeltos, captando os tons de azul e cinza dos olhos delas, ele colocava a mão com a aliança na parte inferior das costas dessas mulheres, na cintura, e se aproximava do pescoço, que exalava um doce perfume.

Segurando seus livros e seu walkman, Tia abriu um pouco mais a porta do salão, bocejou e de imediato reconheceu algumas das garçonetes altas que conheceu no último ano, e também os membros da banda, que costumavam presenteá-la com doces e alguns trocados e encantá-la com truques de mágica inebriantes. Quando os últimos convidados deixaram o salão, o pai ordenou que Tia aguardasse na recepção do hotel.

— Não vou demorar. Leia seu livro.

Mais tarde naquela noite, ainda cansada e entediada, Tia resolveu procurar o pai e os membros da banda, esperando ver moedas desaparecendo e os músicos revelando o brilho circular delas atrás de sua orelha esquerda. Ela foi para o camarim, cheio de vestidos brilhantes, saltos e pentes, garrafas de rum escuro e frascos de *cold cream* batidos por mulheres de unhas feitas. Quando Tia abriu a porta, Camilla, a garçonete, engasgou, e rapidamente fechou as pernas. Ela se apressou em puxar para baixo a saia preta de náilon e deu um tapinha nas costas de Robert. O olhar no rosto dele quando se virou era um que se assemelhava ao de *vergonha*.

Tia encarou a noite cada vez mais escura do lado de fora e se perguntou quando o mundo ia parar de machucar a ela e sua mãe. Quando a lua pararia de girar e pareceria imóvel, luminosa e brilhante como as moedas tiradas de trás de sua orelha esquerda. *Nunca, nunca vai parar*, sussurrou uma voz em seu ouvido.

Ela se virou e experimentou o sentimento de vergonha do pai. Parecia servir nela.

— Eu sei o que você fez, papai — murmurou ela. — Eu vi você.

No caminho para casa, Tia esperou que o pai a subornasse com um sorvete fora de hora, um brinquedo de plástico barato comprado na lojinha encardida do posto de gasolina 24 horas. Ela esperou que os grandes braços dele, com as mangas da camisa arregaçadas, apertassem e segurassem a pequenez dela que tudo via. Subitamente crescida, Tia permitiu que o ar da madrugada entrasse. Mais cinco anos e talvez ela pudesse se divertir do lado de fora, se libertar e fumar um cigarro. Ela tentou imaginar o que se passava na cabeça do pai: um pedido de desculpas, uma explicação, uma súplica gentil para que ela entendesse. Nada. Tia olhou para o rosto dele a fim de ver se alguma coisa se mexia, as mãos, os ombros. Nada. Ela pigarreou. Nada.

Tia invejava, tinha raiva e se sentia confusa com a atenção que Camilla parecia ter arrancado de seu pai.

— Por que você estava fazendo aquilo com a garçonete? — atreveu-se ela.

Silêncio.

— Papai?

Foi somente quando encostou o carro na entrada que Robert encarou a filha bem nos olhos.

— Se contar para sua mãe o que viu, isso vai partir o coração dela. Você não quer fazer isso, né? Eu te amo, Tia. Você sabe disso. Mas, se contar para sua mãe, ou qualquer outra pessoa, vou parar de te amar. Entendeu?

Tia teve muitas oportunidades de revelar "as traições, mentiras, infidelidades, artimanhas e os truques" do pai para a mãe, mas não o fez. Por quê? Ela temia o colapso de Evelyn, "que ela enlouquecesse". Contudo, também temia a rejeição do pai caso falasse a verdade. "Você não quer fazer isso, né?"

Tia me conta que o risco de perder o amor do pai era grande demais, e ela acredita que foi aí que o amor e a lealdade dela mudaram de Evelyn para Robert.

— Eu queria proteger minha mãe, mas não queria de forma alguma que meu pai parasse de me amar.

Evelyn aumentou a carga horária no trabalho. Tia mal a via, somente aos fins de semana, quando tentava se aproximar da mãe, sugerindo idas ao cinema, jogos de tabuleiro só entre as duas e passeios para fazer compras. Evelyn, no entanto, estava exausta. Os partos a deixavam cansada. Os cuidados com as mães e os bebês a deixavam cansada. A papelada depois do expediente a deixava cansada.

— Vamos jogar *Banco Imobiliário* ou ver um filme? Posso mexer no seu cabelo, pintar suas unhas... — sugeria Tia, com um tom de voz gentil.

Mas a mãe só precisava descansar, passar um tempo sozinha. Trazer bebês ao mundo era um trabalho cansativo.

— Vá brincar com seu pai — sugeria ela.

Evelyn se descuidou, e eu me pergunto sobre esse constante afastamento — o distanciamento gradual porém certo entre as duas. Desafiados pela ausência, pelo cansaço, pela decepção e pela competição, os laços de amor entre mãe e filha começavam a se romper. O lado maternal de Evelyn estava se degradando aos poucos.

— Ela dizia que eu era como meu pai e não parecia nem um pouco com ela. Falava: "Por que vocês são tão obscuros, educados e querem ler esses tipos de livro? Leia Maya Angelou, ou Toni Morrison, elas vão te ensinar alguma coisa, menina." Era muito confuso porque tanto minha mãe dizia que eu era igual ao meu pai quanto ele dizia que eu era igual a ela. Eu não sabia a quem recorrer, em quem acreditar e quem deveria ouvir.

Quando os dois estavam trabalhando, babás jovens e bonitas aceitavam cuidar dela. Ela se lembra de pelo menos cinco ou seis jovens lendo para ela à noite. Tia ficava intrigada e queria saber por que a mãe escolhia cuidar de outras crianças em vez dela. Imaginava Evelyn segurando as mãozinhas em miniatura e os pés perfeitos dos bebês. As delicadas cabeças, redondas como uma pérola, cheirando a talco.

— Eu não entendia na época — murmura. — Queria minha mãe, precisava dela, não entendia por que ela escolhia os outros bebês em vez de mim. Prometi a mim mesma que tentaria fazer algo diferente quando tivesse meu bebê.

Mais tarde, quando a adolescência chegou, mensagens sutis eram transmitidas com transparência. Seu pai começou a comentar sobre suas "pernas grossas", "pele seca" e "cabelo crespo". Ele alimentou nela a ideia de alisar o cabelo, talvez experimentar um vestido de outro tipo, "mais feminino". Às vezes, a mensagem "era mais sutil, só um pouco racista", um olhar específico quando Tia saía do quarto com roupas que acolhiam suas formas, ou o pai abaixando o volume de uma música que a fazia se sentir viva e com vontade de dançar.

— Não existe "um pouco" racista — afirmo. — Só existe um tipo de racismo. E eu reconheço o impacto que isso teve sobre você, Tia.

Mais tarde, comentários e *piadas cruéis* eram disparados a respeito da sua pele.

— Minha filha tem um pé na cozinha — dizia o pai, e ria sozinho.

As babás a levavam para outros cômodos da casa a fim de fugir do racismo de Robert, agindo como se estivessem ocupadas com os afazeres, os maxilares cerrados.

— Vamos para o jardim? Está um dia lindo — sugeria Janie, uma das babás preferidas de Tia. Ela acariciava a cabeça da menina e tapa seus ouvidos com as próprias mãos diante daqueles comentários. — Quem sair por último é a mulher do padre!

— Naquela época, eu ficava constrangida pelo meu pai. Sentia muita vergonha quando ele dizia essas coisas. Fazia do racismo dele um problema meu. Queria que ele me amasse e me aceitasse e, quanto mais eu sentia isso, mais eu e minha mãe nos afastávamos.

Tia fecha os olhos, o cansaço pesando neles.

— Quero parar de me punir. Estou cansada e permitindo que o passado me defina. Quero sentir respeito pela noção de identidade de Sophia, e não inveja. Preciso seguir em frente. Tenho que curar a parte de mim que tinha medo de ser negra.

Eu aplaudo a coragem de Tia de se curar, assim como aplaudo sua autocompaixão extrema. Fico furiosa diante das dificuldades impostas à vida dessas três gerações de mulheres. As pegadas delas margeando as fronteiras de raça e identidade e, mais importante, de sua humanidade.

Tia recebe um e-mail de um dos sócios do escritório de advocacia onde trabalha, com o informe de que haverá uma reunião para discutirem *inclusão e diversidade no ambiente de trabalho; por favor, compareça.* As palmas de suas mãos começam a suar. Sua respiração fica curta e acelerada. De repente, sente-se exposta. Tia é a única mulher negra na equipe além de Jennifer, uma colega de trabalho temporária com quem ela já cruzou ao chegar e já teve contato antes. Embora esteja ansiosa para conversar com seus colegas, também está determinada a não ser usada como porta-voz ou como símbolo de diversidade.

— Como você se sente sobre essa possível conversa? — pergunto.

— Acho necessária, mas não tenho nenhuma expectativa. A questão é que chegaremos à conversa partindo de lugares diferentes. E, se meus colegas não conseguem reconhecer que existe um problema em haver tão poucas pessoas não brancas trabalhando na empresa, não vou me envolver.

— Entendo.

— Me preocupa que eles pensem que vamos entrar nessa conversa como iguais. A verdade é que não vamos. Não acha?

Eu escuto e sinto que Tia deseja que eu me alinhe com ela. A natureza de sua pergunta é direta e compreensível, para testar minha coragem, minha aliança. Como terapeuta, tenho a responsabilidade profissional de não conspirar com minhas pacientes, mas de permanecer útil em ajudá-las a pensar por si mesmas com discernimento. Porém, nesse caso, eu atendo ao desejo dela.

— Sim, eu concordo, Tia.

No dia seguinte, Tia e seus colegas se encontram na sala de reuniões. Alguns doces foram espalhados em largos pratos brancos. Grandes cafeteiras prateadas soltam vapor. Tia é a última a chegar. Há 12 pessoas sentadas. Até esse momento, ela nunca se considerou azarada ou supersticiosa, mas, quando se senta, sente vontade de proteger sua voz, seus limites. Deseja estar com o colar de turmalina da mãe — a pedra preciosa que dizem incentivar o equilíbrio enquanto protege de energias negativas ou indesejadas.

— Não me sinto à vontade para falar sobre raça em uma sala majoritariamente branca — diz uma de suas colegas, que evita fazer contato visual com Tia.

Outro colega, um homem branco na casa dos 50 anos, afirma se sentir culpado pela falta de advogados não brancos no escritório. Uma mulher diz que ficou ansiosa ao saber que eles se reuniriam para falar sobre inclusão e diversidade.

— Eu não me sinto muito no direito de opinar — complementou.

Tia observa os colegas beliscando os doces. Tomando café.

— Eu gostaria de ouvir o que Tia tem a dizer — solta outro colega.

Várias cabeças se viram para ela.

*⁓*

— Você respondeu? — pergunto a Tia na noite seguinte.

— Respondi.

— E?

— Perguntei por que ele sentia que precisava me convocar. E depois perguntei se era porque sou uma mulher negra.

— Ele respondeu?

— Não diretamente. Ficou na defensiva. E interpretou a pergunta como uma afronta.

— Não é responsabilidade sua educar seus colegas. Contudo, é responsabilidade de cada um de nós se posicionar pelo que é certo. Certas conversas podem ser úteis, até mesmo necessárias, mas somente quando reconhecemos os sintomas do racismo estrutural. Todos nós podemos ter um papel na erradicação do racismo no trabalho ou em casa. É importante transmitir conhecimentos e habilidades para nossos filhos ou para aqueles que não teriam acesso de outra forma. Tudo isso conta.

Tia sentiu na mesma hora que estava prestes a se tornar responsável pelas emoções dos colegas, mas felizmente se livrou desses sentimentos.

— Para um bando de advogados, me choca ver tanta desconexão emocional, cara de pau e negação. — Ela olha para mim e suspira. — O que você está pensando?

— O que estou pensando? — repito, pegando um pouco de água.

Minha garganta está irritada, de novo. Termino meu copo de água e me sirvo de outro.

— Estou pensando no ruído branco. Tinha muito ruído branco naquela sala de reuniões.

Tia assente. Ficamos nos encarando.

— Ele mascara outros sons — continuo — e deixa qualquer um entediado e com preguiça.

Ela se endireita na poltrona, as pupilas dilatadas.

— Eu tomei muito café — diz Tia.

Chega o dia em que, depois de todo o sofrimento, todas as reflexões, os lutos e as curas graduais, o inevitável acontece, e eu faço exatamente o que Tia pediu que eu nunca fizesse: eu a decepciono. "Por favor, não seja uma dessas pessoas que me decepcionam."

Meu voo de volta tinha sido cancelado, e qualquer motorista de táxi que fosse me levar teria que levar várias multas para que eu conseguisse chegar a tempo para nossa sessão, às 19h. Nesse último ano, Tia nunca faltou. Também nunca tinha se atrasado, o que é bem impressionante, levando em conta que ela é advogada e mãe, e precisa cruzar Londres inteira para chegar em meu consultório. Além disso, ela tinha me informado que coincidiria suas férias com as minhas. Na época, reconheci sua pontualidade e as férias combinadas como um sinal explícito de comprometimento. Eu não havia previsto que as enormes expectativas que ela depositava em si mesma, e, portanto, em mim também, não teriam atenuado depois de tantas sessões.

Ligo para o telefone de Tia e deixo uma mensagem de voz, explicando que meu voo foi cancelado e que infelizmente não vou poder comparecer à sessão. *Sinto muito mesmo.*

Cinco minutos depois, recebo: *Decepcionante. Vejo você na semana que vem. T.*

Admito que fiquei um pouco irritada depois de ler a mensagem, a decepção daquela circunstância refletida como um espelho. *Nós não estabelecemos confiança suficiente nesse último ano para sobreviver a uma sessão perdida?!*, penso. De repente, me sinto indignada, na defensiva. Sinto desdém. Será que fui tão incompetente em estabelecer uma base segura e respeito por nosso trabalho a ponto de que, para Tia, perder uma sessão ainda é o mesmo que sofrer uma decepção? Ela não percebe que não tenho controle sobre quando o avião decola? Compro uma xícara de chá e decido que dar uma volta pelas lojas do aeroporto seria uma boa ideia. Pego um frasco do meu perfume favorito, borrifo, inspiro sua doçura e o devolvo para a prateleira.

Uma hora antes de o voo atrasado decolar, releio a mensagem de Tia. Respiro fundo, já com outro humor. *Lógico que ela está decepcionada*, penso. *Acabei de tirar férias e não posso encontrá-la como tínhamos combinado. Essa separação inesperada vai deixá-la agitada. Talvez eu devesse ter voltado um dia antes para não arriscar que houvesse a possibilidade de cancelarem meu voo. Isso foi bem pouco profissional da minha parte*, decido. *Fui negligente.*

*Essas coisas acontecem*, lembro a mim mesma, sendo gentil. *Eu não tinha como ter controle sobre o voo cancelado.* Consciente do vai e vem dos meus sentimentos, capturo meu desejo de cuidar desse rompimento, consertar as coisas e preservar nossa trajetória psicanalítica até aqui. Arrisco a ideia de que nossos sentimentos são muito delicados e transitórios. Quanto do que sentimos é influenciado por mensagens do passado, projeções e marcas de relacionamentos anteriores? Reflito sobre minha atitude defensiva inicial e fico aliviada por ter me livrado dessas pressões e cobranças tirânicas. *Um pedido de desculpas é o suficiente, mas entender a decepção de Tia é fundamental.*

Perfeição. Uma palavra que ainda consegue me deixar suando frio.

Estava pensando na palavra e na sensação que ela provoca em meu corpo — uma espécie de onda de energia, como uma ligação direta, um raio de ansiedade — quando Tia chega para sua sessão, pontualmente. A campainha foi apertada um pouco mais que o normal ou imaginei isso?

Tia está reservada, quieta. Com um sorriso educado no rosto, ela espera que eu fale algo. Não preciso me apressar para falar logo esta noite. Sinto a decepção dela.

— Me desculpe por não estar aqui para a sua sessão na quarta-feira — começo.

— Obrigada por se desculpar.

Silêncio. E mais silêncio.

— Sei que não foi culpa sua terem cancelado o voo, mas isso me alertou para quanto eu confio nas nossas sessões. Como fico ansiosa para vê-la, conversar com você. Me assustou pensar que eu estou dependente dessas consultas e de você.

Faço uma pausa para absorver a verdade daquelas palavras.

— Entendi. Você se arriscou ao confiar e se apegar a mim e ao nosso trabalho. Mas eu gostaria de ressignificar a questão da dependência. Talvez o vínculo e a intimidade não sejam perigosos por causa do risco de se decepcionar, e sim pelo risco de sentir coisas que não esperávamos sentir. Coisas que tentamos muito controlar ou evitar, como confiar em alguém que não seja você mesmo. Eu me pergunto se ver e experimentar a si mesma de uma forma diferente é um risco maior.

Tia assente.

— Teria sido tão fácil sentir raiva de você, cancelar a consulta hoje. E teria sido tão fácil não falar nada e ficar em silêncio, mas com a cabeça fervilhando.

— Acho que você está descrevendo uma situação de "ou isso ou aquilo". Voltamos para o binário.

— Exatamente. Quero fazer algo diferente agora. Ficar com os meios-termos e, quando me sentir decepcionada, conseguir falar sobre isso em vez de dar um ataque ou abrir mão dos meus desejos e das minhas necessidades.

— Gosto do som dos "meios-termos" — digo, sorrindo. — Saber que podemos sobreviver a possíveis rupturas é uma cura. Quando a pessoa tem consciência dos sabotadores internos e dos esforços auto-destrutivos para se proteger dos riscos, o relacionamento pode perdurar, até se fortalecer.

— Ou mesmo se suavizar.

— Ou mesmo se suavizar — repito. — Gostei disso também.

No canto do meu escritório, sob uma edição emoldurada da revista *Time* com um retrato de Freud e a pergunta FREUD ESTÁ MORTO? na capa, há um pequeno bonsai. Foi presente de uma psicanalista em formação depois que ela se qualificou. Fico fascinada com a beleza daquela pequena árvore, seu crescimento lento e sua presença cativante.

Tentada a compartilhar com Tia meu aprendizado sobre o *Ma* — o conceito japonês de espaço e tempo —, eu espero. *Ma* é o espaço funda-mental de que a vida precisa para crescer e evoluir, e pode ser aplicado a qualquer pessoa interessada em parar, refletir ou, simplesmente, ser. O espaço, ou o "meio-termo", incentiva o progresso de um indivíduo e sua arte. O caractere para *Ma* (間) combina porta (門) e sol (日). Juntos, esses dois caracteres representam uma porta através da qual a luz (日) brilha — portanto, a iluminação. Ao cultivar e cuidar de um bonsai, procura-se respeitar o espaço entre cada galho. Isso permite a entrada da luz e, à medida que ela ilumina de forma suave as folhas e a superfície da casca, os brotos que surgem, a árvore vai crescendo. Eu me pergunto se devo compartilhar esse meu pequeno interesse com Tia ou se devo permitir que estabeleçamos um *Ma* próprio, incentivando a importância do presente. O espaço espiritualmente inspirador no consultório funciona de forma parecida com o *Ma*. Os sentimentos vêm à tona, as defesas se dissipam. Ficamos em silêncio.

A todo momento durante uma sessão, o terapeuta está refletindo e fazendo escolhas sobre o que focar e o que buscar. Penso sobre onde mais devo espalhar sementes de esperança, quando regá-las e quando não. Quando permitir uma quietude necessária: sem ação, palavras e intervenção. Penso no que a paciente está apresentando e na melhor forma de expandir seus sentimentos, de manter e captar o meio-termo — o *Ma* — com a esperança de que o espaço entre as respostas dela possa ser mais bem compreendido por ela e por mim. Penso na minha trajetória, no meu comprometimento e na minha investigação da trajetória dela, da história dela, e reflito sobre como devolver o que ouço na forma de um comentário sobre nosso relacionamento terapêutico. O que está sendo dito, ou não, e o que está sendo comunicado de modo não verbal?

Um convite assim para o mundo do paciente é um presente e uma honra. Ao se abrir para pensar e sentir sobre os problemas introduzidos durante as sessões, o psicanalista começa a incorporar as dificuldades e, às vezes, vitórias dele, o que acaba levando à cura e a uma maior compreensão para o profissional. Quando entramos com cuidado na vida dos outros, assumimos o compromisso de nos conectar e compreender. Nós — terapeuta e paciente — desenvolvemos uma relação em que histórias de desejo, conexão, crescimento e transformação preenchem o ambiente como um perfume; aromas inebriantes e salutares que saturam o ar.

— O que você quer? — pergunto, por fim, quebrando o silêncio, o *Ma*. É uma tentativa de voltar a investigação mais uma vez para o desejo de Tia.

Ela olha para mim. Sua mão vai de forma automática até o pescoço, como se fosse arrumar um cachecol ou uma gravata imaginária. Eu me lembro da garotinha sentada à mesa posta com perfeição, mexendo no grande laço de seda do colarinho, as primas acariciando seu cabelo. Tenho consciência da vida ainda não vivida de Tia e das possibilidades ainda em aberto.

— Fazer do meu corpo um lar. Sentir e saber que eu pertenço.

Imbuída de felicidade pelo orgulho de Tia por si mesma, sinto meu rosto, meu maxilar, relaxar.

— Acho que estou chegando mais perto disso — diz ela.

Passamos a próxima hora falando sobre os dois homens na vida de Tia, as pinturas de Sophia, o trabalho e um espasmo recorrente na lombar dela.

— É bem aqui — aponta, massageando com o punho.

Os dois homens afirmam amá-la. Vamos chamá-los de Thomas e Ralph. Eles são amigos e amantes de Tia.

— Ambos são bons homens.

Ela está indecisa com qual relacionamento, com qual companheiro vai acabar escolhendo. Ama os dois. E me pergunta se existe um jeito "meio-termo" de saber qual desses relacionamentos seria melhor para ela:

— Os dois fazem parte da minha vida há muito tempo, Ralph desde a universidade.

Sugiro que ela pense em seu lar interior e com quem ela se imagina compartilhando esse lar.

— Com os dois. Essa é a questão.

Há três grandes telas penduradas no corredor de sua casa. São pinturas que capturam três gerações de mulheres: avó, mãe e filha. Evelyn, Tia e Sophia, pintadas pelo olhar e pela mão da mais nova. Os rostos são histórias, uma linhagem, um viver e um sobreviver ancestral que se estende por sete décadas de vida. Tia olha para os retratos intrincados ao sair e voltar para casa. Às vezes, fala e canta para eles. Outras vezes, acaricia as telas com a ponta dos dedos e segue os contornos do pincel da filha, a pele viva com linhas delicadas, olhos como joias. Ela aprendeu a amar as pinturas e usa a quietude e a beleza capturadas de sua mãe e sua filha como "uma oportunidade de voar".

— Eu te amo. Sinto sua falta — diz, resplandecendo.

No trabalho, Tia começa a desbastar os distorcidos construtos do poder e o iceberg das relações intrínsecas a ele. Quando sente microagressões dirigidas a ela ou a outros colegas, Tia as denuncia. Se os colegas a procuram para ensinar algo para eles e "melhorar as coisas, tornar tudo menos desconfortável", Tia estabelece limites firmes para si mesma e o seu trabalho. Ela precisa dedicar a energia aos novos casos recentemente assumidos — o desejo de atuar em nome dos clientes voltou. Vez ou outra, os colegas vêm perguntar o que pode ser feito para abordar a questão da harmonia. Eles querem respostas. Perguntam sobre "diversidade e inclusão" no local de trabalho, e Tia responde dizendo que haver intervenção ajuda em situações de espectador. Ou talvez mais apoio financeiro e patrocínio para advogados *trainees*.

— Eu poderia não falar nada, ou poderia falar muita coisa de uma forma bem ineficaz. Então, em vez disso, escolho expor o problema. Todo mundo está em busca de uma solução.

— Talvez aqueles que têm pressa de encontrar uma solução sejam pessoas que não são de fato afetadas pelas dificuldades. Não é possível avançar até o ponto final sem antes ter conversas difíceis e complicadas.

— Sim, enxergar a questão da raça em vez de buscar a harmonia é necessário para mudar o sistema.

— E quanto a você?

— Quando me olho no espelho — acrescenta Tia —, sei que a decisão de mudar meu rosto foi resultado da crença de que uma solução rápida resolveria tudo. Estou pronta para perdoar minha eu mais jovem. Estou pronta para reconhecer que as dificuldades e o racismo são constantes, que vou viver isso no longo prazo.

Na narrativa de vida em evolução de Tia, as noções que ela dá são de si mesma como uma fonte de empoderamento, não como objeto ou como alvo de ódio e ridicularização. Ela não está apenas sobrevivendo aos comentários devastadores que fizeram contra ela no início de sua vida; está também encontrando uma maneira de mobilizar seu futuro sem fugir do legado de seu passado. Tia sabe o que quer e, embora vá viver isso no longo prazo, o processo já começou. Ela está aqui. Estabelecendo limites na vida. Posicionando-se pelo que é certo. Convocando o desejo, a criatividade e a vontade de seguir em frente.

— Acho interessante quando você fala sobre o desejo de fazer de seu corpo um lar — digo. — Sentir e saber que você pertence. Tudo que falou hoje é consonante com esse desejo: qual relacionamento vai escolher; as pinturas da família em sua casa; sua mãe; sua filha; as conversas e a organização no trabalho. Mas eu me pergunto onde os espasmos na lombar se encaixam em tudo isso?

Tia tira o cardigã e desabotoa a gola.

— Eles parecem passar com a mesma rapidez com que surgem — relata. — É como se servissem de lembrete de alguma coisa, não tenho certeza do quê. Talvez aconteçam para que eu não fique confortável demais.

— E o que aconteceria se você ficasse confortável demais?

— Não tenho certeza.

— O corpo não esquece. Talvez a dor nas costas seja um sintoma.

— Pode ser. Ou talvez os espasmos estejam me testando. Confrontando minha postura, me lembrando daquilo que me falta, atacando meus defeitos. O corpo do meu pai podia se dar ao luxo de simplesmente viver, mas o corpo da minha mãe tinha que sobreviver.

— Você acredita que o corpo negro tem que sobreviver, enquanto o corpo branco é livre para ser e viver sem medo?

— Talvez. Se o corpo não esquece, minha mãe teria vencido fácil, com certeza.

Digiro as palavras de Tia com a mesma seriedade e respeito com que ela as pronunciou.

— Seu corpo é bom o suficiente. Sei que já ouviu várias vezes que não é. Estou aqui para dizer que ele é, sim. Você é. Você é suficiente, é mais que suficiente, e você pertence. Pelo menos a esse lugar aqui.

Esse momento de encontro faz os olhos de Tia se arregalarem.

— Falta, defeitos, sobrevivência. Isso tudo é antigo, certo?

— É.

— A dor nas suas costas é o sintoma, não o problema — garanto a ela, com todas as minhas forças, por meio da minha pele e do meu corpo.

— Minhas costas são o sintoma — repete —, não o problema.

*✑*

Esperança.

Como de costume, eu me agarro à esperança.

Agarro-a pelo pescoço, pela barriga, e peço que fique. Quero que ela nos ancore e nos inspire. Quero que desperte a paixão, eleve a criatividade e incentive a vontade. Esperança: um contraponto ao pavor. Precisamos dela. E certamente precisamos recusar o desespero, o desalento. Você é suficiente, Tia. Você vai fazer de seu corpo um lar. Você vai saber e sentir que pertence. Vou segurar o bastão da esperança e da vitória até você estar pronta e, quando estiver, pegue-o e corra.

As conversas giram em torno da vida de Tia, do cotidiano. Às vezes, elas ficam pesadas, sofisticadas, mas sem o fardo das conversas sobre raça. Descubro mais sobre os interesses dela, desfruto de seu bom humor e seu desejo de um novo lar. Descubro que ela é uma nadadora excelente e talentosa, e que tem um fascínio por apresentações de nado sincronizado, às quais assiste em uma TV pequena na cozinha enquanto Ralph prepara sua comida preferida. As panelas que ele trouxe consigo ao se mudar para a casa de Tia seis meses atrás chacoalham ao serem tiradas do armário. Ela gosta de observá-lo cozinhar. A forma como ele polvilha com delicadeza os temperos que fazem o salmão chiar com o calor. Ralph gira na direção dela, beija sua testa. Sua bochecha. Sua boca. O corpo de Tia, por sua vez, sentindo-se em casa consigo mesmo, responde pressionando a palma das mãos contra o peito dele, o coração dele.

— Faça o salmão queimar minha boca — diz ela, sorrindo.

Quando Tia me conta isso, após três anos trabalhando juntas, eu a lembro das dificuldades que ela enfrentava no início, e as comparo com o que ela está vivendo e sentindo agora.

— "Fazer do meu corpo um lar. Sentir e saber que eu pertenço" — repito as palavras dela. — Sente que está mais perto de conseguir? — pergunto, brincando.

— Um pouco — responde ela, e ri.

— Acho que um pouco é um eufemismo — retruco, animada.

— Está certo, mais que um pouco. Você venceu!

— Não. Nós vencemos — afirmo, olhando-a nos olhos.

A experiência de vida é a arquitetura de nossa identidade, e me ocorre que ela está em constante evolução. Quando a experiência de vida de alguém é condenada ao medo e à exclusão por pessoas detestáveis, incultas e assustadas, que atacam os seres humanos por terem pele, cultura e raça diferentes das deles, isso tem um impacto devastador e aterrorizante. O racismo força o indivíduo a permanecer em um território incrivelmente conflituoso. Tem o poder de fazer uma pessoa se sentir inferior, excluída, odiada, exposta e ignorada. "Você é o quê?" Isso massacra o senso de identidade de um indivíduo, acrescentando uma dimensão de desconfiança e isolamento. Em seu sofrimento, e ao trabalhar e conviver com a morte da mãe e a discriminação que enfrentou, Tia construiu uma fortaleza solitária e segura ao redor de si — "Sempre fiz tudo sozinha". Viver de forma plena em sua identidade significava lamentar experiências passadas de racismo estrutural na própria família e em vários núcleos da sociedade, aos quais ela sobreviveu, ainda que pagando um preço por isso.

Estabelecer uma conexão através de mim e comigo na terapia permitiu que ela vivesse plenamente em sua identidade. Tia conseguiu não só ter mais intimidade com a filha, o companheiro, colegas de trabalho e amigos como também consigo mesma. Tornou-se mais amorosa consigo mesma. Antes, o desejo de se fazer presente e respeitar as escolhas da filha tinha sido prejudicado pelos próprios fantasmas da infância. A sobrevivência à crueldade de sua família e, em particular, de seu pai tinha sido internalizada e se voltado contra ela mesma, gerando uma relação distante e às vezes indiferente com Sophia. Se dedicar à terapia a incentivou a sentir e dar nome à raiva, à tristeza e à decepção pelos crimes de ódio dos quais, com o tempo, ela conseguiu se curar, transformando-os em um amor-próprio extremo. Agora, seu compromisso consigo mesma e com a denúncia do racismo é inflexível, furioso e ainda assim cheio de esperança. Esses sentimentos não estão mais voltados para seu interior e para ela. A raiva agora é um combustível na luta contra a injustiça. Um rastilho aceso em homenagem a si mesma e às pessoas que ela escolhe amar.

Todos nós desejamos pertencer. O processo de "outrificação" — quando alguém é visto e tratado de maneira diferente por causa da cor de sua pele — é essencialmente um ato desumanizador no qual *um outro* é transformado em *o outro*. Esse "o outro" objetificado e desumanizado é forçado a ficar de fora, em vez de partilhar um mundo moral onde todos os habitantes são obrigados a viver, lado a lado, humano com humano. Ser visto, respeitado e celebrado por familiares, amigos, colegas de trabalho e pessoas queridas. Lar é de onde nós começamos. Contudo, o que é o lar quando nos dizem que não pertencemos, que não somos bem-vindos? Devemos, portanto, fazer nosso lar: tomá-lo, possuí-lo, reivindicá-lo. O lar é nosso, é onde começamos e terminamos.

Tia reavaliou sua posição como sobrevivente e filha, e isso permitiu que reavaliasse o relacionamento com as pessoas em sua vida. Assim como em muitas relações e experiências terapêuticas, o comprometimento e o desejo de Tia de fazer de seu corpo um lar me serviram

O QUE AS MULHERES QUEREM

como lição de humildade. Ela chegou acreditando em uma máxima — "Existem dois tipos de pessoas: as que comparecem e as que não comparecem." Seu pensamento tinha uma abordagem binária. Agora, ela sabe que é no "meio-termo" que residem o crescimento e a transformação. O prazer que Tia extrai da diferença entre nós duas também me alegra. Como sua terapeuta, sou mais que capaz de errar, me dessintonizar e não entender verdadeiramente a dor de um paciente. Tia chegou à terapia com necessidades, como tantas outras chegam. E, como terapeuta, por meio de minha formação, experiência e meu conhecimento, pude ajudar — não desistir nem liderar, mas participar com comprometimento. Guardo a história de Tia em meu coração. Acredito que os verdadeiros heróis dessa narrativa sejam o aprendizado e o relacionamento entre duas mulheres, lado a lado, que conseguiram enxergar uma à outra de verdade e promoveram a cura e o crescimento em meio ao ruído branco.

*Você deveria amá-lo e se deixar amar por ele. Acha que
existe outra coisa neste mundo que seja
realmente importante?*

— James Baldwin (1956)

# Amor à tarde

*Biquínis nas cores rosa e tangerina passam desfilando pelas* cadeiras de praia baixas e listradas de Bill e Agatha. Eles se despem das roupas confortáveis, ficando apenas com as de banho, tiram os chapéus de sol e se aproximam do êxtase iminente ao se inclinarem lentamente, as sandálias se soltando dos pés quentes e cansados. Uma brisa morna varre os bancos de areia acidentados e as enseadas secretas, por fim pousando nos cabelos grisalhos dos dois, e tudo o que Agatha quer fazer é pegar o rosto de Bill entre suas mãos e beijá-lo carinhosamente na boca. Contudo, algo mata seu desejo de beijar o homem que ama. Em vez disso, ela olha para seu maiô drapeado, suas delicadas manchas de idade e a pele fina e ressecada. As palavras do seu filho repentinamente ressurgem, declarando que ela é "velha demais, desmemoriada demais e tola demais para se apaixonar, ainda mais nessa idade".

Os dois observam um garotinho de bochechas rosadas construir um castelo de areia: há uma coleção de conchas claras incrustadas em uma torre em ruínas; a água do mar desaparecendo ao ser derramada pelas mãos empenhadas do menino; os joelhos gordinhos escondidos pela areia. A hora do lanche se aproxima. Bill sente o estômago roncar e acaricia a barriga com a ponta dos dedos como se estivesse tocando diretamente a sensação de vazio.

— Estou com um pouco de fome — comenta.

Mas Agatha está distraída, e sua resposta demora a vir.

— Hmm, eu também — diz finalmente, absorta.

Seu olhar está fixo em duas mães deitadas, que giram como frangos assando, os corpos esbeltos, as cinturas finas e os bumbuns perfeitamente redondos mudando de cor, ficando bronzeados.

As mulheres passam a mão no peito e na testa para remover o suor, depois abaixam os óculos escuros enquanto se deitam de costas. *O que eu faria se tivesse um corpo desses...*, pensa Agatha, fantasiando. *Usaria uma saia acima dos joelhos. Dançaria nua. Aproveitaria cada segundo de vida e cada respiração.* Ela se imagina jovem nos braços de um Bill na flor da idade, a mão segurando lençóis brancos de algodão enquanto ele faz amor com ela longe do sol, uma gravidade profundamente sensual. Agatha fecha os olhos e se agarra àquela imagem, elabora mais alguns detalhes e incentiva sua pele a absorver o calor do sol de verão. Ela suspira, a respiração escapando como um pneu furado enquanto Bill sugere "um sorvete, batata frita?".

Agatha abre os olhos.

— Pode ser. Acho que vou gostar dos dois.

Bill pega a mão dela, a beija e coloca sua palma sobre a dela para mostrar seu afeto. Ela observa o rosto dele relaxar ao se virar em sua direção.

— Acho que deveríamos nos casar, não acha? — diz ele com um sorriso.

Agatha quer dizer "Sim, sim, eu aceito", mas algo a impede. Em vez disso, ela sorri e, com os membros nus e bronzeados, se estica para beijar a bochecha de Bill.

— Casar? Meu Deus, aí eu e você somaríamos quatro casamentos. Outro sorriso.

— Quatro é o número da sorte.

— Vai lá, vai — brinca ela, enxotando-o. — Quero batata frita. Com muito sal e vinagre.

Agatha pega sua bolsa de praia feita de palha e verifica o celular: há três ligações perdidas de Alistair. Ela se pergunta como deve estar sendo a visita das crianças no fim de semana, se ele conseguiu montar os beliches complicados que comprou on-line e se os netos dela, *pobre-*

*zinhos*, estão se adaptando à nova rotina. Agatha gostaria que o filho não fosse "tão idiota". É um desejo que ela sente do fundo de sua alma.

*Querido*, ela escreve em uma mensagem de texto, os dedos lentos mas assertivos, *estou na praia com Bill, mas ligo para você hoje à noite. Te amo. Bjs, mamãe.*

Uma ou duas horas depois, Bill e Agatha voltam para a pousada com vista para a praia onde estão hospedados há dez dias. Eles param por um minuto para observar um minúsculo caranguejo escalando uma pilha de lixo largada de qualquer jeito: uma embalagem de chocolate, uma lata de refrigerante vazia e guimbas de cigarro amassadas. Agatha recolhe os dejetos e os enfia na bolsa, e isso a faz se lembrar de todas as vezes que limpou incansavelmente o lixo deixado para trás pelo primeiro marido e depois por seu único filho. Agatha não gosta que joguem lixo no chão — isso a irrita. Também não aprova que o caranguejo tente construir um novo lar naquela bagunça. O animal pousa em uma pequena poça de água ao lado de um círculo de pedrinhas e desaparece, fazendo surgir círculos na areia, e Agatha se acalma na mesma hora.

— Sempre a mãe — comenta Bill, segurando a mão dela que continuava livre.

De volta à pousada, Agatha tira o maiô encharcado. Ela observa o próprio corpo no espelho do banheiro e sente certa ternura por si mesma, pensando que se parece com uma daquelas balas de gelatina em formato de ursinho, enquanto tira a areia clandestina da barriga e das coxas. Seu rosto ganhou sardas nos últimos dias, e ela aprecia a forma como elas a fazem se lembrar de quando era jovem e adorava tomar sol, uma pitada de canela salpicada em seu nariz e suas bochechas, os cabelos mais volumosos por causa da água do mar.

— O que está fazendo aí dentro? — pergunta Bill.

— Tirando a areia.

Ela rapidamente joga um xale de seda bordado sobre os ombros e aprecia sua maciez, o corpo envolto pelas borlas delicadas que beijam os seios de forma suave...

Quando Agatha abre a porta do banheiro, Bill está esperando por ela, nu. Ele a pega pela cintura e a conduz até a cama com lençol de algodão. Ele fechou as persianas, afastou os lençóis e borrifou colônia em si mesmo. Os dois se abraçam em silêncio, o xale cai no chão. Bill beija os seios reconfortantes dela e retribui as carícias suaves. Agatha percebe que seu corpo não está com vergonha nem impaciente. Com os braços abertos, ela suspira na boca de Bill, seu corpo se arrepiando em reação ao toque dele. Intuitivamente, eles encontram o ritmo um do outro e vão acelerando o desejo, os olhos apertados, fechados.

Em seguida, vem o descanso após fazerem amor. Agatha está quase dormindo, os olhos por vezes se fechando. As mãos estão relaxadas, viradas para cima, pesando sobre o travesseiro. Bill envolve os ombros da amada com o xale de seda bordado, cobre as pernas dela com o lençol de algodão e pega um copo de água, deixando-o na mesa de cabeceira ao lado. Ao subir na cama, ele acredita — e vai revelar isso para Agatha mais tarde — que "nunca me senti mais feliz, mais disposto do que me sinto quando estou com você. Quem diria?".

Agatha é a primeira a acordar. Seu cochilo de fim de tarde foi permeado de sonhos com o próprio corpo à deriva em um minúsculo veleiro amarelo, Bill se esforçando no remo. Ela tinha sonhado que estava olhando para a pousada, onde música, vestidos rodopiantes e luzes decorativas enfeitavam o animado pátio — um sonho, um desejo, um cartão-postal. Depois de três horas de felicidade infundida pelo sono, ela se vira para Bill.

— Adoro quando você me abraça — sussurra.

Só quando pega o copo com água e confere o relógio — *Puxa, dormi todo esse tempo?* — é que Agatha é arrancada daquele ninho sensual e de seus devaneios. Ela se levanta e tira o telefone da bolsa de palha, vai até a varanda com vista para o pátio que apareceu em seus sonhos momentos antes e espera pacientemente até ouvir a voz do filho.

"Oi, aqui é o Al. Deixe uma mensagem após o sinal." *Beeeep*.

"Ah, olá, querido. É a mamãe. Só estou ligando de volta. Espero que você e os meninos estejam se divertindo. Enfim, eu amo vocês. Se não nos falarmos mais tarde, nos vemos quando eu chegar em casa na sexta. Se cuide." *Clique*.

Agatha sabe que, se Alistair não tivesse sido infiel à adorável Elizabeth, com certeza teria retornado a ligação antes. Contudo, ela ainda está irritada com o filho, e é incapaz de dizer a ele como se sente, porque "ele está arrasado agora. Só preciso amá-lo da melhor forma que consigo e sei amar, mas estou decepcionada. Muito decepcionada".

O QUE AS MULHERES QUEREM          209

Não é sempre que recebo o telefonema de uma possível paciente que procura terapia na terceira idade, ainda mais se ela nunca fez psicanálise ou terapia antes. Algo em Agatha, uma enfermeira aposentada, porém, mexeu com meu coração — a revelação meio desajeitada de que ela finalmente tinha encontrado o amor e queria falar sobre isso com alguém. Confesso que fiquei bastante curiosa, desconfiada até. Afinal, a terapia combate a escuridão e atenua a dor; uma relação de amor romântico feliz raramente é motivo para se entrar em uma aliança terapêutica. Abri meu diário na mesma hora, registrando meu entusiasmo, e peguei o telefone.

Fui atendida por uma voz suave, bem-humorada e assertiva o suficiente para garantir uma primeira consulta.

— Ah, obrigada por retornar a ligação — disse Agatha. — Gostaria de começar com a terapia. Estou apaixonada, sabe...

Algo me dizia, no entanto, que aquilo era só a ponta do iceberg. Afinal, quem busca terapia para falar que se apaixonou? Será que eu tinha me tornado uma pessimista receosa, uma desmancha-prazeres, um tipo de *Grinch* do amor? De qualquer forma, fiquei fascinada e aceitei atendê-la na semana seguinte.

Eu estava bastante curiosa para saber se aquele era o verdadeiro motivo de Agatha querer começar a terapia, mas também me perguntei se aquilo não seria um disfarce inconsciente para outra coisa. Falei para mim mesma que talvez não fosse algo com que se preocupar — afinal, é dever do profissional encarar o que o paciente traz como um "o que é". Não é nosso papel subestimar o desejo de um paciente de buscar conforto em ilusões ou interpretações equivocadas, e isso também não nos interessa. O que nos interessa são as formas como ele lida e elabora o assunto que deseja investigar (no caso de Agatha, a celebração por ter se apaixonado) e as possíveis distorções que poderia contar para si mesmo e para mim. Essas fantasias e invenções criativas não tornam o conflito menos justificável. Na verdade, elas podem levar a uma investigação analítica mais profunda para o paciente. No entanto, antes disso, é importante compreender a intenção das fantasias e a importância delas. O que não pode ser revelado ou explorado sem essas distorções da realidade? E o que esses floreios, usados pela paciente para dar significado e sentido à vida dela, pretendem alcançar? Como psicanalista, devo me manter curiosa e de peito aberto, não atuar como juiz e júri, desacreditando-a para revelar a verdade.

*⁓*

Após 12 semanas do começo de sua terapia, recebo Agatha em minha sala de espera e, enquanto percorremos a distância relativamente curta até o consultório, ela me diz que, durante as férias, sentiu "falta de nossos papos". Abro um sorriso, tomando cuidado para não dar início à sessão até que a porta do consultório esteja fechada, e então começo. As regras de interação na terapia são bem diferentes daquelas das situações sociais comuns.

— Você está bem, querida? — pergunta ela.

Eu me acomodo em minha poltrona.

— Sim, obrigada. Como vai, Agatha?

— Descansada, bronzeada e um pouco mais gorda, mas é para isso que as férias servem, não é mesmo? — responde, mais como uma afirmação do que como uma pergunta, enquanto passa rapidamente os dedos pelos cabelos grisalhos e sedosos. Ela envolve o peito com uma linda pashmina turquesa, segurando com firmeza as bordas macias. — Não ficou frio de repente? Até pensei em ligar o aquecimento central ontem à noite. Temos muita coisa para botar em dia. Senti muito sua falta. Bill propôs que nós dois nos casássemos.

— Ah — digo, a velocidade das palavras dela chegando enquanto tento acompanhar.

— Eu não disse "sim", mas parte de mim queria. — Uma pausa. — Parte de mim amaria se casar com Bill.

Eu me reoriento e verifico o relógio, mal se passou um minuto.

— Algo a impediu de aceitar o pedido de casamento dele?

— Acho cedo demais. Nós nos conhecemos há menos de um ano. Aquela planta ali é nova?

Volto minha atenção para onde Agatha está apontando. Há uma orquídea branca na minha mesa que não estava lá antes de ela sair de férias e viajar para a Cornualha.

— É, chegou semana passada.

O QUE AS MULHERES QUEREM

— Que linda. Adoro orquídeas. Mas não gosto quando as flores morrem. Porque aí ficam só galhos e folhas, né? Fica feio. Não tenho paciência para esperar elas florescerem de novo e geralmente acabo jogando a planta toda fora. Sou uma jardineira do agora. E você, tem paciência? Vai esperar a próxima enxurrada de flores?

Eu me vejo, como costuma acontecer bastante com Agatha, sendo arrastada para um bate-papo entre amigas, pensamentos e curiosidades ricocheteando com entusiasmo de uma parede para outra enquanto ela testa minha concentração. Se eu não me atentar, as sessões podem passar voando com pouquíssima investigação ou só com uma mera menção do que *de fato* há na mente dela. Reflito sobre isso enquanto a guio cuidadosamente de volta a um terreno seguro, no qual a análise possa ser retomada. Também me pergunto se ela é solitária. Todo o seu entusiasmo e o desejo de contato, embora às vezes acelerados e distraídos, são evidentes no modo como seus olhos dançam e brilham em nossas sessões. Muitas vezes minha intuição é permanecer quieta em resposta. Gosto de ouvi-la com atenção, se o momento permitir, e sempre que possível tento estar presente aos sinais por trás de tudo o que ela fala. Também venho me perguntando, durante esses três meses que já estamos juntas, se aquelas divagações entusiasmadas seriam uma forma de evitar os sentimentos. Talvez ansiedade? Desconforto? No entanto, acima de tudo, me pergunto se a descoberta de Agatha relativamente tardia do amor a colocou em contato com sentimentos de intimidade que, até pouco tempo, não existiam em sua vida.

— Acho que nunca tinha amado alguém de verdade até agora, romanticamente falando — disse ela em nossa primeira sessão. — Embora tenha me casado duas vezes.

Olho outra vez para a orquídea.

— Sou relativamente paciente — digo —, então é mais provável que eu espere a próxima enxurrada de flores.

"Enxurrada", repito a palavra usada por ela. Penso em mais palavras que evocam um sentimento parecido: redemoinho, eclosão, alvoroço, rajada e confusão. Contudo, estou fazendo livres associações e me pergunto por que isso está acontecendo. Suspeito que possa ter algo a ver com a anotação que fiz sobre Agatha essa manhã, e observo que seu estilo animado de conversa deve estar relacionado à empolgação ou à ansiedade.

— Você diz que acha cedo demais para considerar a possibilidade de se casar — continuo, trazendo Agatha de volta ao terreno da terapia. — Vocês se conheceram em setembro do ano passado, certo?

Agatha assente.

— E procurei você em janeiro.

— Sim, foi isso mesmo. Mas, se bem me lembro, você e o pai de Alistair estavam juntos há menos de um ano quando se casaram, não?

— É verdade.

Agatha franze a testa.

— E com Kenneth foi em menos tempo ainda.

Agatha tinha 19 anos quando conheceu Kenneth, seu primeiro marido. Os pais dela estavam em uma loja para comprar um carro novo.

— Éramos uma família grande, então precisávamos de um carro grande. Papai escolheu um Morris Marina. Azul, se não me engano.

Kenneth tinha 26 anos, era alto, charmoso e bronzeado.

— Ele adorava carros americanos, carros velozes: Chevrolets, Buicks, Mustangs.

A Morris and Co. era bem conhecida por seus automóveis norte-americanos importados e era propriedade da família dele, e o pai de Kenneth era quem estava no comando. Kenneth trabalhava no atendimento aos clientes, em um *showroom* todo aberto.

— Lembro quando ele apertou minha mão, achando-a pequena e fria como qualquer outra. Mas ele era tão bonito que me deixou sem fôlego. Ele falou pro meu pai que faria um preço melhor com a condição de me levar em um encontro. Papai aproveitou a chance. Hoje em dia ninguém diria uma coisa dessas.

— Graças a Deus.

Agatha e Kenneth logo estavam casados, para grande alívio e satisfação dos pais da noiva, que incentivaram a união e ficaram felizes com o espaço que foi liberado na casa que dividiam com os outros quatro filhos. Agatha era a mais velha, depois vinham os três meninos e, por último, a irmã mais nova, Mary.

— Eu mal podia esperar para sair de casa e me livrar de todas as minhas responsabilidades, entre elas cuidar dos meus irmãos mais novos. Mas acabei substituindo esse cuidado por outro, e me tornei enfermeira.

O QUE AS MULHERES QUEREM

Infelizmente, o casamento logo degringolou. Kenneth vivia atrás de jovens também interessadas em carros velozes e jogos de tênis. Ele passava os fins de semana entretendo clientes em potencial dentro e fora da quadra, enquanto Agatha lavava, limpava e cozinhava, sem filhos. Quando ela mencionou a possibilidade de formarem uma família, Kenneth, que sofria de uma leve depressão, respondeu que ainda não era a hora certa.

— Precisamos de uma casa maior... Talvez em alguns anos. De qualquer forma, você é jovem, temos muito tempo.

— Ele cuidou de mim do jeito dele — contou Agatha. — Eu tinha uma vida muito confortável e vivíamos em uma bela casa. Eu nunca quis nada. Mas não posso dizer que algum dia fomos apaixonados. O que eu poderia saber sobre o amor com 19 anos?

Algum tempo depois, Kenneth começou a negligenciar o jantar com a esposa, voltando para casa de madrugada, e Agatha deixava a refeição queimada em cima do fogão em uma mensagem bem direta.

— Eu me sentia sozinha e procurei amigos na minha igreja.

Foi lá o lugar onde ela encontrou alívio inicial "na bondade e nas orações".

Não consegui evitar sentir uma enorme tristeza ao pensar na jovem Agatha sozinha em casa, tendo como companhia apenas de um rádio. O ponto alto de sua semana era quando ela ajudava na venda de bolos na igreja ou quando agradava os sogros, que juravam nunca ter provado uma comida tão boa quanto a dela e que estavam "engordando mais a cada semana".

— Quando vamos ver crianças correndo por esta casa maravilhosa de vocês? — provocou a sogra.

— Estamos tentando, não é, querida? — disse Kenneth, acariciando a barriga da esposa. — Mas parece que o corpo da Agatha ainda não quer um filho.

Agatha sorriu com os dentes cerrados, encarando o próprio prato.

— Ah, eu estou pronta, e meu corpo também está, Kenneth. Se ao menos você ficasse em casa tempo suficiente pra fazer um filho!

— No fundo, eu sabia que era mais forte do que ele — confessou Agatha —, mas as mulheres não eram incentivadas a pensar essas coisas naquela época, que dirá falar sobre isso. Eu pensava que as vitórias dele sobre mim, ao menos nos primeiros anos de casamento, eram pequenas concessões que eu fazia para que ele não explodisse de raiva.

Quando ela manifestou interesse em estudar para se tornar enfermeira, Kenneth reagiu dizendo que não era possível, que ela precisava cuidar dele e da casa. Às vezes Kenneth era cruel, insinuando que a esposa não era inteligente o bastante para ser enfermeira.

— E, afinal, por que você quer trabalhar quando tem tudo de que precisa aqui? Eu cuido de você, não cuido? Sempre te dou tudo o que você quer.

— Quero ser enfermeira.

— Por que você é tão ingrata? Sabe quantas mulheres gostariam de ter o que você tem? Viver do jeito que você vive?

— Muitas, imagino. Por que você não vai arrumar uma dessas então?

A resposta dela, como uma jogada brilhante de xadrez, fez Kenneth retaliar.

— Talvez eu vá mesmo.

— Feche a porta quando sair.

Agatha se deu conta de que tinha aceitado um marido que não estava interessado em ser amoroso, embora desejasse ser amado.

— Sinto vergonha por ter vivido um casamento tão privado de amor — contou ela.

— Não é nenhuma vergonha reconhecer a falta de amor nos primeiros relacionamentos — afirmei ao ouvir a história de Agatha.

— Talvez — respondeu ela —, mas é uma vergonha saber que eu não era amada pelos meus pais. Eu tinha muito medo deles. Os dois nem sempre sabiam expressar com palavras como se sentiam, então eram agressivos comigo e com meus irmãos. Todos os dias eu nunca sabia se ia levar um tapa ou um beijo.

A maioria das crianças que sofreram violência física ou psicológica foi ensinada que o amor pode coexistir com o abuso. De fato, muitos adultos, ao se tornarem pais, transmitem essa mesma mensagem aos filhos. Em alguns casos extremos podem até dizer que a violência é uma expressão de cuidado e amor.

Quando criança, me lembro de estar quieta em meu canto, no pátio da escola, quando um menino que estava no ano acima do meu me derrubou no chão e puxou meu cabelo. Chorando, corri para uma professora, que me disse que ele tinha feito aquilo porque gostava de mim. Essas mensagens transmitidas desde cedo são perigosas e inaceitáveis, pois informam a uma mente ainda jovem que violência e amor (ou, nesse caso, estima) estão interligados — e que os dois são a mesma coisa.

Amor e violência não podem nem devem coexistir. Esse pensamento distorcido e equivocado pode moldar nossas percepções de amor na infância e na vida adulta. É um vínculo traumático. Trabalhei com muitas pacientes que chegaram à terapia acreditando que seus pais ou parceiros eram abusivos ou cruéis porque essa era a única maneira que conheciam de demonstrar amor. E muitos dos comportamentos inaceitáveis vividos por minhas pacientes no passado continuaram acontecendo na vida adulta, em seus relacionamentos românticos. Para uma criança que é emocionalmente abusada ou negligenciada, racionalizar o fato de ser magoada por quem deveria cuidar dela e amá-la costuma ser um mecanismo de sobrevivência. Reconhecer por completo que os pais são capazes de cometer atos de crueldade ou violência é quase insuportável para um adulto, que dirá para uma criança.

Ao longo dos anos, testemunhei um número surpreendente de pacientes que foram corajosos o suficiente para reconhecer seu passado familiar disfuncional e conseguiram sobreviver a ele, que sofreram negligência e violência física e emocional, e ao mesmo tempo aprenderam que eram amados. Quando um paciente cresce em uma família em que há maus-tratos e, ainda assim, também há cuidados, ele enfrenta confusão e sofre de *gaslighting*, além de encontrar dificuldade de reconhecer a extensão do trauma que viveu. Ele também acredita que o que aconteceu não foi tão ruim assim.

— Mas acho que não era de todo ruim — disse Agatha. — Minha mãe era carinhosa de vez em quando. E meu pai, bem, ele fazia o possível para nos sustentar. Só quando eu não fazia o que me era dito é que as coisas ficavam...

— Ficavam...

— Ruins. E quem poderia culpar minha mãe, tendo cinco filhos para cuidar...

— Não há número de filhos que justifique um ato de violência.

Pressionada a falar sobre o cuidado e a confiança em sua infância, Agatha revelou que às vezes sentia que era cuidada, mas não amada.

Como filha mais velha, todos tinham muitas expectativas de que ela ajudasse a mãe, que a fazia cozinhar e limpar a casa, além de manter o pai, mecânico ferroviário, "entretido e alimentado" quando ele voltava do trabalho com suas botas pesadas. Jogar cartas e preparar o jantar ajudava Agatha a suportar atos de desamor. Esses momentos de intimidade, embora se desenrolassem por meio da comida e dos jogos, ofereciam a ela migalhas de conexão e uma "sensação de estar sendo útil". De fato, Agatha tornou-se muito boa em oferecer seu amor, sua utilidade para ser recompensada com migalhas de afeto tanto da mãe quanto do pai. Ela estava menos preocupada em receber amor e, por isso, quando adentrou o mundo dos relacionamentos, aceitou e escolheu homens emocionalmente feridos e que ficavam felizes em receber o amor dela sem retribuir. Com o tempo, experimentou amizades e relacionamentos românticos nos quais a necessidade de ser amada não era atendida, enfrentando negligência, grosseria, desconfiança e, às vezes, crueldade. Agatha entrou em relacionamentos que focavam mais o cuidado que o amor porque eles pareciam mais seguros — as exigências não eram tão profundas quanto as dos relacionamentos amorosos, o risco não era tão grande.

A igreja era o único lugar onde ela se sentia genuinamente feliz, conectada e incentivada. Lá ela falava sobre seu desejo de ser enfermeira e fez amizade com Margaret e Tom, que eram irmãos. Os dois a encorajavam ouvindo-a falar, presenteando-a com livros e apresentando-a a pessoas que trabalhavam em postos de saúde e hospitais. Nos fins de semana, quando Kenneth estava ocupado jogando tênis, Agatha, Margaret e Tom serviam como voluntários na escola dominical e depois preparavam chá para os fiéis.

— A igreja era como um lar para mim — revelou Agatha.

Não há, porém, um final feliz neste capítulo da vida de Agatha.

No quinto ano de casamento, ela estava tomando um banho quente quando recebeu um telefonema informando que Kenneth tinha morrido em um acidente de carro.

— Eu ainda estava no banho, o que ajudou a aliviar o choque. Algo me dizia que Kenneth não estava sozinho no carro. Quando a polícia me entregou os pertences dele, encontrei na carteira o recibo de um quarto de hotel com a data registrada da noite em que ele morreu. É doloroso quando você sente ódio por uma pessoa por quem deveria estar de luto. Eu imaginava que, se tivéssemos nos amado, eu teria sentido uma dor diferente. Mas, em vez disso, tive que imaginar os últimos momentos dele com outra mulher. Primeiro senti raiva e depois indiferença. A indiferença era muito pior.

Fiz uma pausa para sentir no corpo a dor e a decepção de Agatha. A complicação da perda do marido entrelaçada com a infidelidade dele. Meus primeiros pensamentos foram que Kenneth era jovem — tinha 31 anos quando morreu — e que Agatha, viúva aos 24, foi deixada para experimentar a indiferença sozinha. "Deve haver uma explicação simples", diziam seus sogros.

— Kenneth nunca faria uma coisa dessas. Nem em um milhão de anos, não o nosso Ken. Ela devia ser uma cliente fazendo um test-drive no carro — mentiu o sogro.

— Aqueles dois estavam sempre em conluio — explicou Agatha.

A maior surpresa: três meses antes, Agatha e Kenneth haviam se hospedado naquele mesmo hotel para comemorar o aniversário de casamento. A noite, no entanto, tinha sido desprovida de amor, com Kenneth pedindo licença logo após o jantar — "Melhor eu ir para a cama, amanhã trabalho cedo" — e deixando Agatha sozinha com seu xerez e o sentimento de indiferença.

— O luto pode ser uma celebração do amor — falei. — Se nós amamos, vamos lamentar a perda da pessoa, a relação que um dia existiu. Sinto muito que esse tenha sido o fim de vocês dois juntos. Parece que o seu luto só fez realçar o que você desejou ter com Kenneth, assim como o que poderia ter sido. A indiferença realçou o seu anseio por algo diferente.

— A parte mais triste para mim foi não sentir falta dele. Mas como eu poderia? Eu queria sentir falta de compartilhar a vida com ele. Queria sentir falta dele me abraçando, me amando. De amá-lo... mas Kenneth nunca ficou por perto tempo suficiente para que eu conseguisse sentir sua falta, mesmo quando ainda estava vivo.

Agatha se inclina para a frente, novamente concentrada. Ela está de volta ao terreno seguro.

— Então, tendo isso em mente, acha mesmo que seu conflito quanto a se casar com Bill está relacionado ao fato de vocês terem se conhecido há pouco tempo? Ou tem algo mais?

— Suspeito que possa ter.

— E o que seria?

Agatha faz uma pausa.

— Eu amo o Bill, e quero ter uma vida com o homem que amo — diz ela baixinho.

— E isso parece muito arriscado?

— Sim. E também tem Alistair. Ele não aprova, me acha uma velha tola. Não sei se posso me casar quando o casamento do meu próprio filho está arruinado.

— Então você buscou a terapia por causa do seu conflito com o amor, mas também por...

— Culpa.

— Culpa — repito, assentindo. — Entendo. Então, quão difícil está sendo para você aceitar seu amor, Agatha?

Ela abaixa a cabeça.

— Estou com dificuldade mesmo. É muito complicado. De certa forma, sempre deixei as necessidades de Alistair virem antes das minhas, mas não quero fazer isso dessa vez, então me sinto culpada.

— Entendo.

Faço uma pausa.

— Mas e se ressignificássemos a culpa? E se pensássemos nela como um ressentimento voltado para dentro?

— Continue.

— Talvez seja mais fácil direcionar o sentimento negativo para si mesma do que reconhecer que há uma desaprovação mútua entre você e ele. É compreensível que você não queira vê-lo sofrer mais do que ele já está sofrendo, mas a que custo? Seu amor por Bill? É possível que você esteja direcionando esse ressentimento para si mesma, em vez de viver a sua verdade, a fim de evitar o conflito. Querer é uma ação. Quando você se compromete com as suas experiências emocionais, no seu caso, o amor que sente por Bill, pode satisfazer o seu desejo se estiver ciente do seu medo e de todo o esforço autodestrutivo que fizer para se proteger dos riscos que esse desejo oferece.

Vejo que Agatha está pensando, os olhos encarando a própria pashmina, que ela afrouxa e tira de cima do corpo.

— Então, digo para mim mesma que não nos conhecemos tempo suficiente, o que me protege de entrar em conflito com Alistair.

— Talvez.

Agatha volta a olhar para a orquídea.

— Ou talvez eu diga isso para mim mesma para dar às duas pessoas que mais amo tempo para se conhecerem?

— Talvez.

— Ou será uma desculpa para o meu maior medo?

— Que seria...

— Dar errado. Ou talvez seja porque finalmente encontrei alguém que quero amar e com quem quero ter intimidade? Alguém que não apenas cuide de mim, mas que também me ame? A sensação é muito diferente e assustadora. Talvez por ser tão desconhecida, Maxine.

— Entendo — digo com um sorriso. — Mas talvez valha a pena correr esse risco, Agatha. O que acha?

— Acho que são muitos "talvez".

— Na verdade, é muito amor — digo e sorrio de novo.

*∼*

— Foi horrível — revela Agatha na sessão seguinte.

Ela toma um gole de água. Percebo que está mais calma hoje, menos distraída, menos agitada, as frases fazendo mais sentido. A sessão começou há 15 minutos, e na maior parte do tempo ela permaneceu muito quieta e silenciosa — os únicos momentos de exceção foram lamentos e lágrimas. Soluços bem discretos, como os de um animalzinho. Sua concentração está toda no assunto daquele momento.

Ela explica como foi o jantar, o robalo — prato principal — arruinado.

Alistair está atrasado.

Agatha olha o relógio de pulso.

— Devo ligar para ele outra vez? — pergunta a Bill.

— Você deixou uma mensagem?

— Sim.

— Então vamos esperar.

Quase uma hora depois, Alistair chega. Quando ela abre a porta da frente e o abraça, logo percebe o odor de álcool em seu hálito, disfarçado pela bala de menta. Os olhos estão carregados e ele carrega uma tristeza responsável pelas rugas na testa e por sua expressão de angústia.

— Entre, querido — convida ela, acariciando a bochecha fria do filho. — Está tudo bem?

— Trânsito — responde Alistair, estendendo com impulso um buquê de rosas cor-de-rosa na altura do peito de Agatha. — Que cheiro bom.

Mais tarde, vamos descobrir que esse presente estava carregado de uma intenção cruel e insensível.

— Robalo — entoam Bill e Agatha em coro, e depois riem.

Em vez de sorrir ou se juntar a eles, Alistair dá de ombros e tira a jaqueta.

— Um já está falando pelo outro? — pergunta com uma risadinha.

Bill e Agatha trocam olhares e ignoram o comentário.

— Pode deixar que eu penduro a jaqueta pra você — diz Bill.

Bill e Alistair se acomodam à mesa da cozinha, um vaso de lírios claros definhando na frente do forno ofegante.

— Devo trocar as flores para você? — pergunta Alistair, apontando para os lírios. — Sei que rosas cor-de-rosa são as suas preferidas. — Ele se serve de uma grande taça de vinho e parte um pãozinho ao meio. — O vinho poderia estar um pouco mais gelado — zomba, sem se importar de estar com a boca cheia.

Bill está assistindo na primeira fila aos carboidratos sendo mastigados. Depois de ter preparado uma bela refeição caseira e de Bill ter passado a toalha de mesa de algodão branco antes de colocar velas perfumadas e escolher a bebida com cuidado, Agatha sente uma pontada de raiva e indignação pela grosseria do filho, o que rapidamente se transforma em culpa. "E se ressignificássemos a culpa? E se pensássemos nela como um ressentimento voltado para dentro?", lembra. *Certíssimo*, pensa consigo mesma com acidez, enquanto vira em uma travessa o peixe encolhido pelo forno, *estou ressentida por causa da grosseria dele*. Agatha se sente melhor conforme o sentimento de culpa se transforma de novo em raiva, dessa vez mais real, mais honesta.

Quando ela serve o banquete de robalo com legumes, Alistair fica exultante, dando tapinhas na própria barriga volumosa como se para avisá-la de que algo delicioso está a caminho.

— Parece delicioso, mãe — diz ele enquanto se delicia, engolindo a comida antes que Bill e Agatha tenham a chance de sequer pegar um garfo.

Um fio de manteiga escorre de sua boca. Agatha se inclina e limpa para ele.

— Eu não sou criança.

Alistair se desvencilha.

— Mas está parecendo uma — diz Agatha.

Depois de três garrafas de vinho, Alistair desmaia no sofá, mas não antes de justificar a própria infidelidade e dar todas as opiniões possíveis sobre por que Bill e Agatha não deveriam morar juntos.

— Elizabeth não demonstrou nenhum interesse por mim desde que os meninos nasceram. Vocês dois deveriam continuar como estão, serão loucos se forem morar juntos.

— Não espero que você fique feliz por nós, considerando que seu casamento está arruinado, mas espero que controle sua língua — rosna Agatha, enquanto coloca o último prato na lava-louças e fecha o eletro-doméstico. — Estarei lá em cima, Bill. Tem cobertores e travesseiros no escritório.

Bill põe um cobertor sobre o filho irritado de sua amada e tira os sapatos dele.

— Sinto muito — diz Alistair, pegando a mão de Bill. — Estou bêbado e solitário.

— Durma — responde Bill, enfiando um papel no bolso da calça de Alistair.

Na manhã seguinte, Alistair descobre o bilhete no bolso logo ao acordar, a cabeça latejando e a boca seca.

*Se vamos ser amigos, você vai se desculpar com sua mãe depois da cena da noite passada. Só existe uma coisa pior do que um homem bêbado e solitário: um homem bêbado e solitário incapaz de pedir desculpas. Bill.*

As coisas ficam muito melhores à tarde, depois que Alistair vai embora. Ele se foi com seus dramas autoinfligidos e suas alfinetadas cansativas. Bill e Agatha se espreguiçam na cama, a cabeça de ambos sobre travesseiros aconchegantes, um edredom de penas cobrindo seus corpos e abraçando-os. Eles se pegam fazendo amor, duas vezes, na luz suave de meio-dia. Um ato afetuoso. Necessário. Agatha se agarra a Bill com força — um bote salva-vidas —, enquanto os pensamentos sobre Alistair invadem sua mente como ondas em uma tempestade. Amor à tarde.

— Tente não se preocupar, amor — diz Bill.

— Não consigo evitar.

Agatha se pergunta se deveria ligar para Elizabeth e tentar convencê-la a dar outra chance a Alistair, mas já sabe a resposta, e quem poderia culpar a nora? Em vez disso, ela imagina o próprio filho como um bebê: uma massa de cachos loiros e um sorriso exibindo as gengivas. O amor dele por dinossauros e pelo espaço sideral foi um companheiro constante até a adolescência. Ela faz isso com bastante frequência, especialmente quando se sente impotente, pois as imagens em sua mente oferecem um sentimentalismo que a acalma, embora também traga melancolia. *Deve ser culpa minha*, pensa. *Eu devia ter feito mais, dito mais, amado mais quando o pai dele morreu.* A causa da morte foi um câncer, e, enquanto pensava, Agatha sentia a culpa abrindo caminho por seu peito e pressionando com cada vez mais força. "E se ressignificássemos a culpa? E se pensássemos nela como um ressentimento voltado para dentro?" Agatha fecha os olhos e se pergunta se a culpa que carrega é um ressentimento voltado para dentro, mas se dá conta de que na verdade é decepção. O fato de Alistair ter se comportado de maneira tão terrível no jantar era inaceitável. *Entretanto, a pior decepção é que ele abandonou a própria família por um rabo de saia qualquer.*

De repente, as lembranças de seu primeiro marido voltam, lembrando-a da época em que as mentiras e as conversas sobre jogos de tênis eram usadas para esconder a infidelidade. Agatha imagina que o filho contava mentiras parecidas. *Deve ser muito mais doloroso para Elizabeth do que foi para mim, porque ela amava Alistair.*

Agatha percebe que fez uso do verbo amar no passado, e a sensação de impotência retorna. Ela volta a imaginar Alistair como um bebê, uma mantinha envolvendo seu corpinho minúsculo por completo. Como ela gostaria de ter sido amada quando bebê, criança e adulta do modo como ela amou o filho...

— Acho que é dos meus pais que realmente me ressinto — dirá Agatha em uma de nossas sessões algumas semanas depois.

Suas memórias trazidas de volta reconhecem que, se tivessem sido amados pelos próprios pais, os progenitores dela poderiam ter oferecido esse amor a ela também.

Quem já observou o processo de crescimento de uma criança desde o nascimento consegue ver nitidamente que, antes do surgimento de qualquer linguagem, ou mesmo antes de reconhecerem a identidade da mãe ou do responsável, os bebês retribuem o carinho e o cuidado que recebem com olhares de fascínio e sons de prazer, doces gorgolejos de alegria. A cada dia, conforme crescem e evoluem, reagem a esses cuidados, oferecendo afeto com sorrisos e risadas diante da visão radiante e bem-vinda da mãe ou de outra pessoa responsável por cuidar deles. Lembro-me do importante trabalho de Harry Harlow e suas observações extraídas dos testes das *Mães de arame para macacos*, com descobertas que transformaram e embasaram a forma como entendemos o apego de recém-nascidos.

No experimento, Harlow separou macacos filhotes de suas progenitoras logo após o nascimento. Os macaquinhos eram então colocados em gaiolas nas quais tinham contato com duas mães substitutas, uma feita de arame e outra revestida com um tecido atoalhado e macio. No primeiro grupo, a mãe de pano não oferecia alimento, e a mãe de arame, sim, por meio de uma mamadeira com leite presa a elas. Ambos os grupos de macacos passaram mais tempo com a mãe de pano, ainda que ela não tivesse leite, e só procuravam a mãe de arame quando estavam com fome. Depois de alimentado, o bebê macaco voltava imediatamente para a mãe de pano e lá passava a maior parte do dia, ansiando pela presença macia e aconchegante dela: uma personificação do cuidado maternal. Se um objeto desconhecido ou assustador fosse colocado na gaiola, o filhote buscava refúgio na mãe de pano, que era sua base segura. Ela era bem mais eficaz para atenuar o medo do bebê. O experimento também concluiu que o filhote se comportava de forma mais exploratória quando a mãe de pano estava presente, corroborando para a teoria evolutiva do apego que diz que é a segurança e a resposta sensível da mãe e/ou de outro cuidador que são importantes, e não o fato de ele fornecer alimento. A conclusão foi a de que os bebês se sentem mais seguros, protegidos e conectados quando recebem contato, carinho e acolhimento cuidadoso. Em essência, "o corpo" vem antes da comida.

Contudo, como sabemos, o cuidado é apenas um aspecto do amor. Se quisermos amar verdadeiramente, precisamos fazer do amor uma ação. Precisamos reconhecer que ele não é apenas um sentimento, porque, quando amamos de forma ativa, devemos assumir uma responsabilidade com aquela pessoa. Para mim, a raiz é amar, assim como desejar é um verbo, e não um substantivo, como algumas pessoas pensam. Aceitar o amor como ação significa se comprometer com o respeito, a confiança, o reconhecimento, o diálogo e o afeto. Não somos passivos na arte de amar outro ser humano; um indivíduo não se "apaixona" simplesmente, e sim luta pelo amor, cresce e se compromete com ele e o respeita. O amor é a ação que ele mesmo realiza.

— Mas ele ligou no dia seguinte para pedir desculpas, e fico feliz com isso, mas ainda estou sentindo...

Ela procura as palavras, desiste e, em vez de falar, joga as mãos para o alto, balança a cabeça e chora.

— Dá para ver que você está muito chateada.

— E confusa. E decepcionada. Não sei por que ele não pode só ficar feliz por mim.

Ela enxuga outra lágrima.

— Sua orquídea perdeu algumas flores — observa.

Volto minha atenção para a orquídea.

— É mesmo. O que devemos fazer?

— Não sei, mas pelo menos ainda restam algumas flores.

— É, ainda tem, mas, em vez de esperar para ver o que acontece, acho que vou me levantar agora e botar um pouco de fertilizante e água nela.

Eu me levanto e pego o frasquinho rosa com fertilizante. Em seguida, pego meu regador, coloco água e a despejo no vaso de plástico da orquídea.

Agatha sorri.

— O amor é uma ação — afirmo.

O amor também é uma disciplina, assim como a cura. Refletindo junto de Agatha sobre o amor como uma ação, me concentro no arbítrio e na energia que possibilita esse sentimento. O amor não é passivo, nem dócil. Ele exige comprometimento. A expressão "curador ferido", usada de forma excessiva na minha opinião, foi cunhada pelo psiquiatra Carl G. Jung. Embora seja útil pensar nos pacientes e em como suas histórias impactam minhas feridas e minha cura como psicanalista, não tenho a ilusão de que qualquer terapeuta, ou ser humano, fique totalmente "curado". Nossa cura está sempre em curso. O que acredito que fazemos é criar condições para que o terapeuta e o paciente embarquem em um processo de descoberta em parceria e, embora haja experiências e conhecimentos específicos, o terapeuta não é de forma alguma um curador com todas as respostas e o poder de consertar o paciente. O conceito de Carl G. Jung coloca o terapeuta em um pedestal — uma expectativa perigosa e impossível que vai acabar decepcionando o paciente e, sem dúvida, fazer com que o terapeuta caia de uma altura enorme.

Quando Agatha disse "Não sei por que ele não pode só ficar feliz por mim", senti uma profunda empatia por ela. Talvez todos nós já tenhamos vivido uma situação na qual desejamos que um amigo, parente ou pessoa querida ficasse feliz por nós depois de conquistarmos algo que passamos a vida toda desejando. E, quando esse amor ou entusiasmo nos é negado ou rejeitado, dói. Lembro-me de quando ganhei uma bolsa de estudos para cursar a faculdade de artes, um sonho que eu tinha no fim da adolescência, e isso foi recebido com medo e menosprezo. Ainda assim, eu fui, irritada porque alguns amigos e familiares não vibraram comigo. Hoje, entendo que eles não dominavam a linguagem necessária para me dizer que tinham medo de me deixar ir embora, que sentiriam minha falta. E só muito tempo depois consegui encarar com compaixão e empatia esses medos. Algumas pessoas podem dizer que é preciso viver algo para saber como é, e naturalmente nunca teremos como conhecer e enfrentar tudo o que nossos pacientes vivenciaram ou estão vivenciando. No entanto, um momento compartilhado, ou um desejo, universal ou não, de ajudá-los com as coisas que nós terapeutas aprendemos e das quais estamos nos curando, é uma maneira de estabelecer conexão e oferecer um alívio — juntos. É algo relacional.

Ponho o regador na mesa e volto para minha poltrona.

Agatha ainda está observando a orquídea, os olhos vidrados.

Acredito que ela voltou sua atenção para a planta porque está sofrendo. Talvez seja uma distração agradável, embora as flores da orquídea estejam morrendo. Ao fazer aquela pausa, quis oferecer a Agatha alguns momentos para reconhecer os próprios sentimentos e para que, ao me observar nutrindo as raízes da planta, conseguisse perceber que não ficamos impotentes quando estamos com raiva. As flores vão voltar. Elas vão florescer novamente se cuidarmos e alimentarmos a planta, ainda que, talvez, depois de recuperadas, elas passem a ser diferentes, por causa do tempo que gastaram se curando e crescendo. Um novo botão de esperança.

— Alistair deve estar sofrendo muito — diz Agatha.

— Acho que vocês dois estão sofrendo.

— A verdade é que sem ele eu nunca teria conseguido amar o Bill. Entende? Alistair me ensinou a amar e a ser amada.

— Um presente incrível.

— Foi, sim, e ainda é. Se o amor é uma ação, nós dois agimos no nosso amor. Mãe e filho. Devo todo o amor a ele.

Sinto meus olhos arderem, as lágrimas se formando.

— Ele sabe disso?

— Não, mas talvez eu fale para ele. Assim que superar a raiva e a decepção.

— Talvez a raiva seja uma proteção contra a sua dor. Sentimos mais energia quando estamos com raiva, o que neutraliza qualquer sentimento de impotência. Deve ser difícil ver seu único filho sofrendo tanto e lidar com o comportamento atual dele. Alistair não estar feliz por você e Bill indica falta de generosidade. Isso está prejudicando sua relação com Bill?

Agatha demora para responder.

— Eu nunca quis amar alguém tanto quanto quero amar Bill e, surpreendentemente, parece que posso permitir que ele me ame também. Eu gostaria que Alistair conseguisse ficar feliz por mim, por nós. Durante tantos anos, ficamos apenas ele e eu depois que o pai dele faleceu. Tínhamos um vínculo muito especial.

Essa não é a primeira vez que vejo uma paciente evoluir até se abrir para o amor depois de criar um filho — especialmente se sofreu negligência ou foi privada de amor durante a infância e a juventude. Sem o amparo do apego aos pais ou qualquer pessoa responsável pelos cuidados no começo da vida, a criança e o adulto que ela se tornará

O QUE AS MULHERES QUEREM

acreditam não serem dignos do amor. É o vínculo entre pais e filhos que nos ensina que merecemos ser amados e desejados, que nos ensina a amarmos a nós mesmos e uns aos outros. Na primeira infância, alguns de nós podemos nos lembrar de ouvir que éramos amados quando nos comportávamos bem ou de certa maneira que agradava nossos pais e outros responsáveis. Porém, aprendemos da mesma forma a reproduzir essas confirmações de amor quando eles nos agradavam. Se o amor era condicionado a algo e não estava lá quando mais precisávamos, ou se quando crianças nos sentíamos incapazes de ser nós mesmos, autênticos e livres, pois corríamos o risco desse sentimento nos ser negado, é aí que reside um grande perigo. Esse perigo era altíssimo, afinal, o que aconteceria se expressássemos nossa verdade sabendo que isso decepcionaria nossos pais ou responsáveis? Isolamento? Abandono? Violência?

O que consegui extrair e compreender a partir dessas histórias de privação na primeira infância é que, às vezes, parece mais seguro para os pacientes amar suas crianças antes que consigam imaginar a possibilidade de viver o amor romântico e botar isso em prática. "Nem sei se sou capaz de amar", disse uma paciente quando seu único filho saiu de casa para ingressar na universidade e ela considerou a possibilidade de um relacionamento íntimo. Posteriormente, ela ficou emocionada ao descobrir que sua capacidade de amar e ser amada era gigantesca. Contudo, isso não aconteceu até que ela superasse e deixasse para trás a dor de não ter recebido amor na infância, pois antes ela não tinha meios nem voz para falar e se curar dos anseios que trazia no coração. Outra paciente revelou: "Algo se curou dentro de mim quando fui amada pelas minhas filhas. Era, e continua sendo um amor muito profundo. As cicatrizes da minha infância foram suavizadas, e agora sou amada, elas são amadas", afirmou, "e me sinto grata".

Também testemunhei pacientes expressando raiva e aflição — muitas vezes com ressentimento se acumulando — por acreditarem que foram elas que tiveram que "dedicar o próprio tempo e fazer todo o trabalho". Em vários casos, a cura demandou anos de terapia para atenuar o sentimento da ausência do amor. Como psicanalista, tento chamar a atenção da paciente para sua dor. Juntas, tentamos encontrar palavras para expressar o que ela perdeu por não se sentir amada ou desejada.

"Não podemos mudar o passado", explico, "e não há como voltar no tempo. Mas, quando seu sofrimento diminui, você tem aa opções de mais uma vez agir quando se trata do amor e deixar seu coração falar, se é isso o que você quer e deseja".

Agatha está calada, o olhar à deriva.

— Tínhamos um vínculo muito especial — repete antes de enxugar mais lágrimas. — Não sei o que aconteceu entre nós dois.

— Imagino que tenha algo a ver com o fato de que Alistair está sofrendo enquanto você está apaixonada. Um *timing* infeliz, diriam algumas pessoas, ou inevitável, considerando seu desejo por Bill. Alistair te deu um presente maravilhoso ao compartilhar o amor de vocês e formar uma ligação muito especial entre mãe e filho. Mas parece importante que você e Bill reivindiquem o amor de vocês, mesmo que isso signifique um conflito com Alistair.

— Ele ia preferir que eu ficasse sozinha para sempre, ia gostar se o pai dele fosse o último homem da minha vida.

— Quantos anos Alistair tinha quando perdeu o pai?

— Treze.

— É tempo demais vivendo sozinha.

— Fiz algumas amizades depois que Tom, o pai do Alistair, faleceu, mas os aborrecimentos e a culpa que eu sentia eram demais para mim. Achei melhor esperar até que Alistair crescesse e formasse uma família antes que eu tivesse outro relacionamento. Nossa, dizer isso em voz alta faz com que eu pareça um mártir.

Ela me olha em busca do que imagino ser uma confirmação ou invalidação do que falou.

— Mas o que me interessa saber é: a que custo? Quero dizer, o que aconteceu com qualquer desejo ou expectativa que você tinha de encontrar um parceiro?

— Direcionei tudo para o meu trabalho. Eu era uma boa enfermeira. Comprometida, dedicada, algumas pessoas diziam até que eu era a preferida das crianças que apareciam por lá. Eu amava o meu trabalho. Lá eu me sentia muito validada e útil. Tom me encorajou muito a estudar para me tornar enfermeira depois que Kenneth morreu, e de certa forma isso me deixava mais próxima dele. Eu sabia que ele ficaria orgulhoso de mim e do meu trabalho.

— Tem certeza de que você não amava Tom? — pergunto, brincando.
O sorriso de Agatha reaparece nessa hora.

— Tom era ótimo e tivemos momentos muito especiais juntos. Mas nos casamos porque nos importávamos muito um com o outro, não porque estávamos apaixonados. Nós nos dávamos bem. Éramos melhores amigos. Frequentávamos a igreja, tínhamos interesses parecidos. Eu gostava da família dele, da irmã dele. Ele era gentil e eu me sentia solitária, assim como ele. Imagino que ainda estaríamos juntos se ele não tivesse morrido de câncer.

Ao contrário de Kenneth, o segundo marido de Agatha era mais reservado. Tom trabalhava como restaurador de móveis e era um homem de poucas palavras cujo caráter estoico e ombros largos a cativaram. "Ele passava horas em um dos anexos da nossa casa, com um pote de cebolinhas, um pedaço de queijo e o rádio ligado" enquanto cuidava de cadeiras quebradas, cobrindo com estofados macios objetos esquecidos. Tom tinha aprendido com o pai, "outro introvertido de carteirinha", a fazer polimento francês, estofar e aplainar madeira com tanto cuidado e delicadeza que Agatha se sentia "calma" ao vê-lo trabalhar. "Ele colocou uma cadeira em cada anexo da casa, e havia vários, para que eu pudesse ficar lá sentada com ele."

Ao ouvi-la descrever sua vida conjugal com Tom, não pude deixar de me sentir aliviada. Imaginar o cuidado e a restauração de "objetos" que eram trazidos de volta à vida soava como um remédio em um mundo de consumismo gigantesco e descartável. Contudo, esse pensamento também me levou de volta à nossa conversa sobre orquídeas, e o modo como Agatha as descartava quando as flores murchavam. Eu me perguntei se ela estava tentando restaurar algo na própria vida desde a infância, talvez a ausência de amor, e, ao observar Tom trabalhando, pôde se sentir tranquilizada, e até mesmo mais confiante, com a reconstrução e cura de objetos descartados e esquecidos.

— Estou tentando imaginar você sentada junto de Tom em um dos anexos — comento. — Queria saber mais sobre por que o trabalho dele acalmava tanto você.

— Eu sentia o amor de Tom em trazer as coisas de volta à vida. Assim como ele me trouxe após a morte de Kenneth. Tom tinha tanto amor por aqueles móveis antigos... Mesmo quando algum estava nas últimas, ele tocava e segurava com muita ternura e cuidado. Certa vez, ele deve ter passado um mês inteiro restaurando um cavalo de balanço para uma família que conhecíamos. Todos os dias eu aparecia para ver a transformação do cavalo. Foi uma experiência linda.

— Ele não foi indiferente à recuperação do cavalo.

— Exatamente, ele não o jogou fora. Ele acreditava no cavalo.

Silêncio.

— Acho que talvez eu saiba para onde estamos indo com essa conversa — diz Agatha.

Assinto.

Ela limpa a garganta.

— Provavelmente eu jogo as orquídeas fora porque é isso o que conheci e vivenciei. A ausência de amor substituída pela violência e pela indiferença na minha infância me fez sentir indigna de receber amor e, logo, descartável. Mas Tom era diferente.

— Pode falar um pouco mais sobre isso?

— Tom me mostrou o que é cuidado e respeito. Ele era atencioso. E muito gentil. Eu ainda não estava pronta para amar quando me casei com ele, não sabia como. Mas, quando tive Alistair, tudo mudou. Naquela época, eu me preocupava mais em cuidar, porque, se eu cuidasse e me mostrasse útil, poderia ganhar um mínimo de reconhecimento.

— Está se referindo aos seus pais? Ou talvez a Kenneth?

— Aos três — responde, sem pestanejar.

Uma pausa.

— Estávamos casados há 15 anos quando Tom foi diagnosticado com câncer. Foi um grande choque para Alistair e para mim. Vimos o câncer devastar o corpo dele — conta, chorando. — Alistair o levava na cadeira de rodas até o jardim quando o visitávamos no hospital. Havia roseiras lá. As rosas cor-de-rosa viraram minhas flores favoritas, Tom adorava o perfume delas. Ele pedia que eu colhesse algumas para que ele pudesse cheirá-las e levá-las para pôr ao lado da sua cama no hospital. Havia rosas no funeral dele.

— Agora entendo por que Alistair te deixou tão chateada quando apareceu com as rosas.

— Exatamente. Foi cruel.

Silêncio.

— Me dar rosas não vai trazer o pai dele de volta. Assim como ser cruel também não. Preciso conversar com ele.

— O que quer dizer a ele?

— Quero falar que não é porque eu amo Bill que o ame menos ou que me esqueci do pai dele. Quero dizer que ele precisa parar de ser cruel e indiferente. E que o amo, mesmo que a dor dele o faça ser desagradável. Quero dizer: "Se recomponha e peça desculpas à sua família até ficar sem voz!"

Agatha endireita as costas. Está com os ombros tensos e alertas. De repente, estamos sentadas eretas. Sua tagarelice nem apareceu na sessão de hoje. Em vez disso, foi substituída por uma força vital. O aprendizado e o amor dela estão fortalecidos, e as palavras, vigorosas, reivindicando em sua linguagem pessoal um desejo de ser vista, percebida e compreendida. Com os pés firmemente ancorados no chão, ela está enraizada. Sinto sua assertividade e seu discernimento — Agatha está reivindicando o uso deles para o próprio desejo.

— Sábias palavras. Está na hora. Temos que encerrar por hoje.

Agatha fica surpresa, mas não chocada, quando abre a porta da frente e se depara com uma casa entulhada de pratos com restos de comida, roupas sujas penduradas em cabides de arame e um cheiro úmido de desesperança. Ela cobre o nariz com a mão enluvada e sobe os degraus da escada, recolhendo garrafas, roupas largadas e embalagens vazias de biscoito. Ao chegar ao topo, respira fundo e se firma com a ajuda do corrimão de madeira. Ela está cansada. Deitado na cama de pijama, está seu filho, todo encolhido, parecendo um camarãozinho. A cama recebe o peso dos dois e ela acaricia a cabeça úmida dele. Alistair se aproxima.

— Me desculpe, mãe. Sou um desastre.

Ela vê uma garrafa de vinho vazia na mesa de cabeceira e suspira.

— Eu deveria ter feito você arrumar os seus brinquedos quando era criança.

— O quê? — responde Alistair, intrigado.

— As crianças aprendem a lidar com a confusão emocional através de ações práticas, e não preparei você bem o suficiente. Eu fazia tudo por você, o que minha terapeuta poderia dizer que é um tipo de negligência, e depois que seu pai morreu comecei a fazer ainda mais, pois não suportava ver como você estava sofrendo. Também deixei as minhas necessidades de lado e fiz de você o centro da minha vida, o meu mundo, mas agora eu quero Bill na minha vida, Al. Eu amo ele. Você precisa entender que não quero mais continuar sozinha. Seu rancor precisa acabar, assim como sua autopiedade. Eu te amo, meu filho, mas não gosto muito de você nesse momento, principalmente depois do que aconteceu no jantar da semana passada. O buquê de rosas foi bem cruel.

— Isso não é nenhuma surpresa. Também não gosto muito de mim. E me desculpe pelas rosas. Foi um golpe baixo.

— Foi mesmo.

— Eu não quis dizer as coisas que disse sobre você e Bill, mas o momento não poderia ser pior. Bill é um cara legal.

Quando ele se senta, Agatha percebe como o filho perdeu peso e, em um ato de amor materno, puxa o lençol para aquecê-lo e tira as luvas. Discussão encerrada.

— Por que você teve um caso, Al?

— Eu estava solitário. Elizabeth estava sempre muito ocupada com os meninos. Volta e meia me sinto excluído. Ela dá conta de tudo, o tempo todo. Eu esperava que nós quatro fôssemos felizes, mas sinto que estou assistindo tudo de fora.

— Já tentou se envolver mais? Ou já disse para Elizabeth que ela é uma mãe incrível? Ela deve dar conta de tudo por necessidade. Onde você estava enquanto ela colocava os meninos para dormir? Elizabeth me contou que você passava a noite fora sem sequer telefonar. Agora sabemos que é porque você estava tendo um caso. Ações têm consequências, Al.

— Sinto muita saudade deles.

— Então diga isso a eles. Diga à sua família como está arrependido. Essa separação não vai se curar sozinha. Você terá que fazer um esforço gigantesco se quiser que Elizabeth o perdoe. Chega de ficar aí parado, lamentando e bebendo. Faça algo a respeito de como você se sente.

O amor é uma ação. E, nesse momento, não estou vendo muito amor. Olha esse lugar, está um chiqueiro!

Alistair se apoia na mãe, com seu suave balançar dos membros. Agatha espera que algo potente e sem palavras aconteça: *a transformação*. Mais tarde naquele dia, enquanto tomam café, ele diz à mãe que deseja "voltar no tempo" enquanto deseja desesperadamente "seguir em frente".

Eles embalam seu amor de tal maneira que há espaço suficiente para pedidos de desculpas e perdão, mas nenhum para respirar. No acolhimento deles há aprendizado, escuta e compreensão. Amor à tarde.

O inverno chegou, e uma fina camada de neve cobre o chão.

Do lado de fora, delicados flocos de neve acenam, balançam e tremem. Aquecendo meus dedos em volta de uma xícara de café, rego com a mão livre a orquídea antes florescida e agora transformada: um mero broto com folhas novas e minúsculas, ainda não formadas. Eu me lembro de como Agatha achou essa etapa "feia", "não gosto quando as flores morrem. Porque aí ficam só galhos e folhas, né?". Da janela do consultório, observo uma família de sabiás bicando bolas gordas de nozes e sementes penduradas em um comedouro para passarinhos. Minha atenção acaba se voltando para duas réplicas de pinturas de Paula Rego que não estão penduradas, apesar de emolduradas. Ocorreu-me a ideia de pendurá-las ao lado da estante que vem rangendo, mas aquela animada família de pássaros chegou e me distraiu da tarefa.

É óbvio que momentos de distração são normais e inevitáveis para qualquer psicanalista. Essas divagações mentais podem oferecer momentos de pausa muito necessários em meio a tantos períodos de conversas emocionais durante a prática clínica, e podem até oferecer certa diversão em situações menos comprometedoras. Entretanto, são também uma forma de atenuar o desconforto, deixar alguns pensamentos de lado, rejeitar sentimentos ou matar desejos. Essas distrações criativas e persistentes servem de lembrete diante das circunstâncias difíceis da vida e também como uma forma de escapar de nossos sentimentos quando as dificuldades surgem.

Seguro o primeiro quadro, intitulado *Amor*. Faz parte de uma série de pinturas chamadas *Histórias de Mulheres*, de Paula Rego, que ilustra uma mulher trajando um vestido escuro estampado, deitada em um lençol escarlate. A cabeça apoiada em um travesseiro, as mãos pressionando o coração, o olhar em outro lugar. A pintura é sedutora, estimulante e angustiante, e eu me emociono toda vez que olho para essa descrição inabalável do amor. Antes, me perguntava se a mulher mantinha a mão sobre o coração por amor ou por causa de uma desilusão amorosa — a forma como Rego joga com as emoções as deixa preocupantemente parecidas. De fato, se eu não soubesse o título do quadro, com certeza não conseguiria determinar por que a mulher retratada estava naquela posição.

Agatha chegou à terapia apaixonada — "Gostaria de começar com a terapia. Estou apaixonada, sabe...". Na época, suspeitei que essa declaração fosse apenas a ponta do iceberg. Pode-se dizer que fiquei desconfiada. Cética. Incapaz, como no caso do quadro de Paula Rego, de determinar se o que ela sentia era amor ou algo bem diferente. E se fosse algo diferente, o que seria? Eu me lembro de sentir tanto curiosidade quanto ceticismo ao pensar que o amor romântico raramente é motivo para se entrar em uma aliança terapêutica. No entanto, Agatha me fez lembrar de que todos nós somos especialistas em não saber nada — essa foi uma das primeiras lições que aprendi com o psicanalista com quem fiz minha formação. E, embora tudo o que aprendi e minha experiência clínica sejam úteis, Agatha me presenteou com a experiência e a oportunidade de enxergar que a terapia não apenas combate a escuridão e atenua a dor como também é um lugar excelente e necessário para explorar, testemunhar e compreender as questões do coração.

O fato de Agatha e eu termos conseguido investigar sua infância de constante medo e desesperadamente infeliz, a morte de seus dois maridos, a infidelidade de Kenneth, o nascimento de seu filho e tudo o que ocorreu nesse meio-tempo foi necessário para entendermos algumas de suas escolhas mais tarde na vida. E também para reconhecer toda a sua trajetória.

A maioria das pessoas deseja saber e compreender mais sobre a arte e a ação de amar, ou pelo menos tem curiosidade em relação a isso. "O que seria o amor, exatamente?"; "Ninguém nos ensina a amar"; "O amor é uma ilusão?"; "Você acha que ele/ela/eles me ama/amam?"; "Você me ama?"; "O amor é uma droga"; "O amor é uma merda"; "Quando vou encontrar o amor?"; "O amor é apenas a tentativa do capitalismo de nos fazer acreditar na fantasia"; "Amar é ser adulto"; "Eu desejo amar"; "Eu preciso de amor"; "Amar é uma luta"; "Amor é poder"; "Amor, amor, amor" — frases que ouvi minhas pacientes dizerem ao longo dos anos. Fiquei encantada por poder aprender, sentir e participar desses processos de investigação. Amar é uma experiência pessoal e única. Cabe a nós decidir se nossos projetos de desejar e viver sem amor seguirão existindo, ou se vamos incentivar a cura das feridas de nossa fome de amor.

Agatha me mostrou uma franqueza e sua capacidade de amar nos anos mais recentes de sua vida, e isso foi poderoso. Sua ousadia foi suprema. Ela me lembrou de que a dor não é nosso destino, mas nossa razão, e que não importa o que tenha acontecido no nosso passado, podemos viver livremente se estivermos abertos para amar e sermos amados. Isso não significa esquecer o passado, mas, com a terapia, podemos permitir que as dificuldades vivam dentro de nós de maneira diferente, sabendo que ele não passa disto: experiências passadas que não têm mais poder sobre nós como costumavam ter. Escolher mudar é aceitar um amor que nos fortalece. O reconhecimento e a aceitação das pessoas que nos amam permitem o início do processo de cura e que ele se expanda.

Ela também me mostrou uma das verdades mais ricas e antigas sobre a vida: o amor cura. Como psicanalista dela, tentei ignorar meu lado *Grinch* do amor e meu ceticismo e substituí-los por esperança e respeito. O ceticismo está enraizado no medo, no desespero e na desesperança. Fui lembrada de que a terapia não diz respeito apenas ao modo como aliviamos nossa dor corporal e o sofrimento psíquico, ou nos curamos de uma mente agitada, como também é uma oportunidade de ficarmos despertos e dispostos a receber o amor que espera por nós. Em outras palavras, o amor que ainda não conhecemos, não vivenciamos ou talvez nem conheçamos — aquele que desejamos e do qual precisamos. E nas palavras de Agatha: "Aos 67 anos, estou so começando."

*O ato mais sublime é colocar o outro antes de si mesmo.*

— William Blake, em
*O casamento do Céu e do Inferno* (1790)

# Espinho de esperança

*Durante semanas, a última conversa deles vai aos poucos se* infiltrando pelas margens dos dias. Ela guardou na memória aquela tarde: quente, lenta, perfumada. E guardou também as palavras que ele, relutante, disse: confuso e desnorteado. Ela repete essas palavras em voz alta sem parar, para que ninguém além dela mesma possa ouvir. E o imagina: derrotado, um olhar arregalado fugindo de qualquer esperança ou salvação que ela tivesse para a mente inquieta dele.

Ele parecia mais magro naquele dia. Os sapatos estavam grandes demais, desgastados e com os cadarços desamarrados. Como ela quis abraçá-lo, com força... *Meu menino querido.* Puxá-lo de volta para dentro de seu corpo — que foi a casa dele durante nove naturais meses — e falar baixinho palavras doces e carinhosas que pudessem aliviar toda a dor que ele sentia. Essas palavras, Beverly esperava, iam arrastá-lo para fora das águas sombrias e solitárias que desejavam deixá-lo doente. No entanto, ele se afastou dela e se serviu de outra dose de bebida. A terceira. Guardada em uma garrafinha revestida de couro, no bolso interno de seu sobretudo azul-marinho folgado.

— Está com fome, querido? — perguntou ela, observando a pele áspera ao redor das unhas dele.

— Na verdade, não, *Ma*.

Ainda assim, ela serviu o almoço, o prato favorito do filho: espaguete à bolonhesa. Empilhado e armazenado em um freezer para o caso improvável do apetite dele voltar.

— Posso fazer um sanduíche — sugeriu. — Tem presunto.

No entanto, toda essa "enrolação" fez com que ele se afastasse. Ela observou o corpo do filho se contrair e se curvar ao sinal de amor e carinho.

Do outro lado do gramado bem cuidado, uma antiga árvore de bordo balançava. Ela era o lar do canto dos pássaros que um dia já tinha alegrado seu filho. Ele tinha sentado, dormido e lido sob aquela árvore quando criança. Naquela tarde quente e perfumada, porém, ele só conseguia enxergar a escuridão. Os galhos da árvore não eram mais uma sombra para se refrescar do sol; eles se transformaram em tentáculos e o tronco era um grande demônio. As folhas viraram olhos. Logo, mensagens necessárias chegariam pelas raízes da árvore, sussurros vindos da superfície da terra. Beverly segurou a mão dele, sabendo que a atenção e o equilíbrio da mente do filho se perderam.

De vez em quando, acontece de o caso de alguma paciente que me encaminham me abalar. Ela testa se estou preparada para o trabalho, se minha experiência e habilidades clínicas são satisfatórias e se tenho inteligência e espaço suficientes no coração. Beverly foi um desses casos e, ao ler sua avaliação, pude observar que analisei com muito cuidado a possibilidade de trabalharmos juntas com uma cautela extrema e profunda. Ela tinha solicitado uma terapeuta que tivesse consultório no centro de Londres. Com ênfase, a avaliadora ressaltou que a profissional "precisava ser mãe". Conversamos pela manhã. Ao meio-dia do dia seguinte, Beverly está sentada à minha frente com o aspecto de uma mulher que tinha desistido de tudo. Uma mulher que não tinha nada pelo que viver.

Ela respira fundo, se dando um momento. A dor estampada em seu rosto como um hematoma recente.

— Uma semana depois disso, ele cometeu suicídio — conta, com vestígios de um lindo e triste sotaque escocês.

Noto a altura de Beverly sentada na poltrona, as costas muito eretas, o cabelo salpicado de prata. É uma mulher de aparência distinta. Suas roupas são elegantes mas confortáveis: um blazer leve e calça jeans folgada. Quando ela me olha, com olhos castanhos cheios de dor, acredito que posso ver o luto orbitando ao seu redor como os anéis de Saturno. Ficamos em silêncio e incentivo que o peso das palavras de Beverly, sua perda, seja absorvido pelo meu corpo.

— Soube que você é mãe — continua ela.

— Sim, eu sou.

— E eu não sou mais.

Uma mãe deixa de ser mãe quando seu único filho comete suicídio? Aquele papel tinha desaparecido, mas me perguntei se talvez ela não tivesse começado a negar a maternidade tão pouco tempo após a morte de Monty por conta da imensa dor que sentia. Não existe quase nada mais traumático, mais agonizante e brutal que a morte de um filho. É algo que deixa um vazio acompanhado de muitas perguntas e, da infinidade de perdas que as pessoas podem sofrer, a perda de um filho é a que leva mais tempo para cicatrizar e também para que se consiga reconstruir a vida. A morte de Monty foi prematura e violenta. Uma mãe que chora a perda do único filho, chora pela perda de uma pessoa que representa seu próprio ser, uma pessoa central para sua trajetória de vida, sua identidade. Nesse luto complexo, me perguntava se Beverly temia inconscientemente o processo do luto. Queria explorar mais a fundo a frase "E eu não sou mais", mas antes era preciso começar a estabelecer nosso trabalho aos poucos.

Organizo meus pensamentos. Se falar, tenho medo de talvez insultá-la, porque nesse momento de dor e sofrimento, nada além do retorno de seu único filho pode lhe trazer conforto. Tenho certeza disso. Uma imagem de meu filho me vem à mente e reconheço a realidade dolorosa que Beverly está enfrentando. Por um momento, meu papel intocado de mãe parece cruel, insensível e revelador. Gostaria de encontrar palavras que magicamente tornassem tudo melhor para ela, mas é lógico que essa frase não existe.

— Sinto muito pela sua perda, Beverly — é a única coisa que posso dizer por enquanto.

Ela assente.

— Só posso imaginar toda a dor que deve estar sentindo.

Beverly prende a respiração e é como se o tempo parasse, como a idade de Monty, com apenas 26 anos — "Meu menino querido". Os olhos dela se arregalam. Eles estão cheios de desespero. Beverly usa os dois braços, com as mãos abertas, para envolver o próprio corpo. Ela pende a cabeça. E se balança. Para a frente e para trás.

Talvez se mexer assim e apertar seu corpo dolorido funcionem como estopim para liberar um choro tão primitivo e tão cru que sinto uma onda de náusea me atingir. Acolho seus gritos, um ruído que oscila entre berros ancestrais a soluços profundos e estridentes. Aproximo minha poltrona da dela.

— Estou aqui, estou com você, você não está sozinha — lembro a Beverly, depois de longos minutos.

Beverly continua se balançando.

— Não quero mais viver — insiste.

Ela limpa os fluidos do nariz e da boca com as costas da mão. Seus olhos têm um brilho cor de âmbar. Estão tomados de dor.

— Seu único filho cometeu suicídio. Não há um meio imediato de fugir dessa realidade ou do sofrimento. Mas a morte não é a resposta, nem a cura. Pode me falar sobre sua dor?

Ela faz uma pausa.

— Na semana passada, quis me atirar na frente de um carro. Qualquer coisa que estivesse em alta velocidade. Queria sentir a mesma dor que Monty sentiu. Achei que se um carro me atropelasse, teria alguma noção do sofrimento dele. Não é justo que ele tenha sofrido mais do que eu. Ele deve ter ficado tão assustado, tão desesperado e tão sozinho... Deveria ter insistido para ele voltar para casa e ficar comigo. Ele tinha parado de tomar os remédios e voltado a beber, eu sentia o cheiro do álcool. Mas o modo como ele estava doente me assustou. Tudo o que eu conseguia ver era sua loucura. Me senti muito impotente.

Nesse luto, Beverly tenta se tornar o filho. Revira as roupas dele, as que ficaram no quarto de hóspedes com paredes tom de pêssego — que tinha sido o quarto de Monty quando criança, pintado de azul. Ela veste o moletom dele para fazer o café da manhã — "ovos" —, que depois acaba no lixo porque seu estômago não aceita nada de bom. Ela toma os comprimidos que ele abandonou na mesa da sala de jantar e espera que a sensação de entorpecimento abafe os *porquês, e se* e *se ao menos*. E toca, sem parar, as bandas favoritas dele no aparelho de som, obrigando-se a gritar a letra das músicas, sem se importar se alguém estaria ouvindo. Beverly força os pés para dentro dos sapatos dele, grandes e desgastados, e amarra com cuidado os cadarços marrons enquanto tenta imaginar os últimos momentos do filho. *Quais foram seus últimos pensamentos? Ele tinha tomado banho de manhã? Havia tomado café da manhã? Tinha acariciado sua amada gata Tilly antes de alimentá-la? Será que tentou ligar para alguém? Qualquer um? Por que não para mim, a mãe dele? Por que não? Por quê...*

Em momentos mais silenciosos, quando a distração da música é ofuscada e as maravilhas da indústria farmacêutica não fazem mais efeito, o choro funciona como um bálsamo para os pensamentos tristes de Beverly. Ela pega um dos brinquedos antigos do filho, um coelhinho amarelo, guardado em uma caixa de sapatos sobre o guarda-roupa, e sussurra: "Monty, querido." Nessas horas ela está com ele outra vez, mãe e filho, "*Ma* e *Monty-Moo*". Ela segura as orelhas do coelhinho contra o rosto, acariciando-as, como o filho costumava fazer, desejando poder abraçar seu bebê, tê-lo mais perto, cantar lindas canções de ninar.

— Que tipo de medicamento Monty estava tomando? — pergunto.

— Antipsicóticos. Sempre que acontecia algo difícil ele parava de tomar, justamente quando mais precisava. O namoro de Monty terminou um tempo atrás e ele desmoronou. Então, fez o que sempre fazia: recorreu à bebida. Nós tentamos de tudo. Terapia, remédios, reabilitação. Nada funcionou. Perdi o contato com meu bebê.

Percebo um tremor de raiva na voz de Beverly e me pergunto se nosso trabalho futuramente será encontrar formas de internalizar e preservar o Monty de antes de ele adoecer e ter tendências suicidas, ou talvez isso seja uma ideia muito simplista. Em vez disso, imagino o Monty de antes sentado ao lado da versão sofrida e desesperada de si mesmo, e Beverly próxima deles.

— Seu desejo de se atirar na frente de um carro tem algo a ver com uma vontade de sentir o que Monty sentiu, fazer o que ele fez?

— Algo do tipo.

— Nós vamos encontrar outros caminhos.

— É por isso que estou aqui.

Ele veio ao mundo na comemorada Noite de Guy Fawkes na Inglaterra, em 5 de novembro, e saiu fácil como um gatinho ao nascer, com os punhos cerrados e uma mecha de cabelos pretos. *Monty*. A equipe médica se assustou com os 4,5kg do bebê e rapidamente adicionaram um ponto ou outro em Beverly, o qual ela não sentiu na hora nem se lembrou de ter recebido até que um dia se tocou e encontrou a pequena cicatriz. "Que brutamontes", Beverly pensa ter ouvido uma enfermeira ter dito e na mesma hora corrigido para "bonitinho". Ela se lembra do medo que se transformou em alívio depois de contar os dedos das mãos e dos pés de seu bebê, e de acariciar a delicada descamação na cabeça dele, imperfeita, com uma ligeira forma de cone. Uma enfermeira notou o toque de Beverly e como ela se demorou um pouco mais nos contornos da "cabeça de limão".

— Tivemos que usar um fórceps para atrasá-lo — explicou ela com gentileza. — Ele estava saindo muito rápido. Ansioso para ficar com a mamãe — complementou, sorrindo.

Isso acalmou e reconfortou Beverly. Ela sorriu de volta para a gentil enfermeira.

Em casa, ela o envolvia em mantinhas e aprendeu a amamentar. Um clipe de papel preso na alça do sutiã era usado como um lembrete de qual seio *Monty-Moo* tinha mamado da última vez, caso Beverly esquecesse. Ela descobriu que folhas de repolho congeladas aliviavam a sensação de queimação em seus seios pesados quando o filho tinha dificuldade de acertar a pega. A mamada das 2 horas da manhã era a que ela ficava mais tranquila e alegre, porque, embora estivesse cansada, havia só ela, Monty e as estrelas. Mais para frente, sua mãe veio da Escócia para ensiná-la a fazer o desmame. O liquidificador esfacelava abóboras, maçãs e peras, e a mistura era despejada em bandejas de cubos de gelo e depois tirada e colocada no micro-ondas na época em que o bebê completou 8 meses. Com 1 ano, ele já estava quase andando.

Seu marido, Theo, não era tão próximo do filho quanto Beverly esperava. Ele era amoroso e prestativo, cozinhava, ajudava nas tarefas domésticas e se oferecia para ficar com Monty e levá-lo no colo para passear nos parques da vizinhança. Contudo, Theo não queria tocar nela como fazia antes, e estremecia ao vê-la usando a bomba de tirar leite, os absorventes para os seios e os cremes. Muitas vezes, ela o flagrou se masturbando no chuveiro sem que ela tivesse sido convidada, um cubículo de fantasias eróticas solitárias. E, quando ela conseguia arrumar tempo para os momentos de intimidade, o sexo parecia trivial e sem graça. Seu corpo foi logo confrontado com a abrupta indiferença do marido.

Beverly começou a perceber que eram raros os momentos em que os três passavam um tempo juntos e que Theo precisava de um grande gole de uísque quase todos os dias e noites. Ele começou a usar expressões como "filhinho da mamãe", e ela achava que o marido sempre parecia meio irritado e brusco demais nas horas em que botava Monty no carrinho. Com o tempo, foi acusada de ser "fresca e superprotetora", enquanto Monty foi acusado de ser "grudento, um moleque mimado".

— Ele não sabe a sorte que tem — dizia Theo.

Em jantares com amigos, quando perguntavam a Beverly como estava sendo a maternidade, Theo fazia uma referência a *Filhos e amantes* disfarçada de piada. A menção ao romance de D. H. Lawrence era uma forma dissimulada de acusar Monty e insinuar que, quando se tornasse um homem, não seria capaz de amar porque a mãe era quem controlava sua vida.

— O que você pensa dessa inveja de Theo? — pergunto em uma de nossas sessões.

— Ele teve uma infância difícil. Seu pai era um bêbado e a mãe, depressiva. Ela era um amor, mas alheia diante do abuso de álcool por parte do marido. Theo ficava sempre em segundo plano. Acho que tinha ciúmes da minha relação com Monty, do cuidado e do amor que eu dedicava a ele.

Pensei em algumas ideias sobre como o trauma transgeracional de Theo pode ter impactado o relacionamento do casal.

— Quando invejamos nossos filhos, enganamos a nós mesmos. Talvez seja porque menosprezamos demais a criança e nos valorizamos além da conta.

Já ouvi mães, pais e responsáveis reclamarem da ingratidão dos filhos, de nunca terem tido as oportunidades que eles têm, do bem-estar material ou do pai e da mãe amorosos que possuem — "mimados até dizer chega", segundo alguns pacientes. "Eles não sabem a sorte que têm"; "Na idade deles eu trabalhava nos fins de semana, ajudava minha mãe e cuidava dos meus irmãos"; "Eu me pego me afastando e não sei por quê"; "Ele se acha tão no direito de tudo"; "Eu sinto tanta irritação e ressentimento em relação a ela". Na grande maioria, a inveja é inconsciente. Como fazemos para nos livrar da inveja e conseguir aceitar a nós mesmos e nosso modo de vida, para que possamos desfrutar e sentir orgulho do sucesso e da felicidade de nossos filhos? Esse tipo de inveja é uma catástrofe psicológica e, se não tivermos cuidado, podemos perder nesse processo não apenas a tranquilidade mental como também nossos filhos.

Com o tempo, descobri que explorar as privações de um paciente, uma vez que elas costumam ser um pré-requisito para a inveja, ajuda a superar este sentimento em relação ao filho. Nós invejamos aquilo que não temos nem conseguimos imaginar ter e experimentar por nós mesmos. E, quando uma pessoa vê o próprio filho alçançando e aceitando uma vida que ela não teve acesso nem possibilidade de alcançar, isso se torna incrivelmente doloroso. Lembro-me do caso de uma paciente minha: Tilly, uma artista e escritora talentosa cujos pais não eram emocionalmente disponíveis e, nos dias mais sombrios, a castigavam e eram negligentes. Eles também eram artistas — a mãe, poeta, e o pai, um pintor frustrado cuja obra recebeu críticas mornas. O filho de Tilly, ao contrário dela, "tinha entrado com facilidade na escola de arte. Ele consegue tudo que tenta. Simplesmente leva tudo no próprio ritmo. Quase não há conflitos nem atribulações em nada do que ele quer nem das coisas que ele precisa para realizar seus sonhos".

— Ele tem você como mãe — falei. — Você falou sobre seu comprometimento em apoiar o talento artístico do seu filho e a trajetória dele para entrar na escola de arte.

Tilly assentiu.

— Quis fazer algo diferente do que vivi. Quero apoiá-lo, mas às vezes sinto muita inveja de como a vida dele é fácil.

Eu me inclinei na direção dela.

— Agora seria um bom momento para dizer que tenho grande respeito pelo comprometimento que você teve com seu filho. Você ofereceu o que William Blake chamou de "o ato mais sublime", que é "colocar outro antes de si próprio".

Tilly me encarou com um sorriso maravilhoso.

— Mas seria uma forma de cura falar sobre quanto isso te custou — continuei. — O possível conflito interno. Talvez ser tão comprometida pode ser cansativo e um lembrete do seu passado. Quando criança e adolescente, você desejava receber amor, desejava que os outros quisessem e demonstrassem interesse por você. Reconhecer e ter consciência da privação vivida na infância é importante e contextualiza os sentimentos de inveja que você tem em relação ao seu filho.

Mais ou menos um ano após o fim do trabalho que fizemos juntas, recebi uma carta de Tilly dizendo que ela faria uma exposição de suas pinturas em uma galeria no centro de Londres — *Você gostaria de ir à inauguração ou isso é extrapolar os limites?* — e havia começado um novo curso de artes plásticas. *Sou de longe a pessoa mais velha da turma, mas não me importo. Estou fazendo o que mais amo: escrever e fazer arte.*

Senti orgulho e alívio. Já tinha ido naquela galeria, mas não em uma abertura de exposição. As pinturas de Tilly eram grandes, expansivas, ousadas. A paleta de cores mudou muito em relação ao seu trabalho anterior. Escrevi para ela dando os parabéns. Ela respondeu dizendo: *Eu amo essa palavra: ousadas...*

Do lado de fora do consultório, um alarme de carro irritante interrompe meu devaneio. Beverly pega um lenço de papel.

— Faria qualquer coisa para sentir inveja do Monty — diz ela, olhando para o chão. — Se ao menos ele ainda estivesse aqui...

Ela tinha sugerido para Theo que eles saíssem algumas vezes, apenas os dois, à noite, que fizessem terapia de casal e tirassem férias.

— Minha mãe pode cuidar de Monty — argumentava.

O filho tinha 1 ano e ficava feliz de passar um tempo com os avós. Eles planejaram uma viagem para Veneza. O amor de Theo pela arquitetura gótica poderia fazer bem a ele, e Beverly se imaginou caminhando e navegando em direção ao esplendor veneziano, às esculturas inspiradas na mitologia clássica e às maravilhas da engenharia. A paixão dela por jardins antigos também seria satisfeita. Beverly tinha esperança de que, quando Monty chegasse à idade de ir para a creche, ela poderia se matricular no curso de horticultura que tanto desejava. No começo, ela e Theo sonharam com o cenário ideal, onde ele continuaria sendo sócio no escritório de arquitetura que tinha se empenhado muito para construir, e Beverly trabalharia como paisagista.

— Uma esplêndida horticultora! — dizia ele. — Você pode parar de trabalhar com RP e fazer o que sempre quis: passar todos os dias ao ar livre, com a natureza.

A viagem para Veneza não foi como Beverly esperava. Theo ficou horas no telefone e no laptop finalizando a proposta para um projeto de restauração em Westminster. O humor dele estava irregular e Beverly notou que ele começava a beber antes de meio-dia.

— Estamos de férias — argumentou Theo diante da expressão dela ao ver o frigobar do quarto de hotel vazio.

Por volta das 15h, ele já estava dormindo, e Beverly teve que fazer os passeios à Basílica Di San Marco, ao Palácio Ducal e à Coleção Peggy Guggenheim sozinha. Ela notou que se encolhia quando os dois jantavam juntos, antecipando-se à grosseria do marido com os garçons caso o pedido demorasse mais que alguns minutos para chegar ou se a taça de vinho ficasse vazia. Nas poucas ocasiões nas quais ela ligou para a mãe para saber como estava Monty, Theo zombou dela e depois a castigou com sua ausência. Certa noite, Beverly foi acordada por um puxão forte. Na sequência, sentiu o cheiro de uísque no hálito do marido e ele entrando nela de repente, de forma confusa e brusca. Quando Beverly mandou que parasse, ele a esbofeteou.

Quando Monty tinha 3 anos, Theo entregou a Beverly os papéis do divórcio e saiu de casa.

— Fiquei aliviada e um pouco deprimida quando ele nos deixou — revela Beverly. — Tínhamos a casa, mas não os recursos para mantê-la. A pensão foi determinada pela justiça, assim como as visitas nos fins de semana, mas foi tudo confuso e muito desgastante. Theo aproveitava qualquer oportunidade para dificultar nossas vidas. Muitas vezes, eu levava Monty para a casa dele e ele nem abria a porta. Ou ele estava bêbado, ou tinha esquecido que o filho passaria o fim de semana lá. Comecei a ficar muito desconfortável em deixá-lo com ele.

— Consigo entender seus motivos.

— Temia quando ele atendia a porta, e também quando não atendia. De qualquer maneira, Monty ficava muito angustiado. Então, durante seis meses, parei de levá-lo nos fins de semana. Theo não me procurou para perguntar o motivo. Depois, parou de pagar a pensão. Demorou mais

O QUE AS MULHERES QUEREM

de um ano para a justiça tomar uma providência, e nessa época fiquei tão endividada que fui trabalhar em um centro de jardinagem do bairro.

Nos cinco anos seguintes, Beverly trabalhou em tempo integral enquanto estudava horticultura à noite e nos fins de semana.

— Isso me ajudou com a depressão. Estava fazendo algo que amava, mas percebi que não estava tão presente na vida do meu filho quanto deveria. Eu não tinha descanso e, com minha mãe na Escócia, ter alguma ajuda era algo esporádico e caro. Estava muito solitária e as férias de verão me apavoravam. Se não trabalhasse, não recebia, e existe um limite para os favores que podemos pedir aos amigos.

Beverly notou que a gagueira de Monty começou na época que ele completou 11 anos.

— Estávamos em uma lanchonete e, quando Monty foi fazer seu pedido, como eu tinha encorajado, as bochechas dele ficaram vermelhas. Ele não conseguia colocar as palavras para fora. Fiz o pedido por ele, não querendo que ele e o garçom ficassem ainda mais constrangidos. Pensando agora, gostaria de não ter feito isso.

— Foi a primeira vez que notou a gagueira de Monty?

— Tenho vergonha de dizer que não. A escola tinha mencionado que ele estava cada vez mais retraído. Era um esforço fazê-lo falar. Muitas vezes me vi falando por ele. Acho que parte de mim pensou que aquilo ia passar. Que ele só era tímido.

— O que aconteceu depois?

— Levei ele para um fonoaudiólogo e isso ajudou bastante, mas, para encurtar a história, percebemos que Monty estava deprimido e com raiva. Era tanta raiva que você não acreditaria: raiva do pai, do divórcio, de não ter os amigos que queria, de eu estar sempre trabalhando, de não ter ninguém para levá-lo ao futebol. As poucas vezes por ano que ele ficava com Theo terminavam em lágrimas, o que o deixava desesperado. Em seu aniversário de 13 anos, ele disse que não queria mais ver o pai, que bebia e era caloteiro. Então, logo depois disso, conheci o Mike.

— Me fale sobre ele.

A recordação faz seu olhar se suavizar.

— Mike é um amor. Gentil. Engraçado. — Ela sorri. — Ficamos juntos por seis anos. Ele nos deu muito apoio. Ainda somos ótimos amigos. Uma pausa.

— Nos conhecemos quando eu já pensava que ninguém nunca mais me acharia atraente de novo, em um curso de propagação de plantas aos fins de semana. Ele já trabalhava como paisagista e nos demos bem logo de cara. Um ano depois, Mike se mudou para nossa casa. Monty tinha quase 16 anos na época e arrumou... um grupo de amigos complicado. Eles adoravam se arriscar, desrespeitar regras e fazer jejum de sexo.

Mike mencionou como ela ficava reservada e assustada perto de Monty. No início, Beverly ficou relutante e naturalmente tentou proteger o relacionamento deles, explicando que durante os últimos 12 anos tinham sido apenas ela e Monty, e que levaria algum tempo até o filho se ajustar. Porém, o fato dela manter a bolsa e as joias escondidas não passou despercebido por ele.

Seis meses depois, o melhor amigo de Monty, Robert, morreu em um acidente de carro, e com isso ele chegou no limite. Foi o estopim para quase tudo o que aconteceu em seguida. O problema dele com bebidas e drogas estava fora de controle, e qualquer um que tentasse se aproximar era escorraçado. Beverly se entregou ao trabalho. Era o único lugar que a impedia de se sentir "completamente inútil".

Pouco depois de seu aniversário de 18 anos, Monty exigiu que Beverly "fizesse uma escolha: Mike ou eu". Ela escolheu Mike, se é que existe uma escolha quando se é obrigada a decidir assim.

— Me sentia tão solitária e precisava de um amor que não fosse apenas o do Monty — conta Beverly. — Eu queria Mike, precisava dele. Tinha passado tanto tempo sozinha ou somente sendo mãe. Mas sabia que estar em um relacionamento feliz outra vez teria um preço. Monty viu Mike me fazendo feliz, e isso o transtornou. Ele se sentiu excluído. Embora Monty estivesse construindo a própria vida, ele achava que eu não precisava de uma. Ele tinha se tornado muito egoísta e autoritário.

Beverly tentou explicar inúmeras vezes ao filho como ela se sentia sozinha. Como queria um companheiro que tivesse os mesmos interesses — alguém com quem ela pudesse ter intimidade.

— Ele não serve para você. Nós não precisamos dele. É sério, *Ma*, ou ele ou eu. Pode escolher — insistiu Monty.

Eu me pergunto como uma decisão tão importante e tão difícil pode ser tomada com tanta pressa. Monty era realmente tão desconectado e indiferente em relação aos desejos e necessidades da mãe? Ele se tornou egoísta e autoritário, ou estava tentando dizer outra coisa? O que Monty temia acima de tudo quando forçou a mãe a escolher entre ele e Mike? O efeito que isso teve em Beverly foi fazer com que ela se sentisse encurralada, intimidada e, como ela lutava pelo direito de desejar um relacionamento romântico e amoroso, a decisão foi que Mike ficaria.

— As consequências foram terríveis. Ele quebrou a cozinha, jogou canecas e pratos no chão. Senti tanto medo. Ele gritava: "Você escolheu ele em vez de mim? Você é uma péssima mãe. Você é uma vaca egoísta!"

Duas semanas depois, após muitas tentativas de conversa e conciliação, Monty avisou que sairia de casa, embora a separação tenha durado relativamente pouco.

— Para ser honesta — conta Beverly —, gostei quando ficamos só Mike e eu. Nossa casa ficou tão calma e pacífica. Era divertido, só nós dois. Mas sinto culpa quando digo isso agora.

Depois que Monty foi embora, Beverly percebeu como ficava assustada e ansiosa perto do filho. Seus ombros e sua mandíbula enrijeciam na presença dele. Ela estava exausta de tanto tomar cuidado para não incomodá-lo ou "irritá-lo".

— Fiquei aliviada por ele ter encontrado outro lugar para morar — confessa.

Desde os 16 anos, Monty trabalhava em uma carpintaria próxima. Após dois anos como aprendiz e com o doloroso rompimento com a mãe, ele decidiu morar com sua namorada na época, Janey. A relação não durou muito. Beverly logo descobriu que Janey ficou grávida "e fumava maconha com frequência", embora isso não tenha tido influência na decisão dela de interromper a gravidez.

— Eu teria ficado com o bebê — desabafou Monty posteriormente para a mãe. — Gostaria de ter um filho ou uma filha para cuidar. Alguém além de mim.

A decisão de Janey de nem mesmo conversar com Monty o deixou abalado.

— Por que ela fez isso? — perguntou ele. — Quero voltar para casa, *Ma*. Posso?

O escritório voltou a ser quarto e as paredes foram pintadas de azul outra vez. Uma cama nova foi comprada, assim como plantas e lençóis de algodão. Todas as noites de quinta-feira eram reservadas para um momento de filme com pizza. No entanto, os 18 meses que passaram separados pareceram anos para Beverly. Monty tinha mudado de modo considerável. O humor e a gentileza pareciam ter ido embora e, no lugar, brotaram raiva, desprezo e crueldade. Beverly achava as piadas do filho horríveis, sombrias e inadequadas. Beiravam a maldade. O tom agressivo e a paranoia dele a assustavam, e os amigos e interesses que ele escolhia eram, na melhor das hipóteses, perigosos. Ele começou a cobrir o corpo com tatuagens. Havia cobras, caveiras e corações partidos espalhados pelo seu peito, costas e braços. Beverly perguntou por que o filho estava estragando o corpo com aquelas imagens.

— É o meu corpo, não é da sua conta, porra — respondeu ele.

Mike costumava deixar a mesa na hora do jantar ou abandonava o filme — cuidadosamente escolhido para evitar possíveis conflitos — no meio da história. Beverly caminhou na corda bamba para apaziguar os dois homens que viviam sob o mesmo teto que ela. Convenceu-se de que não era motivo de preocupação o fato de Monty andar fedendo, de deixar baseados fumados pela metade, roupas e pratos espalhados pela casa. Ela tentava ignorar como era feliz quando vivia apenas com Mike, e, em vez disso, entrou em um processo de negação que fez com que passasse a rejeitar a calma, a diversão e a tranquilidade. Seus desejos e suas necessidades ficaram em segundo plano. Mike começou a se afastar. O mais importante, contudo, Beverly dizia a si mesma, era que Monty tinha voltado para casa, onde ela poderia vigiá-lo, cuidar dele, cozinhar para ele, fazer tudo que fazia quando o filho era pequeno.

É desconfortável pensar na ideia de sentir medo em relação aos nossos filhos. Medo de perdê-los, medo por eles e medo deles. Beverly sentia todo tipo de pavor em relação a Monty. Ela temia a raiva do filho, seu comportamento errático e suas tatuagens. Temia o que seu corpo forte poderia fazer com ela durante uma discussão. Também tinha medo de acordar e descobrir que ele estava preso ou que fora encontrado em uma vala. A forma como os olhos do filho disparavam até as facas da cozinha diante da simples menção de arrumar e limpar o quarto dele a fazia se encolher de medo.

— Vou limpar quando eu quiser, não sou criança, porra — retrucava. Beverly ousava.

— Então pare de agir feito uma.

Ela temia a própria raiva em relação a ele, a própria impotência. Estava destruída e odiava como isso vinha afetando seu relacionamento com Mike. Certa noite, Beverly sonhou que Monty ateava fogo na casa enquanto ela e Mike dormiam. Quando acordou, foi verificar se encontraria isqueiros e fósforos no quarto dele e encomendou vários extintores de incêndio, que deixou escondidos em todos os andares.

— Gostaria de ter conseguido ajuda para ele antes — diz Beverly. — Não sabia que fumar maconha poderia levar à psicose. Meu garotinho de repente estava perdido.

Estávamos trabalhando com dois processos diferentes, um luto duplo: a morte dolorosa de Monty para o suicídio e a primeira perda, a da criança que era engraçada, boa e gentil. Eu via como Beverly estava desesperada, como deve ter sido torturante para ela ver o filho despencar de um leve consumo de drogas para episódios psicóticos.

Em um momento de completo desespero, Beverly ligou para Theo. Quando ouviu a voz dele, ela desabou. Theo foi gentil, paciente, e estava sóbrio. Sua medalha de dez anos — dada pelos Alcoólicos Anônimos a cada 12 meses para celebrar sua sobriedade — tinha sido recebida no início do ano. Ela desejou que Monty também frequentasse o A.A.

Beverly explicou como a recusa de Monty em tomar seus remédios estava fora de controle, que seus episódios psicóticos estavam mais frequentes e violentos do que nunca. Contou como ela e Mike estavam com dificuldades para se conectar e apoiar um ao outro.

— Mike chegou no limite, então vamos dar um tempo. Ele vai sair de casa. Não conheço mais o nosso Monty, ele se tornou um desconhecido para mim — desabafou ela, aos prantos, e Theo escutou.

Na semana seguinte, Monty foi internado em uma clínica de reabilitação, a primeira de três tentativas de ficar limpo e sóbrio. Após a segunda vez, ele decidiu sair de casa outra vez, para morar com amigos.

— Fiquei morando sozinha e me perguntava o que tinha feito de errado, achando que era uma péssima mãe — diz Beverly. Ela olha para o relógio em minha mesa. — Por que os homens sempre me abandonam?

— Não acho que essa ideia de ser uma mãe ruim ajude — respondo. Beverly assente, mas dá de ombros.

— Você conhece a expressão "mãe suficientemente boa"? — pergunto.

O escritor, psicanalista e pediatra Donald Winnicott cunhou as expressões "mãe suficientemente boa", "mãe dedicada comum" e "não existe bebê, apenas mãe e bebê", para citar algumas. O trabalho de Winnicott sobre criação de filhos era progressivo para a cultura da época e gerava identificação. Em uma época de profundas mudanças sociais, no pós-Segunda Guerra Mundial, ele falava no rádio diretamente com as mães e era um comunicador natural e solidário que expressava questões delicadas e complexas com segurança e grande compreensão do desenvolvimento humano. A "mãe suficientemente boa", acreditava ele, é aquela que se adapta às necessidades do filho. Uma adaptação ativa que acaba se atenuando. Ela não é de forma alguma "perfeita", mas "boa o suficiente" no sentido de que a criança ainda sente um pouco de frustração.

Aos 67 anos, Winnicott escreveu um poema sobre a própria mãe chamado "A árvore":

> *A mãe abaixo está chorando*
> *chorando*
> *chorando*
> *Assim eu a conheci*
> *Outrora, esticado em seu colo*
> *Como agora em uma árvore morta*
> *Eu aprendi a fazê-la sorrir*
> *A aplacar suas lágrimas*
> *A dissipar sua culpa*
> *A curar sua morte interior*
> *Avivá-la era a minha vida\**

— Já ouvi essa expressão antes — diz Beverly, massageando a panturrilha com o polegar. — A "mãe suficientemente boa"...

— Acho que é uma expressão muito útil. Podemos refletir sobre ela juntas.

— Ok — concorda ela, baixinho. — Se você diz.

---

\* Tradução livre do poema "The Tree": "Mother below is weeping / weeping / weeping / Thus I knew her / Once, stretched out on her lap / As now on dead tree / I learned to make her smile / To stem her tears / To undo her guilt / To cure her inward death / To enliven her was my living." [*N. da E.*]

*Não é uma boa hora para isso*, penso comigo mesma, e faço uma anotação para revisitar a teoria de Winnicott quando Beverly estiver mais aberta à exploração. Em vez disso, discutimos os números de telefone de emergência. Ela deve ligar para esses contatos em momentos de desespero, em que o medo e a desesperança a dominarem.

— Eu já conheço os órgãos de apoio à vida — diz.

Os outros contatos são da família, de amigos, de Mike, do clínico geral dela e o meu. Uma rede de apoio.

— Está quase na hora, Beverly. Como você está se sentindo?

Ela dá de ombros.

— Irritada, sem esperança. Sinto que não sou boa o suficiente.

Os seis meses seguintes são repletos de raiva, culpa e desespero.

A esperança diminui e, como quem tem uma pedra no sapato, Beverly procura oportunidades para projetar seus sentimentos de desesperança e raiva sempre que possível. Ela aparece na casa de Mike encharcada de suor e de chuva. Quer que ele a veja ensopada, para levá-la para a nova casa dele, despi-la e secar seu corpo com uma toalha macia. Quer que Mike a alimente, como um bebê, enquanto ela chora.

— Por que você me deixou quando eu mais precisava de você?

Mike pega um suéter, uma colher e uma sopa aquecida.

— Me desculpe — responde.

Beverly deixa mensagens no telefone de Theo antes do amanhecer, gritando que ele foi um péssimo pai e marido, um bêbado.

— Você se lembra do que fez comigo em Veneza, seu monstro?!

Theo retorna à ligação quando acorda.

— Me desculpe — responde.

Ela come e vomita espaguete à bolonhesa, o prato preferido de Monty, enquanto tenta encontrar Janey, *aquela*... e pensa em escrever para ela: *Veja o que você fez com meu único filho, meu* Monty-Moo. *Você tirou o bebê dele*. Ela faz uma lista dos amigos que não se importaram; dos traficantes que imagina terem deixado seu filho doente; dos terapeutas que não fizeram seu trabalho; das garotas que disseram a Monty que o amavam e foram embora. Ela vasculha a mente tentando se lembrar de qualquer um que o tenha magoado, qualquer coisa que possa ter contribuído para o suicídio dele. "Eu odeio o mundo, e todas as pessoas que vivem nele", uiva.

Beverly vê o filho em todos os lugares: nas esquinas, na porta da cozinha, debaixo do bordo no jardim, na lavanderia, no banco, flutuando sobre a cama dela, nas filas do supermercado, nos trilhos do trem em seus sonhos. Em todos os lugares. Ela sonha com Monty agarrado ao panda gigante pelo qual ela pagou caro depois que ele se jogou no chão por não ter conseguido derrubar cocos dos pedestais.

— Quanto custa? — implorou Beverly ao cara tatuado e simpático no parque de diversões.

Em alguns dias, ela sente certo alívio em seu sofrimento, mas logo a culpa a domina: *Como eu ouso me sentir bem? Como ouso esquecer que ele se foi?* E o castigo recomeça, como um cavalo selvagem distribuindo coices. Ela bebe, come, se queima no fogão, esbarra nas paredes e nos batentes das portas que se recusam a sair de seu caminho. Quebra algumas coisas, arremessa, golpeia, estilhaça e soca outras. Ela puxa brigas no centro de jardinagem, nos cafés e no supermercado, forçando seu carrinho no meio do corredor em protesto, desafiando qualquer um a encará-la. A mágoa e a raiva a consomem. Se ao menos ela chorasse... Mas, em vez disso, ela exige contato — um desejo enorme de empurrar alguma coisa, alguém. É violento e cansativo. Beverly deseja poder controlar como se sente. Ela quer apertar um botão, um interruptor que a faça se sentir diferente, melhor.

— Estou tão cansada — constata.

Esse é o problema do luto: ele é imune ao controle. Faz o que quer, no próprio tempo. É teimoso, obstinado. A tristeza permanece em nossa mente e coração por muito mais tempo que qualquer pessoa que esteja sofrendo deseja ou, às vezes, consegue suportar.

À noite, Beverly se agarra ao coelhinho amarelo de Monty, esfrega as orelhas macias dele na bochecha até que, mental e fisicamente exausta, adormece. Quando acorda de sonhos frustrados, a tristeza recomeça, um inferno retumbante e implacável vivido na terra.

A maior parte das sessões de Beverly envolve raiva, culpa e impotência, até que, por fim e com alívio, chegamos à fase das lágrimas. Eu as incentivo.

O QUE AS MULHERES QUEREM

Beverly está exausta.

Eu estou exausta.

Estamos nisso juntas.

Reluto em fazer uma pausa nesse momento delicado.

— Tire férias — sugere meu supervisor. — Você não vai ajudar Beverly em nada, nem suas outras pacientes, se estiver exausta a ponto de desmaiar.

Saio de férias e me deito sob o sol. Pequenos drinques gelados me são entregues, livros são lidos, o mar embala meu corpo, suave e delicadamente. Descanso. Respiro. Descanso.

"Entristece a alegria, alegra-se a tristeza, ao mais leve acidente", recito as palavras de Shakespeare em voz alta para ninguém além do mar ouvir.

Meus pensamentos vagueiam, momentaneamente, até chegarem em Monty. Seu suicídio. Ele deve ter se sentido muito sozinho e bastante infeliz para burlar a vida na terra tragicamente pagando o único preço possível: a morte. Ele perdeu para conseguir vencer. Todos os dias, Monty acordava com um pesadelo. Vozes, dor, sofrimento e vício devastando sua mente e seu corpo. O suicídio era a única coisa sobre a qual ele acreditava ter controle.

Freud acreditava que nascemos com um instinto de morte e que "o objetivo de toda a vida é a morte". Essa teoria causou grande controvérsia entre os psicanalistas da época e continua sendo tema de intensa discussão ainda hoje. O fato de todos os comportamentos humanos serem motivados por pulsões e instintos, como afirmou Freud, não é o método que utilizo em meu trabalho como psicanalista. A psicanálise atual é menos focada em impulsos inatos de morte e destruição — o instinto de Freud se perde na psicanálise moderna. Em vez disso, ela se concentra no colapso catastrófico do apego quando alguém é dominado por sentimentos suicidas.

Antes de sair de férias, incentivei Beverly a confiar em sua rede de apoio e forneci a ela meu e-mail pessoal, caso precisasse entrar em contato. Essa abertura às vezes é suficiente para um paciente sentir que está sendo lembrado em épocas delicadas de sua terapia.

— Obrigada, é muito importante para mim você ter feito isso — diz Beverly.

Ela também decide tirar férias e trabalhar em seu jardim. Enfia as mãos em baldes de terra. Gosta de como isso a faz se sentir estável. A terra lhe oferece a oportunidade de estar presente, em vez de constantemente distraída por lembranças ou pelo medo do futuro, o sol oferecendo calor e chegando em seu coração despedaçado. Ela enfia ainda mais as mãos no solo, os pulsos desaparecendo, e estica os dedos. Tenta se perder em seu jardim. Serrar, cavar, plantar e podar. Uma tapeçaria de violetas se estende pelo gramado imaculado. Um dia, Beverly alucina que está montada em um tapete mágico feito das violetas aveludadas, a caminho de uma terra onde a morte não existe mais, apenas um nirvana da vida e dos vivos. Monty está em um balanço.

Ela se inclina e cheira as muitas flores do jardim, corta os caules carnudos e as coloca em vasos, que são espalhados pela casa. As pétalas delicadas oferecem beleza para combater pensamentos sombrios.

Beverly também cultiva plantas perenes. Isso lhe dá esperança e uma certeza modesta de que a vida, as cores e o crescimento vão retornar na primavera seguinte. Ela constrói uma nova composteira com paletes de madeira e se sente revigorada quando revira os galhos de árvores quebrados, folhas encharcadas, terra velha, aparas de grama e alimentos crus indesejados. Jogar esse lixo ali ganha uma nova energia, embora ela faça isso há anos. Ela agradece àquela massa marrom que no fim vai acabar ficando boa. Seu corpo, que estava praticamente imóvel desde a morte de Monty, começou a doer, e ela o acalma com banhos quentes e perfumados. Ela agradece pela difícil subida da escada até o banheiro, com os músculos sobrecarregados, e fica satisfeita por sentir algo diferente de culpa e pesar. Ela sente um latejar nos braços, nas costas e nas coxas. *Meu corpo está acordando*, pensa.

Beverly gosta da terapia não farmacológica que seu jardim oferece. Os remédios a desaceleram, a deixam "grogue e gorda" — um véu de sentimentos vagos e distantes que a protegem da angústia e do desespero. Ela se pergunta se deveria reduzir a medicação agora que está fazendo terapia.

— A tristeza precisa ser sentida — repete em voz alta enquanto prepara banhos quentes.

Nas noites mais quentes, Beverly volta ao jardim e junta punhados de bocas-de-leão magenta — as preferidas de Monty na infância — e imagina o filho debaixo do antigo bordo beliscando as minúsculas flores com o polegar e o indicador. *Agarra, agarra*, ela o ouvia cantarolar, enquanto arrumava e podava. Ela puxa do caule uma das minúsculas flores magenta.

— Agarra, agarra — diz e chora.

A tristeza precisa ser sentida.

Crescer por meio da tristeza é uma das muitas formas poderosas pelas quais nós, humanos, podemos curar nosso sofrimento. Durante anos, aqueles que convivem com transtornos mentais e com a tristeza escreveram sobre o alívio oferecido pela natureza. Um presente precioso que a jardinagem oferece é o modo como ela contempla e consagra o tempo, o qual segura o jardineiro em um presente consciente e sem distrações por meio dos ciclos contínuos das estações que se estendem por pensamentos e sentimentos passados, presentes e futuros. O poeta Ross Gay escreveu: "O jardineiro cava em outro tempo, sem passado ou futuro, começo ou fim. Ao caminhar no jardim, você passa para esse tempo e o momento em que entrou nunca pode ser lembrado. Ao seu redor, a paisagem fica transfigurada. Aqui está o Amém além da oração."

Virginia Woolf também encontrava refúgio em seu jardim. Ela escreveu: "Eu era incapaz de lidar com a dor de descobrir que as pessoas magoavam umas às outras, que um homem que eu conheci tinha se matado. A sensação de horror me deixou impotente. Mas, no caso da flor, encontrei um motivo; e assim consegui lidar com a sensação. Eu não era impotente."

Eu me lembro da época em que visitei o jardim do diretor de cinema Derek Jarman em Dungeness, nas fronteiras de Kent. Enquanto psicanalista em formação e jardineira experiente, fiquei sentada observando o Prospect Cottage — como se chama a casa de Jarman. As flores silvestres eram protegidas por pequenos anéis de sílex, formando círculos de cuidado. Jarman sofreu uma perda atrás da outra conforme a praga do vírus HIV devastava seus amigos um por um. Todas as vezes, ele se ancorou na turbulenta vida da terra, do solo, dos botões e das flores.

No fim de cada dia de jardinagem, Beverly olha para os muitos diários guardados em uma caixa de papelão envelhecida, desafiando-se a lê-los. Seus pratos de espaguete à bolonhesa vão aos poucos avançando para sopas delicadas, torta de peixe, saladas coloridas e vegetais crocantes que ela mesmo tinha plantado. Ela aprecia o frescor da terra na boca e fica aliviada por suas papilas gustativas não serem mais indiferentes a alimentos nutritivos. Flores à beira da morte são mantidas um pouco mais para secar e murchar nos vasos. Beverly diz para si mesma que elas têm mais alguns dias de vida nas pétalas, nos caules e nas folhas. Nos dias em que as desenvasa, ela se sente aceitando o fim delas com leveza. E, no fim da noite, chora e empurra os diários um pouco mais para longe de vista. Anos de confissões, reflexões, celebrações e segredos escritos na caligrafia frouxa de Monty. A tristeza deve ser sentida.

Na noite anterior ao nosso encontro pós-férias, Beverly decide se servir de uma grande taça de vinho e pega os diários de Monty.

> *11 anos: Fingi ser um avião. Eu era muito rápido. Voei realmente alto e acenei para todos, que pareciam formigas na grama. Isso me deixou feliz. Craig Bishop era um helicóptero. Ele não conseguiu me acompanhar.*
>
> *13 anos: Papai esqueceu meu aniversário de novo. Não é como se ele tivesse outro filho em quem pensar. Babaca.*
>
> *15 anos: Se eu pudesse ser qualquer pessoa, seria James Dean. Ele é muito maneiro. Quem quer envelhecer?*
>
> *18 anos: Mamãe escolheu Mike. Ninguém te machuca igual a sua mãe. Vou me mudar amanhã.*
>
> *19 anos: Eu, pai? Eu odeio Janey por não ter me contado. Como ela pôde matar o nosso bebê? Teríamos sido bons pais. Mas eu ainda a amo...*
>
> *22 anos: Trabalhar é um saco. A vida é uma merda. Qual é o sentido?*
>
> *25 anos: Os remédios parecem estar funcionando. Eles ajudam a fazer as vozes pararem e abafam tudo. O Big K. me deve dinheiro. Devo dinheiro ao C. Fodeu tudo.*

E finalmente:

> *Aos 26 anos: Muitos de vocês se importaram, mas não o suficiente. Mamãe me ama. Mas ama de uma forma que eu nunca conseguiria amar.*

Do lado de fora, a primavera chegou sem que ela percebesse. Beverly olha para seu corpo, mal reconhecendo o formato dele, que está em expansão. As férias deram a ela um tempo para formar músculos e comer bem. Hoje, ela vai comer ovos com grissinis. Vai mergulhar cada torrada fina na gema brilhante escorrendo e apreciar com calma, mastigar e permitir que o estômago fique cheio e satisfeito.

Saber que Monty se sentia amado é como ter ar entrando em seus pulmões. O alívio matinal do sol clemente se aproxima. Beverly se banha, passa creme nas mãos maltratadas e prende o cabelo com a ajuda de um pente. Os feixes de luz da manhã brilham tanto que dói os olhos.

Meio-dia. Nossa primeira sessão depois das férias.

Eu me sinto revigorada, descansada e pronta para voltar ao trabalho. Beverly chega na hora. Noto suas roupas elegantes. Seu rosto está bronzeado e o cabelo está preso com um pente de tartaruga. Suas bochechas e boca estão com um tom levemente cor-de-rosa.

Momentos de cura durante o luto são bem parecidos com observar e cuidar de sementes crescendo em um parapeito quebrado e irregular — a luz vai lentamente dando esperança. Como terapeuta, me empenho em manter ali a esperança que a paciente é incapaz de ver ou sentir por conta própria. A esperança de Beverly estava até então envolta por espinhos. Ela tinha se voltado contra si mesma, com julgamentos, fúria, impotência, culpa extrema, vergonha e isolamento. E naturalmente tentou cobrir e ocultar o que estava por trás de tudo aquilo: uma perda profunda.

— Como você está, Beverly?

— Como estou? — pergunta ela e faz uma pausa. — Tive alguns dias sombrios, mas não tenho mais medo de acordar de manhã. Voltei a comer também.

Outra pausa.

— Como foi de férias? — pergunta ela. — Você parece bem. Essa cor combina com você.

Ela aponta para minha blusa de seda coral.

— Foi bem relaxante. Gostei muito, obrigada — respondo e sorrio.

Percebo que essa é a primeira vez em nossos dez meses juntas que Beverly me faz uma pergunta não relacionada a Monty. Normalmente, quando o paciente consegue enxergar, notar e falar com alguém sobre assuntos além da pessoa por quem está de luto, é mais provável que ocorra uma cura mais branda. É um momento em que o enlutado consegue ver além de sua perda. *É um sinal de esperança*, penso.

— Como está o seu jardim?

— Lindo — diz ela, e as lágrimas imediatamente preenchem seus olhos castanhos. — Não sei o que teria feito sem ele. É o que me mantém sã, ver tudo crescendo ali. Vida.

Ela desvia o olhar e enxuga as lágrimas com um lenço de papel.

— Seu jardim parece uma forma de cura.

— Sim. Mas me preocupa que posso nunca querer deixá-lo. Só de pensar em sair de lá, conversar com pessoas e voltar ao trabalho me dá pavor.

— Fale um pouco mais disso.

— Tenho medo de ser julgada. As pessoas vão me culpar pelo suicídio de Monty. Que tipo de mãe eu era para permitir que meu único filho ficasse tão doente?

Tínhamos voltado ao que Beverly acreditava ser sua péssima atuação como mãe.

— Me pergunto se castigar a si mesma é de alguma forma mais fácil do que sentir a tristeza.

— Tenho dificuldade para deixar a culpa para trás.

— Talvez a raiva sirva para protegê-la.

— Como assim?

— Se você não sentisse raiva, o que sentiria no lugar?

Beverly olha para mim com os olhos úmidos.

— Tortura completa, muita dor. Meu corpo não aguenta mais — diz, o sofrimento expresso em cada palavra.

— Entendo. Como mãe de Monty, você deve ter se sentido responsável por ele. Deve ter achado que deveria ter todas as respostas, todas as curas. Mas é importante reconhecer que ele era uma pessoa independente, um adulto com dificuldades, dores e escolhas. Foram os acontecimentos, a própria vida e tudo em volta dele que levaram à sua morte trágica.

— Finalmente li alguns diários dele — conta, pegando a bolsa. Ela tira dois deles. Post-its amarelos indicam as páginas marcadas. — Posso?

— Claro.

Beverly lê as palavras do filho. Os registros datam desde sua adolescência até o dia em que ele se matou. Esta entrada dá a ela um ligeiro alívio. Seu amor incondicional por Monty reconhecido e expresso nas palavras dele, no diário dele. Beverly se detém e olha para mim, esperando uma resposta.

— Monty sabia quanto você o amava — falo baixinho. — Ele sabia disso quando era menino e também já homem. Fico feliz que você tenha lido o diário dele e saiba disso, que aceite e entenda isso. Ele sentiu o seu amor, Beverly. Você tem se mantido firme por muito tempo e tolerado uma dor insuportável. Mas tem encontrado formas diferentes de metabolizar essa dor. Espero que isso lhe ajude a se sentir menos angustiada, menos culpada por você mesma como mãe. Boa o suficiente.

Silêncio.

— Eu te amo, Maxine.

— Amor — falo —, uma coisa muito preciosa.

⁓

Quando Beverly era pequena, com no máximo 5 ou 6 anos, ela levava em seu carrinho um bebê de plástico, seu brinquedo preferido, chamado Peter. Ela o levava para aonde fosse. Adorava despir e vestir Peter com roupas que sua mãe fazia ou comprava em brechós de caridade. Sua roupa favorita era um macacão cor de limão com um gorro de malha muito macio combinando. Ela adorava embalá-lo, alimentá-lo, colocá-lo ao seu lado na mesa de jantar.

— Onde está Peter? — perguntava sua mãe, como se ele fosse um membro da família. — Ele comeu tudo?

Quando ela ganhava novos bichinhos de pelúcia — coelhos, elefantes e afins — nos aniversários e no Natal, eles nunca faziam sucesso e não entravam no carrinho de Peter. Então, durante um verão, enquanto estavam na piscina pública, Peter desapareceu. Beverly ficou histérica e começou a gritar, assim como a mãe. Seu pai procurou em todos os lugares e tentou acalmar a esposa e a filha. Ainda assim, não encontrou o boneco em lugar algum e, quando chegaram em casa, nenhum bichinho de pelúcia foi capaz de acalmar o coração da menina. Mais tarde naquela semana, um pequeno buquê de flores silvestres foi colocado no carrinho de Peter. O pai de Beverly não sabia se tinha sido a esposa ou a filha quem o colocara ali. Só aos 13 anos Beverly descobriu que havia nascido gêmea e que seu irmãozinho tinha morrido ao nascer. Uma complicação causou falta de oxigenação no cérebro. De repente, sentimentos que ela não conseguia entender na infância, como uma profunda solidão, uma desconexão com outras crianças e uma busca constante por algo ou alguém sem saber o que era, fizeram sentido. E havia também, é óbvio, a perda que sua mãe tinha sofrido. O fato de ela ter apresentado o boneco à família, incluindo-o nas refeições, nas atividades e nos passeios diários, talvez fosse uma forma de lidar com a perda. Ver Beverly e Peter brincando juntos acalmou o que ela não conseguia entender e externalizar.

— É quase como se aquela primeira perda tivesse estabelecido um modelo para todas as futuras — diz Beverly.

E esse é o momento em que ela responde à própria pergunta feita meses antes: "Por que os homens sempre me abandonam?" Ofereço uma possibilidade e questiono se ela poderia passar da posição de quem foi abandonada para quem sobreviveu.

— Só agora entendi o significado da síndrome do sobrevivente.

Meio-dia e, quase um ano desde que começamos nosso trabalho juntas, Beverly tira sua boina e arruma a saia para poder se sentar confortavelmente. Ela fica em silêncio por vários minutos.

— Preciso falar hoje sobre o que eu quero, e a culpa que isso me traz.
— Por favor — encorajo com gentileza.
Beverly pigarreia.
— Quero falar com minha mãe sobre a perda dos nossos filhos. — Ela fecha os olhos, ergue as duas palmas. — Deixe-me começar de novo. Quero falar com minha mãe sobre a morte do bebê dela, meu irmão gêmeo, e quero falar sobre o suicídio de Monty.

Eu me recosto na poltrona, sentindo respeito e admiração pelo seu discernimento. Há coragem em sua voz quando ela menciona a perda que sofreu.

## O QUE AS MULHERES QUEREM

— E quero ter uma conversa honesta com Theo e Mike. Elas já deviam ter acontecido faz tempo.

— Muito bom.

— Percebo que minha mãe e eu nunca conversamos sobre Peter...

— Peter? Seu brinquedo preferido?

— Sim, mas acho que nós duas sabemos que Peter era o meu irmãozinho, né? — Beverly toma um gole de água. — Vai ser bom falar abertamente sobre o que perdemos. Minha mãe teve a mim, mas eu não tenho ninguém. Sou uma mãe sem um filho para amar.

— É bom ouvir você reivindicar sua identidade como mãe. Não sei se lembra, mas, quando começamos nosso trabalho juntas, você disse que achava que não era mais mãe depois da morte de Monty.

— Me lembro, com todos os detalhes. Ainda sou mãe. E suficientemente boa. — Ela sorri. — Embora Monty esteja morto, embora eu não tenha netos. Tenho pensado em iniciar um projeto de horta comunitária com a câmara municipal quando recuperar minhas forças. Talvez com jovens. Em algum lugar, eles podem aprender a cultivar coisas, frutas, vegetais, flores. A jardinagem sempre me ajudou.

— Parece uma ideia maravilhosa.

*Com grande potencial de cura e de crescimento, e muito parecido com a vida de um terapeuta*, penso.

Eu me pergunto se devo mencionar a culpa, um dos dois assuntos sobre os quais Beverly queria falar quando chegou. No entanto, parece que aquele desejo específico se tornou o tema da sessão de hoje. Vou esperar outra hora, outra oportunidade.

Beverly deixa mensagens para a mãe, para Mike e Theo. Pede que retornem quando tiverem tempo, certificando-se de soar calma e firme. Dessa forma, nenhum dos três vai ligar para ela por preocupação ou pena. Ela quer superar a caridade deles e chegar em um lugar onde possa ser honesta. Complicada. Real. E capaz de falar sua verdade. Ela se pergunta o que pode ser necessário em termos de adaptabilidade, resiliência e cura. E também se lembra de certa vez ter lido algo, em algum lugar, sobre como nós, seres humanos, somos muito adaptáveis a nossos ambientes, nossas situações e nossa vida; que aqueles que se adaptam são os que sobrevivem e prosperam.

Na semana seguinte, a questão da culpa é mencionada e revisitada.

— Como você acha que estou? — pergunta Beverly.

Não é incomum quem sofre perguntar ao terapeuta se está se sentindo melhor ou pior do que outros pacientes que sobreviveram a perdas importantes. Acima de tudo, os pacientes acreditam que estão piorando por causa do poço de tristeza e da profundidade da dor que sentem.

— Suficientemente bem. Como você acha que está?

— Me sinto tão culpada quando meus dias são normais. Se minha mente vagar para qualquer outra coisa que não seja Monty, é como se eu o estivesse traindo de alguma forma. Ao me sentir triste, mostro a ele como sinto sua falta. Nunca posso esquecer dele, nem por um momento.

Sugiro que Beverly tente ter mais compaixão por si mesma e se lembrar de Monty de uma maneira mais natural, em vez de se punir se seus pensamentos vagarem por outro lugar. Quando uma pessoa é ativamente procurada, ela fica menos disponível. *E, se Beverly parasse de procurar tanto, as peças formariam uma imagem completa de lembranças cristalinas e significativas de seu filho.*

— Me lembro da vez em que quis me atirar na frente de um carro — comenta.

— Me lembro de falar que encontraríamos outras maneiras de lidar com o luto.

— E estamos encontrando.

Enquanto Beverly fala, percebo como ela deve ser resiliente para aguentar tanta dor.

Cartazes e panfletos são espalhados nas escolas do bairro.

*Você é um bom jardineiro? Tem interesse em retribuir à sua comunidade, procura fazer novos amigos e se manter física e mentalmente ativo? Estamos recrutando voluntários para ajudar a transformar os espaços verdes...*

E, para a surpresa de Beverly, dezenas de jovens se inscrevem como voluntários em seu projeto de horta comunitária. Ela também tem uma longa conversa com a mãe sobre o irmão, Peter. Elas reconhecem a perda de seus respectivos filhos, as duas presas em sua tristeza só delas.

Elas falam dos sofrimentos insuportáveis, diferentes e, ainda assim, iguais.

— Monty teve uma vida. Foi curta, mas pelo menos ele passou algum tempo com a gente, ao contrário do meu irmãozinho, seu filho — diz Beverly. — Sinto muito, mamãe.

Sua mãe chora conforme elas se aproximam e dão as mãos. Ambas ficam em silêncio enquanto o corpo tenta processar a importante perda do filho. Por fim, Beverly solta as mãos e enxuga as palmas úmidas na panturrilha de sua calça jeans, com seu corpo dobrado, angustiado.

— Como vamos superar isso, mãe? — pergunta.

— Acho que não é possível. Como conseguiríamos? — diz sua mãe. — Eles eram nossos bebês.

Beverly leva as mãos até a mãe e aperta o próprio corpo contra o dela, segurando-a com força. Um balançar suave. Pequenos ruídos de leoa. Nada vai atrapalhar esse momento de profunda dor e reconhecimento mútuo. Os corpos balançam como se estivessem embalando os filhos perdidos, seus bebês. Um funeral para o coração de leoa de Beverly e sua mãe.

*⁓*

Eles são irmãos, com dois anos de diferença. Parecem idênticos. Vamos chamá-los de Mark e Matthew.

Beverly se vê atraída pelos dois meninos, ambos com cabelos rebeldes, olhos cor de granito e meios-sorrisos. Ela suspeita que, se os dois arriscassem um sorriso completo, poderiam se sentir "muito vulneráveis ou idiotas". Eles são meninos orgulhosos que parecem durões por fora, mas que devem ter um coração mole. Seus tênis *Nike Jordan* estão gastos e arranhados, com os cadarços colados com pedaços de fita adesiva. Eles moram na propriedade atrás do Projeto de Horta Comunitária. Beverly gosta quando a chamam de *senhorita*. Ela se sente mais jovem, divertida e relevante. De vez em quando, depois de uma tarde de trabalho, ela lhes oferece sanduíches de presunto embrulhados em papel-manteiga e as sobras de macarrão com queijo. Os meninos devoram os carboidratos e limpam a boca com as costas das mãos, as unhas roídas. Beverly gosta do apetite dos dois e da rapidez com que se acalmam com a combinação de trabalho e comida. Ela gosta da delicadeza com que eles cuidam das abelhas cansadas e das joaninhas errantes. As mãos em concha soltando com cuidado as minúsculas colegas de trabalho no meio da grama alta e entre as sebes. Acima de tudo, ela gosta do jeito como eles riem.

Beverly também planta um canteiro de flores de corte. Ali ela cultiva dálias, ranúnculos, ervilhas-de-cheiro, rosas e dedaleiras. Às vezes, ela corta os caules das rosas cedo demais, um botão rosado e firme, tenro e ainda não totalmente desenvolvido, abreviado antes da delicada exuberância da floração plena. Quando as coloca em água fria, elas parecem viver mais tempo. Silenciosamente, ela gostaria que houvesse uma rosa chamada Monty.

Ela suspeita que Mark e Matthew escolheram o projeto em vez do serviço comunitário porque devem achar mais fácil e talvez menos vergonhoso.

— Limpar e varrer a sujeira dos outros não é para nós — confessam os meninos. Ela, porém, não se importa. Gosta que eles cheguem na hora duas vezes por semana depois da escola, e também nos fins de semana. Os três se sentam em dormentes de madeira que serão perfurados, martelados e transformados em canteiros elevados para as verduras, enquanto árvores antigas silvam no alto. Eles falam sobre meninas, escola e música. De vez em quando, falam sobre as coisas que gostariam de não ter roubado. Contudo, as conversas giram mais sobre garotas. Mark sabe que o irmão está apaixonado por uma garota chamada Violetta.

— Ela é chique demais para você, mano — comenta ele.

Matthew concorda.

— Ei, senhorita. Você tem filhos?

— Eu tinha um filho.

— Tinha?

— Meu filho cometeu suicídio no ano passado.

— Sinto muito — diz Mark.

—Também sinto — responde Beverly.

Beverly os coloca para trabalhar no que em breve será a horta. Ela lhes estrega luvas, macacões e pás.

— Quero que vocês cavem toda aquela área ali.

Ela aponta para um canto.

— É ali que plantaremos batatas, tomates e vagens. Então, vamos ao trabalho.

— A senhorita é mandona, né? — diz Mark.

O suicídio de um filho talvez seja uma das trajetórias terapêuticas mais desoladoras, difíceis e dolorosas com a qual um terapeuta e um paciente podem ousar se comprometer. O profissional precisa reunir todos os tipos de experiências em sua bagagem — as sentidas e as acadêmicas — para o trabalho clínico com alguém que não só testemunhou como também sobreviveu à perda violenta de uma pessoa querida. E o paciente será testado, de forma implacável, e precisará ter coragem, força, vulnerabilidade e resiliência suficientes para encarar essa tarefa. Os dois se comprometem a participar de uma perda muitíssimo agonizante. O terapeuta sustenta o coração, a mente e a espinha dorsal do paciente enquanto ele vai aos poucos, hesitante e às vezes relutante, se curando do trauma de perder seu amado filho. O suicídio tem dentes, ruge com fúria e rosna para o amor. Leva à desesperança. É cruel. Mira na jugular. E, para alguns, é persistente, segundo já me disseram, mas, para outros, é um alívio.

Alguns pacientes que possuem pensamentos suicidas falam do ato potencial como a única coisa sobre a qual eles têm algum controle — o de perder a fim de vencer. Eles se sentem perdidos, sem esperança e arrancados das pessoas queridas. E também desesperados pelo outro lado da vida, a única coisa que a torna possível, descreveu uma paciente. O suicídio lança uma escuridão sobre aqueles que ficam para viver e sofrer a perda. O sentimento de culpa do sobrevivente pode ser tão forte que a cura e o crescimento são considerados quase impossíveis. Nunca se sabe se é possível surgir algum alívio em meio aos escombros da mais severa autodestruição que o suicídio causa. A escuridão luta contra o amor de todas as formas, tenta destruir a esperança, a fé e a conexão de qualquer tipo. Já ouvi pessoas acusando quem comete suicídio de covardes, egoístas, egocêntricos, vitimistas e narcisistas. Contudo, como psicanalista e membro de centros de apoio à vida por muitos anos, intenções suicidas geralmente vêm acompanhadas de uma agonia profunda, intensa e às vezes invisível que fala de solidão e de desconexão existencial. É possível perceber que há uma profunda sensibilidade em relação ao mundo; o toque é como gelo e fogo na pele; o barulho, o contato humano e a natureza parecem intrusivos, às vezes aterrorizantes e devastadores. Desde o momento que se acorda até o momento que se deita para dormir, as vozes falam para acabar com tudo, afirmam que a dor nunca vai ter fim, nunca. Não até você morrer.

É necessário evitar estereótipos cruéis, desdenhosos e descuidados em relação àqueles que apresentam sentimentos suicidas, para não perpetuar um estado já desesperador. Quando se afirma que uma pessoa suicida é covarde ou egoísta, uma mensagem é enviada para alguém já desesperado e deprimido de que ele é fraco e inútil. Diz que não possuem relevância e, com isso, reforça as vozes ouvidas por essas pessoas, que insistem para que acabem com a própria vida.

Não é egoísmo ter ideações suicidas, é humano. Dolorosamente humano. E, se alguém disser o contrário, não dê ouvidos. Se afaste. Palavras assim não pertencem a nada ligado à humanidade.

Na próxima semana a morte de Monty completa 1 ano. É tarde demais para plantar bocas-de-leão, então, em vez disso, Beverly compra uma cerejeira e cava um buraco. Ela rega as raízes nuas e afunda a árvore na terra, cobrindo-a, e com a sola da bota a enterra fundo no solo. Ela espeta uma estaca. Rega um pouco mais. Registra e data uma etiqueta de cobre e garante que a cerejeira fique nivelada e imponente. Por fim, enterra o pequeno coelhinho amarelo.

— Pronto, *Monty-Moo* — diz. — Acho que talvez você goste da vista daqui. Sinto sua falta de todo o meu coração.

# Isto é o que nós queremos:

*Eu quero te abraçar forte, te beijar na boca.*
**Terri**

*Eu quero que minha família me veja.*
**Kitty**

*Eu quero meu corpo de volta, curado.*
**Ruth**

*Eu quero um bebê.*
**Marianna**

*Eu quero fazer algo diferente agora.*
**Tia**

*Eu quero uma vida com o homem que amo.*
**Agatha**

*Eu quero o hoje.*
**Beverly**

*Eu quero desejar do* meu *jeito.*
**Maxine**

*Para as mulheres, a necessidade e o desejo de nutrir umas às outras não é patológico, mas redentor, e é nesse conhecimento que redescobrimos nosso verdadeiro poder. É essa conexão real que é tão temida por um mundo patriarcal.*

— Audre Lorde, em
*The Master's Tools Will Never Dismantle the Master's House* (1979)

# Conclusão

### Minha vez...

*Dezembro de 2021*

*Estou em outro restaurante. Não há nenhum aquário dessa vez.*
Quarenta anos depois ainda sou sensível, não sensível *demais* para viver — mas pacífica e furiosamente sensível ao mesmo tempo.

Nós dois ficamos em choque quando pedimos nossa comida. *Pak choi*. Raiz de lótus. Brócolis com molho de ostra. Observo meu irmão segurar as lágrimas e controlar a respiração. Ele me diz que quer gritar, lutar, fugir. Escapar. Respondo dizendo que querer algo *não é ruim*.

Ao ouvir a notícia da morte de nosso pai não consigo me acalmar até apertar a mão do meu irmão, meus lábios e coração tremem no limite. Momentos antes, nós, os dois primeiros filhos de nossa mãe e nosso pai, descobrimos que ele tinha morrido há seis meses.

— Sinto muito pela perda do seu *baba* — disse a dona do restaurante quando veio anotar nosso pedido.

No segundo em que as palavras saíram de sua boca, reparei o rosto dela mudar. Havia uma agitação em seus olhos e linhas surgiram em sua testa. Se ela pudesse ter puxado aquelas condolências de volta para a garganta, acredito que teria feito isso. O que é dito, porém, não pode ser retirado. O que é conhecido não pode voltar ao estado de desconhecimento. Com a informação da morte vem uma certeza cruel e penetrante. A perda está decretada.

A dona do restaurante desviou o olhar para o lado e começou a respirar com dificuldade.

— Vocês não sabiam?

— Não sabíamos — respondi, incapaz de apaziguar meus pensamentos e o sentimento de quem ficou sem chão.

A comida chega e uma imagem do meu pai me vem à mente como uma montagem vívida, um sonho intocável. Deslizo a presença dele para o lado junto com meu prato e substituo por uma releitura da minha história de origem. O enorme aquário está de volta. Quero um fim diferente dessa vez. Minhas regras. Quero desejar do *meu* jeito. Não do jeito que me ordenaram, obrigaram ou negaram. Dessa vez, o desejo está sob minha guarda, em meu território e em meus termos.

Recuso a mão do meu pai e vou sozinha até o aquário. Incentivo o peixe a dar cambalhotas, girar e deslizar. Sem se esconder no fundo, por favor. Não estamos mais nadando contra a maré, mas *com* e *para* a água. Quando desafio meu pai e seu garçom espertalhão, interrompo as tentativas dos dois de me humilhar e me envergonhar. Ambos se inclinam, rindo — mas não me sinto frustrada pela sordidez ou pelo medo deles. O medo não me domina mais. Em vez disso, ele é substituído pelo desejo: apaixonado, devotado, fascinado, sensual. Recupero meu corpo, e meu corpo forte se eleva. De objeto a sujeito; de menina a mulher; do esconder ao procurar. Também quero uma roupa diferente daquela que ele me mandou vestir naquele dia. E uma comida deliciosa que brilha e é cheia de calorias. Não me importo com o fato de que ela *me faz engordar* nem de que estou sendo *gulosa*. A gula só deriva da privação. Peço o prato para minha mãe, meus irmãos e para mim também. Nos banqueteamos como reis e rainhas.

Para terminar, sim, eu sou sensível. Graças a Deus, eu sou sensível. Obrigada, *baba*, por colocar a palavra debaixo do meu nariz para que eu pudesse farejar seu doce êxtase. É essa sensibilidade que inspira e alimenta meu querer. Ele cresce e incha até que eu choro de triunfo, um doce alívio cármico. O desejo dentro de mim está vivo com energia criativa. Eu vou querer do *meu* jeito.

Percebo que estou escrevendo para mim, e para minhas pacientes, a caminho de casa para reivindicar o *eu desejo* dentro de nós mesmas.

O QUE AS MULHERES QUEREM

Uma voz mais nova está em movimento agora, impulsionando-se através da minha escrita e do meu trabalho como psicanalista. Ela é mais objetiva, sem remorso, responsável e defensora. Todo esse tempo tenho nadado na direção da libertação e de uma compreensão mais profunda do desejo em *O que as mulheres querem*, e esse processo é contínuo, está em expansão. Estamos viajando juntas, umas com as outras e pelas outras. Sabemos o que queremos e vamos conseguir. E será intenso, criativo e poderoso.

Respire.

À medida que crescemos nossos desafios na vida também crescem. Aos vinte e poucos anos, comecei minha trajetória terapêutica como paciente, no divã, sem saber a forma que meu desejo tomaria — ou se tomaria alguma. Na casa dos trinta, comecei minha formação em psicanálise, esperando me conectar com outras pessoas que desejavam e precisavam sentir o mesmo e que também se consideravam muito sensíveis, muito magoadas, muito danificadas, muito perdidas ou muito estranhas. Como psicanalista com mais de 15 anos de prática, acredito que a arte da terapia é uma tarefa linda e de tirar o fôlego. Não tenho como evitar ser transformada e profundamente tocada pelas minhas pacientes. Compartilhar a trajetória de crescimento e transformação de outra pessoa é um privilégio imenso. Talvez um paciente pense que ele não passa de um interesse clínico, ou que seja reduzido a apenas trabalho, que tem pouco impacto pessoal e emocional no psicanalista, mas isso não é verdade. Minhas pacientes me afetam de forma profunda.

Comecei a escrever *O que as mulheres querem* tendo em mente nossa origem. Como filha de mãe branca de classe trabalhadora e um pai chinês patriarcal, fui testemunha e também questionadora de um tipo bem particular de combinação de opressões. Se o desejo é meu motor, então a curiosidade é o pedal e o acelerador. Quaisquer "deveria" e "deve" tirânicos são os freios. Muitas vezes, quando pensamos ou falamos sobre o desejo, acreditamos que o momento de querer é uma experiência isolada, mas sempre há correntes ocultas, histórias de origem, experiências, relatos e laços que foram transmitidos por nossos ancestrais, pai e mãe, e tiveram influência sobre nós — para melhor ou para pior. "Dizer 'eu quero' não leva a nada", uma herança de minha mãe, da mãe dela, e talvez da mãe da mãe dela também, que precisou ser compreendida e superada para honrar meu desejo. Essas histórias estão dentro de nós, por mais que nos esforcemos para fugir delas. E, ao compreender e respeitar minha origem tanto como psicanalista quanto como paciente, consegui assumir os riscos necessários para enfrentar meu desejo enquanto tentava expressar minha verdade.

Talvez seja desnecessário dizer que a luta é eterna. A linguagem continuará sendo patriarcal enquanto permitirem que os sentimentos sejam simplificados demais. Se quisermos respeitar nosso desejo, nossa energia erótica fortalecida, devemos continuar conversando, juntas. Espero que *O que as mulheres querem: Conversas sobre desejo, poder, amor e crescimento* tenha deixado explícito quanto a colaboração entre psicanalista e paciente funciona como uma reunião de momentos em que duas pessoas são transformadas pela conexão entre elas. Toda relação terapêutica é um privilégio extraordinário, no qual duas pessoas tentam lidar com a confusão, a dificuldade, a dor e, às vezes, o triunfo psicológico de forma ousada e íntima.

Todas as mulheres neste livro têm algo em comum. A curiosidade para embarcar em um processo de exploração e conversa sobre o que cada uma quer e deseja. Não há conclusões definidas para as histórias e para a vida de Terri, Kitty, Ruth, Marianna, Tia, Agatha e Beverly, nenhuma vitória simples sobre as dificuldades que nunca mais vão atrapalhá-las. Procurei mostrar aqui que a psicanálise visa encorajar maneiras de pensar com mais discernimento, se abrir para a compreensão e a investigação que podem ter uma importância permanente para as pessoas tempo depois de a terapia já ter chegado ao fim. Para Terri, foi a recuperação da sua sexualidade. Para Kitty, um desejo de que sua família a enxergasse de verdade depois que ela foi enviada para um internato ainda muito jovem. Um corpo curado, livre da raiva e do medo era o que Ruth mais desejava. E, para Marianna, era a experiência do amor incondicional que vem com a maternidade, um amor como nenhum outro e a coragem de permanecer sozinha em seu desejo, sem um homem. Para Tia, era uma vida que oferecesse um lar e um descanso dentro do próprio corpo. Agatha queria compartilhar seus últimos anos com o único homem que já amou e que a tocou de uma forma que ela só tinha ousado sonhar. E, para Beverly, uma vida digna de ser vivida após o suicídio de seu único filho.

*O que as mulheres querem* foi inspirado pelas mulheres e meninas incríveis que escutei e com quem conversei em minha vida profissional, bem como aquelas que ainda não conheci. Vocês são todas gentis e fortes, corajosas e comprometidas, e são as heroínas de todos os meus dias. Obrigada, continuo aprendendo.

Vamos apoiar umas às outras quando tivermos medo de cruzar o limiar do desejo, pois precisaremos umas das outras para sustentar o ímpeto dele. Também precisaremos nos apoiar umas nas outras quando estivermos cansadas e começarmos a duvidar da nossa capacidade de crescer e de nos transformar. E precisaremos de todo o amor, determinação, resiliência e sensibilidade para honrar o desejo fortalecido e belo dentro de nós. Viva o nosso compromisso umas com as outras; o nosso Desejo, Poder, Amor e Crescimento. E viva a nossa caminhada permanente como mulheres que desejam, pois estamos abrindo nossos corações e sendo ousadas quando falamos:

— O que nós queremos é...

# Agradecimentos

Minha gratidão começa com as sete mulheres deste livro que, com o coração aberto e grande comprometimento, ofereceram suas histórias para serem publicadas. Se tinha alguma dúvida de que vale a pena ter duas mulheres em uma salinha explorando a universalidade de nosso desejo, não tema: todas vocês são testemunhas dessa investigação. Que honra ter conversado com cada uma; que nossas descobertas continuem por muito tempo. Obrigada: Terri, Kitty, Ruth, Marianna, Tia, Agatha e Beverly; ainda estou aprendendo.

Este livro nasceu como uma conversa com minha espirituosa agente, Eugenie Furniss, uma defensora feroz e graciosa de *O que as mulheres querem*, que acreditava de todo o coração que diálogos sobre o desejo ficariam ótimos nas prateleiras daqueles que têm curiosidade sobre o tema e também sobre poder, amor e crescimento. Sou grata a Venetia Butterfield, que sentiu algo naquelas primeiras páginas, decidiu correr o risco me dando voz e acreditou que nossas mulheres (e eu) sentiriam pertencimento e se sentiriam em casa dentro da Hutchinson Heinemann. Anna Argenio, minha editora, me impressionou, me deixou atônita e me encantou com sua edição poderosa e orientações sensatas, tornando este livro em uma bela colaboração. Obrigada, Anna, por incentivar minha ousadia e meu crescimento como escritora. Parabéns à equipe de design, que me fez chorar ao vislumbrar a elegante, íntima e bela capa deste livro, e também aos revisores e verificadores de fatos. E a todos da Penguin Random House que ajudaram a tornar este livro realidade.

Obrigada também a Shoshi Asheri, que aceitou minha natureza reservada, acolheu meus meios-termos e me desafiou a cruzar o limiar. Nossos momentos juntas são abrangentes, sempre indo mais longe. E à Dra. Lynne Layton, por sua orientação clínica e pelas valiosas conversas sobre como podemos crescer e nutrir a paixão pela vida cívica, de modo que ocupe seu lugar de direito ao lado do trabalho e do amor no consultório.

Todo o meu amor também à minha família, aos amigos e às pessoas queridas. Vocês são minhas maiores alegrias. Dexter, Kirsty, Toni, Charlotte, Martyn, Mark, Chi-Chi, Anthea, Caz, Greg, Christine, Mister T — amo todos vocês.

E assim termina do mesmo jeito que começa, com agradecimentos às nossas sete mulheres: todas despertas, fortalecidas e evoluindo. Querer e desejar do jeito *delas* têm sido uma tarefa linda e às vezes assustadora. Obrigada por me convidarem a ouvir, aprender e crescer com vocês. A coragem e a vulnerabilidade, o comprometimento e o desejo, as vitórias e a curiosidade de vocês são nada menos que extraordinários. Vocês me transformaram.

Este livro foi composto na tipografia Life LT Roman,
em corpo 10,5/15,5, e impresso em
papel off-white no Sistema Cameron da
Divisão Gráfica da Distribuidora Record.